종교와 인간

종교와 인간

하이브리드 문화 시대의 인간 탐구

박종식 심광섭 심중식 민태영

박수영 이명권 강응섭 양윤희 김영주

공저

■ 목차

비정성불론(非情性佛論)에 담긴 불교적 인간관 | 민태영

근대 인도사상이 인도 근대화에 미친 영향 | 박수영

노자의 인간론 | 이명권

마르틴 루터의 "인간에 관한 토론문"(1536)에 따른 '신학-인간'과 '철학-인간' | 강응섭

고전에서 현대까지, 인간 이해의 종교적 스펙트럼
—『종교와 인간』을 펴내며

종교는 인간을 어떻게 이해하는가? 인간을 말하지 않는 종교는 공허하고, 종교를 묻지 않는 인간 이해는 부분적이다. 이 책『종교와 인간』은 이 인류사의 오래된 명제를 오늘의 언어로 다시 묻기 위해 기획되었다. 종교는 언제나 초월을 말해 왔지만, 그 초월은 늘 인간의 언어로 표현되었고 인간의 삶 속에서 실현되었다. 다시 말해 종교는 신을 말하거나 혹은 신에 대해 침묵하면서도, 언제나 인간을 그 중심에 두는 방식으로 존재해 왔다. 그렇다면 오늘, 급변하는 문명 전환의 한가운데서 우리는 다시 물어야 한다. 종교는 인간을 어떻게 이해해 왔으며, 앞으로 인간을 어떤 방식으로 이해해야 하는가? 이 책은 바로 그 질문에서 출발한다.

『종교와 인간』은 특정 종교의 교리나 우월성을 주장하는 책이 아니다. 오히려 이 책은 유교, 불교, 도교, 기독교, 동학, 인도 사상 등 동서 종교 전통 속에서 형성된 인간 이해의 다양한 지층을 탐색한다. 노자의 인간론에서 발견되는 무위와 자연의 인간(이명권), 불교의 비정성불론에 담긴 존재론적 인간 이해(민태영), 루터의 신학과 철학 사이에서 긴장하는 인간 개념(강웅섭), 동학과 서학이 마주한 '사람'의 문제(심광섭), 그리고 근대 인도사상이 인도 근대화에 미친 영향(박수영)을 탐색하면서 인도 근대사상 속에서 재구성된 인간의 주체성을 이해하고자 한다. 또한 이 책은 '쾌락 원칙을 넘어서' 종교, 용서, 그리고 플롯 거스르기(Counterplotting)(양윤희)라는 문학적 장르를 통해 종교가 인간을 사유해 온 다양한 방식들을 검토한다. 이처럼 이 책은 종교의 다양한 영역은 물론 문학과 심리학까지 두루 섭렵하며 종교적 영역 안에서의 인간 이해를 교차적으로 드러낸다. 이러한 시도는 단순한 비교종교학을 넘어, 종교를 통해 인간을 다시 사유하는 인문학적 실험이라 할 수 있다.

이 책이 특별히 오늘의 독자에게 열려 있는 이유는, 우리가 이미 인공지능(AI) 시대라는 새로운 문명 국면에 들어섰기 때문이다. 기술은 인간의 능력을 확장하지만, 동시에 인간 고유성에 관한 질문을 날카롭게 던진다. 사고하고 판단하며 창작하는 기계 앞에서, 인간은 더 이상 '능력'만으로 자신을 정의할 수 없다. 이 책에 수록된 여러 글은 이러한 문제의식 속에서 묻는다. 인간이란 무엇인가? 종교는 이 질문에 여전히 응답할 수 있는가? 박종식은 기술 복제 시대에 '종교적 신성의 인간적 변용에 관해 고찰'하고, 심중식은 '인공지능(AI) 시대에 찾는 종교와 인간'이라는 주제 아래에 역(易) 철학에 기반한 비교 종교적 인간 이해를 유교, 불교, 기독교의 인간관으로 시대적 사명을 물으며, 김영주는 유교적 휴머니즘의 현대적 가능성을 고찰한다. 이러한 AI 시대의 인간 존엄과 책임에 대한 성찰은, 종교가 과거의 유물이 아니라 미래를 사유하는 자원임을 보여준다.

이 책의 밑바탕에는 공통된 문제의식이 흐른다. 그것은 "온전한 인간이란 무엇인가?"라는 질문이다. 이러한 인간상은 초월적 이상이기 이전에, 오히려 과도한 성취, 경쟁, 명명(命名)에 지친 현대인에게 던지는 근본적 질문이다. 종교는 인간을 신으로 만들려 하지 않는다. 대신 인간이 인간답게 머무를 수 있는 자리를 묻는다. 이 책은 바로 그 자리를, 각 종교 전통의 언어로 조심스럽게 밝혀 보려는 공동의 시도이다.

『종교와 인간』은 아홉 명의 학자가 각자의 전공과 사유의 결을 지키면서도, 하나의 공통된 질문을 향해 나아간 공저(共著)이다. 서로 다른 관점은 충돌하기도 하고, 때로는 느슨하게 어긋난다. 그러나 그 어긋남 자체가 인간 이해의 풍요로움이며, 종교 인문학의 생명력이라 믿는다.

이 책이 독자에게 하나의 결론을 제시하기보다는, 사유의 공간을 열어 주기를 바란다. 종교를 믿는 이에게는 자신의 신앙을 다시 성찰하는 계기가 되고, 종교 밖에 있는 독자에게는 인간을 이해하는 또 하나의 깊은 언어가 되기를 기대한다. 『종교와 인간』은 말하고자 한다. 종교는 인간을 떠나 존재하지 않으며, 인간은 종교를 통해 자신을 다시 묻는다. 이 오래된 순환이 오늘에도 여전히 유효하다면, 그 질문은 이제 독자의 몫이다.

2026년 2월 용화산 자락에서
발행인 **이명권**(K-종교·인문연구소 소장)

종교적 신성의
인간적 변용에 관한 고찰

박종식

종교적 신성의
인간적 변용에 관한 고찰

박종식(동국대학교 객원교수)

1. 들어가는 말

인공지능 시대에 대한 특이점은 인간에 대한 실존적 위기이며 새로운 기회이기도 하다. 이를 염두에 두고 우리 시대를 복제 시대라 규정하고, 새로운 종교적 대안의 가능성을 검토하고자 종교적 영웅들을 소환하며 논지를 전개할 것이다. 복제되는 것은 기술이나 생명만이 아니라 역사까지도 복제될 수 있을까? 처절한 수행이나 신앙의 신비라는 빛 아래 놓여진 것은 종교적 보석인지 아니면 그 모조품일지 대차 대조할 시간이다.

우리가 당면한 현실은 기술적 특이점과 실존적 위기로 특징된다. 인공지능(AI)이 인간의 지적 노동을 대체하고, 생명공학이 신체의 한계를 극복하려는 '트랜스휴머니즘'의 시대에 도달했다. 데이터와 알고리즘이 삶의 모든 영역을 예측하고 결정하는 '탈신비화(Disenchantment)'의 흐름 속에서 인간의 존재 방식은 심각한 도전에 직면해 있다. 과거 인간이 절대적 존재를 통해 구했던 삶의 의미와 구원이나 해탈의 문제를 이제는 기술(Technology)을 통해 해결하려는 경향이 짙어지고 있다. 본 논문은 이러한 인공지능 시대에 인간의 존재 의미를 '종교와 인간'이라는 근원적 관계 속에서 재조명하고, 기계가 복제할 수 없는 인간만의 고유한 존재 방식으로서의 '불성' 또는 '영성'을 고찰하고자 한다.

2. 신성과 변용 사이에서

1) 기술 복제 시대의 신성과 그 변용

우리 보다 앞선 근대사회를 회고하며 지적한 내용들 가운데, 우리의 현재를 꿰뚫는 듯한 내용을 인용하는 것으로 본론을 전개하고자 한다.

> 인간을 압도한 새로운 테크놀로지의 급격한 출현과 사회 전 영역에 걸친 발전은 인간 경험을 새로운 백지 상태로 돌려놓았다.[1]

우리 시대가 마주한 일종의 백지상태는 아노미 상태를 넘어서고 있다. 기만적 전쟁과 파괴되는 환경, 모든 영역에서 나타나는 패역한 생태들은 더 이상 열거할 필요가 없다. 텅 빈 백지상태에서 어디로 가고 있는지 어리둥절해 하는 세태에 종교는 어떤 대답을 할 수 있는가? 현재의 우리들은 과거와의 은밀한 약속으로 연결된 '기다려졌던' 사람들이다. 그러므로 과거는 공허한 시간 연속체의 박제된 옛날이 아니다. 과거는 현재를 구원할 "희망의 불꽃"을 지닌 순간들이다.[2] 이렇게 기다려지

---

1) 강수미(2007), 「테크놀로지 시대의 예술 – 발터 벤야민 사유에서 유물론적 미학 연구」 , 238.
2) 강수미(2007), 위의 논문, 146 내용 정리.

던 희망의 불꽃은 어떻게 가능한가? 이러한 질문이 종교와 인간이라는 주제에 적합할 것이다. 물론 종교와 인간을 보는 시각은 다양할 수 있다. 이 글에서는 인공지능 시대의 인간 존재 방식을 검토하기 위하여 앞선 시대의 종교적 위인들의 사례를 검토하는 방향으로 전개하고자 한다.

모세, 그는 인류 전체에 하나의 영감을 주는 인물이다. 그 모세의 종교체험을 살펴보며 낯선 광야에 던져진 것과 같은 이 시대에 진정한 방향의 가능성을 알아볼 것이다. 무함마드, 종교적 인간의 대표라고 할 수 있다. 그가 체험한 신비 체험을 통하여 한 개인이 자기 삶의 길을 어떻게 노정 할 수 있는지 알아보는 것은 좌표 상실의 시대에 하나의 등대 같은 역할이라 하겠다. 수운 최제우, 그는 우리 한민족의 종교성 그 밑바닥에서부터 용솟음치는 불길로 작용하여야 한다. 그러지 못한 우리 시대의 반성을 위해서라도 말이다. 수운의 종교체험에서 그리고 그의 삶과 그의 좌절을 재검토하며, 누군가에게 용기를 주는 일은 종교적 사명의 하나라고 해도 무방하다.

벤야민이 조우 했던 기술 복제 시대는 낭만적이었다. 우리 시대의 복제는 인공지능으로 인하여 진본과 복제품의 간극이 무의미해졌다. 인간의 고유기능들조차 알고리즘에 의하여 분석되고 나아가 조작되고 통제되고 있다. 그만큼 기술에 의한 복제는 기존의 것들을 백지상태로 돌려놓고 있다. 근본적 변혁과도 같은 인공지능의 도입 시기에 종교적 인물들의 종교체험이 보여주는 신성의 아우라를 살피는 것은 신성을 복제하여 대면하는 일이며, 이 신성의 변용에 대한 해석으로 이어진다. 그래서 모세, 무함마드, 수운을 검토하고자 하는 것이다.

2) 데이터교(Dataism)의 부상과 종교의 위기

벤야민은 한 아포리즘에서 종(種)으로서의 인간이 발전의 최후에 이른지 오래됐고 종으로서의 인류는 발전의 시작에 서 있다고 했다. 이 말은 인간이 생물학적으로 멸종한다는 의미가 아니라 근대 도구적 이성이 정의한 개별화되고 자연으로부터 분리된 인간의 한계를 말하는 것이다. 그리고 역사적으로 변혁된 인간 집단, 즉 새로운 테크놀로지를 그 형식에 합당하게 수용하여 형성한 사회에서 자연과 조화의 관계를 맺는 인류의 탄생을 촉구하는 것이다. 이러한 인류가 맺는 자연은 지구적 차원이 아니라 우주적 차원이다. 지구 그 자체가 하나의 세계사적 개체이다. 또 벤야민에게서 자연은 우리가 지질학과 생물학, 인류학으로 규정해온 자연(Natur)과 더불어 산업 테크놀로지로 조직되는 근대라는 새로운 자연(Physis)으로 정의된다. 이 자연이야말로 진정한 유토피아적 상상력이 기술의 힘을 빌려 집단에 의해 구현되고 인류가 우주와 조화로운 관계를 맺는 해방의 세계이다.3) 그러나 벤야민의 이야기들은 동화처럼 들린다. 현대의 파생적 금융산업자본주의사회는 데이터로 모든 것을 재단하는 분위기를 만들었고, 고도의 과학기술 테크닉 현장은 군산정복합체로 공고해지며 더 이상 유토피아를 꿈꾸도록 허용하지 않기 때문이다. 한마디로 데이터교의 등장을 설파할 만큼 사회는 고도 지능사회로 접어들었다는 것이다.

유발 하라리는 현대 사회가 정보를 신성시하는 '데이터교'로 이행하고 있다고 분석했다. 과거에 신의 섭리로 여겨졌던 우연과 운명이 이제는 데이터의 인과관계로 치환된다. 인간의 직관과 영적 체험은 뇌신경의 전기 신호로 분석되며, 신비주의적 경외감은 기술적 효율성에 밀려 설 자리를 잃고 있다. 이는 인간을 '의미를 창조하는 주체'가 아닌 '정보

---

3) 강수미(2007), 위의 논문, 239.

를 처리하는 객체'로 전락시킬 위험을 내포한다. 디지털 아바타나 마인드 업로딩을 통해 '디지털 불멸'을 꿈꾸는 현대 기술은, 종교가 약속했던 사후 세계와 영생의 개념을 현세적·물리적 차원으로 끌어내렸다. 그러나 이러한 '기계적 지속'이 종교적 신비 체험이 주는 '질적 변용'과 '존재적 완성'을 대체할 수 있는지에 대한 의문이 제기된다.

3) 오래된 집 정원의 우물 : 경전이라는 약수(藥水)

캐논(Canon)화 되어 있는 경전들은 그 자체로 권위를 지니고 있다. 가끔 위경이나 외경 시비가 발생한다고 해도 특정 경전들은 정경(正經)의 이름으로 그 이름값을 하곤 한다. 이 점에서 성격이 애매하여 논란의 여지가 뚜렷한 경전들 몇 개를 살펴볼 것이다.

(1) 불전의 경우

먼저 불교에서 대표적 위경으로 알려져 있으나, 신도들에게 귀하게 여겨지는 경전 『천지팔양신주경(天地八陽神呪經)』을 거론하고자 한다.

> 중생들을 위해서 이 천지팔양신주경을 강설한다. 실상을 깨닫고 깊은 이치를 얻으면 그 몸이 바로 부처님의 몸이며, 그 마음이 바로 불법의 마음이라는 것을 알 것이다. 그렇게 능히 아는 바가 곧 부처님의 가르침인 지혜인 것이다.[4]

이 경전은 굳건한 믿음을 지니도록 권면하고 있다. 그리고 이 경전은

---

4) "爲諸衆生講說此經, 深達實相得甚深理, 即知身心佛身法心, 所以能知即是智慧."(『天地八陽神呪經』, T85, 1423b4-6)

인간의 길이 무엇인지 이야기 한다.

무릇 하늘과 땅 사이에 사람이 가장 뛰어나고 가장 으뜸이니 모든 만물 가운데서 귀한 것입니다. 사람이라 함은 참됨이요 바른 것입니다. 마음에는 허망함이 없어야 하고 몸은 바르고 참되어야 합니다. 왼편으로 삐친 획은 참되다는 것이요, 오른편으로 삐친 획은 바르다는 것입니다. 항상 바르고 참된 일만을 행함으로 그러므로 사람이라 합니다.[5]

대부분의 불교 경전에서 인간은 중생이라 지칭된다. 이 중생은 번뇌 망상에 휩싸여 근본 번뇌인 탐진치의 3독과 이에 따르는 부수적 번뇌들의 결과물이기 때문이다. 그러나 『천지팔양신주경』은 예외적으로 인간의 진정성(眞正性)을 제시하고 있다. 사람은 자고로 참되고 바른 것이어야 한다는 것이다. 왜냐하면 이 진정성에서 하늘과 땅 사이에서 가장 귀한 존재가 될 수 있다는 것이다. 이 진정성의 가치는 이렇게 해석된다. 마음에 허망함이 없기에 몸으로 바르고 참된 것을 실천한다는 것이다. 그리고 사람 人이라는 글자를 분석하여 왼쪽으로 쓰는 丿 글자로 인하여 참된 존재라고 지칭한다(左丿為眞). 그리고 오른쪽으로 획을 그은 乀 글자로 인하여 바르다고 정의하고 있다(右乀為正). 이러한 방식은 인간을 사회적 동물이라는 측면으로 규정하여 서로 돕는 형상이라고 분석하는 것과 완전히 결이 다른 방식이다.

모름지기 하늘은 양이요 땅은 음이며, 달은 음이요 해는 양이며, 물은 음이요 불은 양이며, 여자는 음이요 남자는 양이니, 하늘과 땅의 기운이 합해서 온갖 초목이 나고 해와 달이 교통하므로 사시와 팔절이 명백히 생기게 되고, 물과 불이 이어지니 온갖 만물이 자라고 남자와 여자가 화합해서 자

---

5) "夫天地之間 為人最勝最上者 貴於一切萬物 人者眞也正也, 心無虛妄, 身行正眞, 左丿為眞, 右乀為正, 常行正眞 故名為人."(『天地八陽神呪經』, T85, 1422c6-9)

손이 흥성하는 것이니, 모두가 하늘과 땅의 상도라, 자연의 이치며 세속의 법인 것이니라!6)

이와 같은 하늘과 땅으로 인간의 자리를 정위하는 해석은 종교적 전통에서는 거의 정통의 입장이다. 삶의 현실 너머로 가고자 하는 종교적 열망은 항상 하늘이나 자연을 지향하기 때문이다. 이 이면에는 대자연을 닮지 않은 자신의 어두움을 인식하고 있기에 그러하다. 이 점에서 종교적 진리는 현상의 삶과 대립되고 있다. 이러한 성격은 동양 종교의 일반적 태도이기도 하다. 도가(道家) 및 도교(道敎)의 생명관에 의하면 만물은 천지(天地)의 소산이며, 도는 천지를, 천지는 만물을 낳는다. "도(道)는 만물을 생성시키고 덕은 이들을 잘 키운다(道生之德育之,『老子』, 51章)". 장자(莊子)는 "하늘은 무위(無爲)로서 맑고 땅은 무위로서 안정되어 있다. 그러므로 천(天)과 지(地)의 두 개의 무위가 서로 결합하여 만물이 생겨난다"(「至樂」, 天無爲以之淸, 地無爲以之寧, 故兩無爲相合, 萬物皆化)라고 말했다. 그는 천지(天地), 즉 자연(自然)과 인위(人爲)를 구별했으나, 산천초목(山川草木)과 같은 좁은 의미의 물질계(物質界)만을 지칭하는 것이 아니라 정신계(精神界)까지도 포함하고 있다.7) 인간은 늘 하늘을 따라야 한다고 배우지만 그렇지 못하다. 이 국면을 한반도로 국한 시킬 때, 근대적 과도기를 겪으며 동학의 수운 최제우에게서 집대성되기에 이른다.

---

6) "夫天陽地陰，月陰日陽，水陰火陽，女陰男陽。天地氣合，一切草木生焉；日月交通，四時八節明焉；水火相承，一切萬物熟焉；男女允諧，子孫興焉。皆是天之常道、自然之理、世諦之法."（『天地八陽神呪經』, T85, 1424a11-15)
7) 진교훈(2002),『醫學的 人間學：醫學哲學의 基礎』, 서울: 서울대학교 출판부, 111.

(2) 성경의 경우

유대인들에게도, 무슬림에게도, 기독교인에게도 읽히는 경전으로 구약의 성경이 있다. 그 구약의 첫 번째가 창세기인데, 그 <창세기>의 3장에는 창조주가 인간을 찾아 나서는 이야기가 있다.

> 그들이 그날 바람이 불 때 동산에 거니시는 여호와 하나님의 소리를 듣고 아담과 그의 아내가 여호와 하나님의 낯을 피하여 동산 나무 사이에 숨은지라. 여호와 하나님이 아담을 부르시며 그에게 이르시되 네가 어디 있느냐? 이르되 내가 동산에서 하나님의 소리를 듣고 내가 벗었으므로 두려워하여 숨었나이다.[8]

대부분의 종교 문학에서는 인간이 신적 존재를 찾아 나서는 것이 기본이다. 그러므로 <창세기> 3장의 이 이야기는 그러므로 아주 색다른 이야기에 속한다. 그리고 인간이 무엇인지를 다른 시각으로 들려주고 있다. 창조주가 인간을 찾아 나선다는 서사는 스스로 포기한 인간을 일으켜 세우는 감동이 있다. 물론 모든 사람에게 나타나는 특권은 결코 아니다. 신적 존재가 찾아 나설 만큼의 자질이 있어야 한다. 그 자질은 이미 예정된 것이기도 하다. 구약 성경에는 순수성의 자질을 갖춘 사무엘이라는 소년이 등장한다. 그의 유년 시절 이야기는 동화의 한 대목과도 같은 감동이 있다. 그래서 <사무엘상> 3장의 이야기 역시 색다른 배경을 지니고 있다.

> 어린 사무엘이 엘리 곁에서 주를 섬기고 있을 때이다. 그때에는 주께서 말씀을 해주시는 일이 드물었고, 환상도 자주 나타나지 않았다. 어느 날 밤,

---

[8] 창세기 3장 8-10.

엘리가 잠자리에 누워 있을 때이다. 그는 이미 눈이 어두워져서 잘 볼 수가 없었다. 사무엘은 하나님의 궤가 있는 주의 성전에서 잠자리에 누워 있었다. 이른 새벽, 하나님의 등불이 아직 환하게 밝혀져 있을 때에, 주께서 "사무엘아, 사무엘아!" 하고 부르셨다. 그는 "제가 여기 있습니다" 하고 대답하고서, 곧 엘리에게 달려가서 "부르셨습니까? 제가 여기 왔습니다" 하고 말하였다. 그러나 엘리는 "나는 너를 부르지 않았다. 도로 가서 누워라" 하고 말하였다. 사무엘이 다시 가서 누웠다. 주께서 다시 "사무엘아!" 하고 부르셨다. 사무엘이 일어나 엘리에게 가서 "부르셨습니까? 제가 여기 왔습니다" 하고 말하였다. 그러나 엘리는 "애야, 나는 너를 부르지 않았다. 도로 가서 누워라" 하고 말하였다. 이때까지 사무엘은 주를 알지 못하였고, 주의 말씀이 그에게 나타난 적도 없었다. 주께서 사무엘을 세 번째 부르셨다. 사무엘이 일어나 엘리에게 가서 "부르셨습니까? 제가 여기 왔습니다" 하고 말하였다. 그제야 엘리는, 주께서 그 소년을 부르신다는 것을 깨닫고, 사무엘에게 일러주었다. "가서 누워 있거라. 누가 너를 부르거든 '주님, 말씀하십시오. 주의 종이 듣고 있습니다' 하고 대답하여라." 사무엘이 자리로 돌아가서 누웠다. 그런 뒤에 주께서 다시 찾아와 곁에 서서, 조금 전처럼 "사무엘아, 사무엘아!" 하고 부르셨다. 사무엘은 "말씀하십시오. 주님의 종이 듣고 있습니다"하고 대답하였다.9)

이러한 구조의 감동은 모세의 서사에서 구약의 절정을 보여준다. 모세는 아주 특별한 존재였다. 그래서 그는 야훼에게도 하고 싶은 이야기를 하고 나름대로 인간으로서의 본질인 '승질머리'를 피우기도 한다. 십계명을 새긴 야훼의 석판을 깨뜨릴 정도의 사내였기에 그러하였다. 고래뱃속을 다녀온 요나, 하늘로 들어 올려진 선지자 등, 이렇게 신의 명령을 거부하고 인간이기를 주장하는 수컷들의 이야기가 구약이 보여주는 독특한 현상에 속한다.

---

9) 사무엘 상 3장 1-10.

(3) 꾸란의 경우

구약의 영웅 모세는 이슬람 캐논에서는 무사라는 이름으로 나타난다. 무사가 신비로운 선지자 키드르(Khidr)를 만나는 이야기는 이슬람의 경전인 <꾸란> 제18장(알 까흐프, 동굴의 장) 60~82절에 기록되어 있다.

모세가 그의 하인에게 말하였더라. '두 바다가 만나는 곳에 도달할 때까지 나는 멈추지 않겠노라. 설령 수십 년을 걷는다 해도 계속 가겠노라.' 그리하여 두 바다가 만나는 곳에 도달했을 때, 그들은 가져온 물고기를 잊었으며 그 물고기는 구멍을 통과하듯 바다로 빠져나갔더라. 그곳을 지나쳤을 때 모세가 하인에게 말하였더라. '우리의 점심을 가져오너라. 이번 여행으로 참으로 피곤하구나.' 하인이 대답하였더라. '우리가 바위 곁에서 쉬고 있을 때를 보셨나이까? 저는 그때 물고기를 잊었나이다. 사탄이 저로 하여금 그것을 기억하지 못하게 하였나이다. 물고기가 신비롭게 바다로 길을 내어 나갔나이다.'(60-63)

이렇게 모세와 그의 하인은 점심 식사용으로 가져온 물고기의 탈출 경로를 통하여 키드르라는 신비한 영적 지도자를 만나게 된다. 안내받게 된다는 이야기이다.

모세가 이르되, '그곳이 바로 우리가 찾던 곳이라.' 그리하여 그들은 자신들이 왔던 발자취를 따라 되돌아갔더라. 그곳에서 그들은 나의 종 중 한 사람인 키드르을 만났으니, 나는 그에게 나의 은총을 베풀었고 나로부터 오는 지식을 가르쳤노라. 모세가 그에게 이르되, '당신이 배운 올바른 지혜를 저에게 가르쳐 주신다는 조건으로 당신을 따라가도 되겠나이까?' 키드르가 대답하였더라. '그대는 참으로 나와 함께 인내하지 못할 것이오. 그대가 그

전말을 알지 못하는 일에 대해 어떻게 인내하겠소?' 모세가 이르되, '하나님이 원하신다면 제가 인내하는 것을 보게 될 것이며, 당신의 어떠한 명령도 거역하지 않겠나이다.' 키드르가 이르되, '정녕 나를 따르려거든 내가 먼저 말하기 전까지는 어떠한 것에 대해서도 나에게 묻지 마시오.' 그리하여 두 사람이 길을 떠나 배에 오르자, 그가 배에 구멍을 내었더라. 모세가 이르되, '배에 탄 사람들을 익사시키려 구멍을 내셨나이까? 참으로 엄청난 일을 저지르셨나이다.' 키드르가 대답하였더라. '그대가 나와 함께 인내하지 못할 것이라 내가 말하지 않았소?' 모세가 이르되, '저의 실수를 탓하지 마시고, 저의 동행을 너무 어렵게 만들지 마소서.' 다시 길을 떠나 그들이 한 소년을 만났을 때 키드르가 그 소년을 죽였더라. 모세가 이르되, '살인에 대한 대가도 아닌데 어찌 무고한 영혼을 죽이셨나이까? 참으로 사악한 일을 행하셨나이다.' 키드르가 이에 대하여 대답하였더라. '그대가 나와 함께 인내하지 못할 것이라 내가 말하지 않았소?' 모세가 이르되, '이후에 제가 다시 무엇인가를 묻는다면 저와 동행하지 마소서. 이제 저로부터 충분한 변명을 들으셨나이다.' 다시 길을 떠나 어느 마을에 이르러 그들이 주민들에게 음식을 청하였으나 그들은 환대를 거절하였더라. 그곳에서 무너져 가는 벽을 발견하자 키드르가 그것을 바로 세웠더라. 모세가 이르되, '당신이 원하셨다면 그 일에 대한 삯을 받을 수도 있었나이다.' 키드르가 대답하였더라. '이것이 그대와 나의 헤어짐이오. 이제 그대가 인내하지 못한 일들에 대한 해석을 말해주겠소.' (64-78)

모세는 키드르와 동행하는 조건으로 일체의 질문도 하지 않겠다는 서약을 하고 그를 따랐다. 그러나 모세의 머리로는 알 수 없으며 사리에 맞지도 않는 일들을 키드르는 행하였다. 그때마다 모세는 서약을 잊고서 자기의 도덕율에 비추어 궁시렁 거린다. 급기야 키드르는 모세의 세 번째 언약 파기를 겪은 후, 모세가 인내하지 못한 일에 대한 설명을 하게 된다는 이야기이다.

그 배는 바다에서 일하는 가난한 사람들의 것이었소. 나는 그 배에 흠을 내고자 하였으니, 그들 뒤에는 모든 배를 강탈하는 왕이 있었기 때문이오. 그 소년은 그 부모가 신앙이 깊은 자들이었으나, 그 소년이 장차 부모를 거역하고 불신에 빠뜨릴까 두려워하였노라. 그리하여 우리는 그들의 주님께서 그 소년보다 더 순결하고 자애로운 자식을 그들에게 주시기를 원하였노라. 그 벽은 마을에 사는 두 고아 소년의 것이며, 그 벽 아래에는 그들의 보물이 숨겨져 있었소. 그들의 아버지는 의로운 분이었기에 주님께서는 그 아이들이 성인이 되어 주님의 은총으로 그 보물을 직접 찾기를 원하셨던 것이오. 나는 이 일들을 내 마음대로 한 것이 아니오. 이것이 그대가 인내하지 못한 일들에 대한 해석이니라.[10]

도무지 알 수 없는 일들을 행한 키드르! 그 이름은 '녹색의 사람'이라는 뜻으로, 그가 밟은 땅이 푸르게 변했다는 전설이 있다. 물이 부족한 사막에서 푸른색은 생명 그 자체를 보여주는 상징의 빛이다. 그는 이슬람 전통에서 영원히 죽지 않는 불사의 존재이다. 그의 사명은 영적인 갈증을 느끼는 자들을 돕는 신비로운 존재로 나타난다. 이 이야기는 기독교 전통에서는 보이지 않는다. 그러므로 꾸란만의 독특하고 심오한 에피소드에 해당한다. 그래서 이슬람 방식의 지혜를 잘 보여준다고 할 수 있다. 이 지혜를 통하여 알라의 지혜와 섭리를 보여주는 것이다. 성경의 모세와 꾸란의 무사(Musa)는 동일 인물을 모델로 하지만, 각 경전이 강조하는 메시지와 신학적 관점에 따라 묘사 방식에서 뚜렷한 차이를 보인다.

---

10) 꾸란 18장(알 까흐프) 60절 ~ 82절 (모세와 키드르)

(4) 동학의 경우

동학(천도교)의 창시자인 수운 최제우의 신비 체험은 한국 종교 역사에서 가장 중요한 사건 중 하나에 해당한다. 일반적으로 <경신치심(庚申致心)> 사건으로, 또는 <천사문답(天師問答)>으로 알려진 사건이다. 1860년(경신년) 4월 5일, 경주 용담정에서 일어난 <천사문답(天師問答)> 사건은 최제우가 한울님(천주)으로부터 영적인 계시와 사명을 받은 결정적인 순간으로 개벽의 사건이다. 몰락한 양반 가문에서 태어나 혼란스러운 조선 후기의 상황(서구 세력의 침입과 백성들의 고통)을 보며 수운 선생은 '어떻게 하면 세상을 구할 것인가'를 고민하며 명산대찰은 물론 굿당까지 찾아다니며 기도의 시간으로 수행했다. 오랜 방랑의 세월을 보내다가 고향 경주로 돌아와 용담정에서 목욕재계하고 기도를 올리던 중이었다. 『동경대전(東經大全)』의 <포덕문(布德文)>에는 이 사건이 상세하게 기록되어 있다. 가장 핵심이 되는 <상제와의 대화> 부분을 보면,

> 두렵고 당황하여 어쩔 줄 모르는 즈음에 황홀한 가운데 신령스러운 말이 들리니 (말로는) 기탁하기 어려웠다. 이르시기를 '두려워하지 말고 무서워하지 말라. 세상 사람들이 나를 상제라 이르거늘, 너는 상제를 알지 못하느냐?' 그 연고를 물으니 이르시기를 '나 또한 공이 없으므로 너를 세상에 내어 사람들에게 이 법을 가르치게 하노니, 의심하지 말고 의심하지 말라.' (수운이) 묻기를, '그러면 서도(서학/천주교)로써 사람을 가르치리이까?' 이르시기를 '그렇지 아니하다. 나에게 영부(靈符)가 있으니 그 이름은 선약(仙藥)이요, 그 형상은 태극(太極)이며 또 형상은 궁궁(弓弓)이니라. 나의 이 영부를 받아 사람들의 병을 구제하고, 나의 주문을 받아 사람들을 가르쳐서 나를 위하게 하라. 그러면 너도 장생하여 천하에 덕을 펴리라.'[11]

이 천사문답 사건 이후 서학과 결이 다른 동학이 펼쳐지게 된다. 흔히 말하는 후천개벽의 사건이다. 한울님이 몰락한 양반을 찾아 나선 사건이다. 이는 기존의 인간을 넘어서는 하나의 상징으로 볼 수 있다. 즉 급부상하는 post-human 담론과 연결될 소지가 있다는 것이다. 포스트 휴먼 논의는 인간을 특권적 주체에서 해방하려 하지만, 그 과정에서 인간을 기능적 단위로 환원하는 경향을 보인다. 인간은 생물학적 기계, 정보 노드, 알고리즘적 행위자로 재정의된다. 이러한 인간 이해는 인간을 초월하는 것이 아니라, 인간을 가장 얇은 층위로 축소한 뒤 그 축소된 인간을 폐기하는 방식에 가깝다. 이에 대한 하나의 대안이 동학의 인내천 사상이다. 이는 인간을 절대화하지 않는 절대성을 보여준다. 동학의 인내천은 '사람이 곧 하늘'이라는 선언으로 요약된다. 그러나 이는 인간의 능력이나 지성을 신격화하는 명제가 아니다. 인내천은 인간 각자에게 초월적 책임이 내재 되어 있다는 윤리적 명제이다. post-human 담론이 인간을 해체하여 책임을 분산시키는 반면, 인내천은 인간을 해체하지 않고 책임을 심화시킨다. 인간은 중심이 아니라, 응답의 자리가 된다. 하지만 각 종교 전통의 가르침은 더 이상 기존의 가치를 지니지 못하는 듯 판단된다. 이 점에서 각 종교의 언어가 지니는 진리 또는 가르침이라는 인문 정신의 실체를 들여다볼 필요가 있다.

4) 종교의 언어는 어떻게 권위가 되는가?

살펴본 사례들처럼 각 종교는 자신의 권위를 언어적 서사로 정립시키

---

11) 『동경대전(東經大全)』, <포덕문(布德文)>, <상제와의 대화> 부분 : '懼惑之際 怳惚間 仙語難託 曰: "勿懼勿恐 世人 謂我上帝 汝不知上帝耶?" 問其緣故 曰: "余亦無功 故生汝世間 敎人此法 勿疑勿疑" 曰: "然則以西道敎人乎?" 曰: "不然 吾有靈符 其名仙藥 其形太極 又形弓弓 受我此符 濟人疾病 受我呪文 敎人化我 則汝亦長生 布德天下矣.'

려는 의도가 있어 보인다. 그러므로 종교의 언어를 검토할 필요성이 있다. 이는 율법-경전-주문의 권력 구조를 분석하는 것이다. 즉 종교적 언어 형식과 권위의 생성 및 분산의 메커니즘을 살펴 봄으로 우리 시대의 종교현상에 대한 관찰의 지점을 확보하기 위함이다. 종교는 단순한 신앙 체계가 아니라, 권력을 생성하고 배치하며 정당화하는 언어 구조를 포함한다. 특히 종교 전통에서 핵심적 위치를 차지하는 언어 형식인 율법, 경전, 주문 등은 단순한 교리 전달 수단이 아니라, 누가 말할 수 있는가, 누가 해석할 수 있는가, 누가 복종해야 하는가를 결정하는 권력 장치로 기능해 왔다. 앞에서 검토한 '오래된 우물'은 사실 경전 등을 일컫는 비유였다. 오래 묵은 우물의 맛은 재확인할 필요가 있다. 이 점에서 모세 전통의 율법, 이슬람 전통의 경전(쿠란), 동학 전통의 주문을 각각 하나의 종교적 언어 형식으로 파악하고, 이들이 형성하는 권력의 구조와 작동 방식을 분석하고자 한다. 이를 통해 다음과 같은 질문을 제기한다.

종교적 언어는 어떻게 권위를 획득하는가?
권위는 특정 인물이나 계층에 집중되는가, 혹은 분산되는가?
언어 형식의 차이는 사회 변혁의 가능성에 어떤 영향을 미치는가?

이 분석은 종교를 초월적 진리의 영역이 아니라, 사회적 힘이 조직되는 구조로 이해하려는 시도이다. 그리고 종교적 가르침도 종교조직의 문맥에서만 가능한 것이 현실이다. 그러므로 종교 언어와 권력에서 언어는 결코 중립적이지 않다. 언어는 의미를 전달할 뿐 아니라, 행위를 규정하고 관계를 조직한다. 특히 종교 언어는 다음과 같은 특징을 지닌다. 절대적 정당성을 주장하고 있기에, 거기에는 비판 불가능성의 유혹이 도사리고 있다. 또한 반복을 통한 내면화를 통하여 하나의 알고리즘을 형성한다. 따라서 종교 언어는 신앙의 매개이자, 동시에 권력의 매개가 된다.

종교 권력을 다음의 세 차원에서 강화되고 조직화 된다. 발화 권력으로, 누가 말할 수 있는가? 해석 권력으로, 누가 의미를 결정하는가? 집행 권력으로, 누가 순응을 강제하는가? 이 세 차원에서 종교의 언어인 율법-경전-주문은 이들 세 부류의 차원을 서로 다르게 배치함으로써, 상이한 권력 구조를 형성한다. 이제 율법과 경전, 주문이 지니는 권력 구조를 개론 수준으로 해부하고자 한다.

(1) 율법 권력의 제도적 규범성

율법의 권력 구조는 규범의 제도화와 권위의 집중이라는 현상을 초래한다. 율법의 언어적 성격이 지니는 특징은 무엇인가? 율법은 명령형 언어를 기본 형식으로 한다. '하지 말라', '지켜라'라는 문장은 신적 권위를 직접적으로 호출하며, 행위의 허용과 금지를 명확히 구분한다. 이러한 언어는 다음과 같은 특징을 지닌다. 규범 중심성, 위반 가능성과 처벌의 전제, 공동체 경계의 명확화라는 특징으로 권위체계를 구조화하였다. 율법은 본질적으로 해석이 필요한 언어이다. 이로써 다음과 같은 권력 구조가 형성된다. 신 → 예언자(모세) → 제사장·율법학자 → 민중으로 하향화되는 서열을 작동시킨다. 해석 권력이 특정 계층에 집중됨으로 사제 집단에게 가장 큰 권력을 부여한다. 규범의 집행이 제도화됨으로 종교 의례가 공고화되고 반복되며 하나의 질서 체계를 만들어 내곤 한다. 이러한 방식은 율법을 통하여 공동체를 안정적으로 유지하는 데 강력한 장점이 있지만, 동시에 권위의 독점과 경직화를 낳을 위험을 내포한다. 율법은 정의를 제도화하지만, 그 정의는 해석자의 정의가 될 수 있다.

이로써 율법 전통은 반복적으로 예언자적 비판을 필요로 하게 된다. 이때 예언자적 전통은 사제 전통과 긴장 관계에 위치함으로 그 길항적 권력 배분은 필수적이어야 한다.

(2) 경전의 텍스트적 성격

경전의 권력 구조는 텍스트 중심성에서 핵심적 권위를 보장받고 있기에 남는 것은 해석에 대한 지점만이 남는다. 그러므로 경전 해석에 대한 투쟁이 유일한 가능성으로 남아있다고 할 수 있다. 경전의 언어적 성격은 어떠한가? 경전은 해당 종교의 절대 권위체의 언설이 텍스트로 고정된 형태이다. 쿠란은 그 대표적 사례로, 문자화된 언어가 공동체 전체의 기준이 된다. 이러한 쿠란의 경전적 특징은 다음과 같다. 쿠란의 가르침은 반복 가능한 언어로서 무슬림의 일상에서 의례를 통한 재반복으로 이어진다. 이 과정은 암송과 기억을 통한 내면화의 효과적 장치가 된다. 그리고 시간과 공간을 초월한 권위의 주장에 어떠한 이의도 없다. 물론 소수파의 경전 해석은 남아있으나 그들은 주류로부터 억압의 대상이 될 뿐이다. 이런 방식으로 경전은 권력의 이동을 재편할 수 있다. 그리고 제도화 과정을 통하여 인물에서 텍스트로 이동한다. 경전은 종교 권위를 특정 인물로부터 텍스트 자체로 이동시킨다. 이는 다음과 같은 효과를 낳는다. 교주 또는 예언자 사후 권력 공백을 최소화할 수 있다는 장점이 있다. 경전을 캐논화 함으로 텍스트 접근의 평등 가능성을 도모할 수 있다. 그러나 해석 권력의 등장과 더불어 새로운 집중 현상이 발생한다는 점을 피할 수 없다. 이슬람 학자 집단인 울라마의 형성은 경전 중심 구조가 전문 해석 계층을 필연적으로 낳음을 보여준다. 경전의 권력화라는 지점은 신앙공동체를 조작하려는 사회적 효과를 노리고 있다. 경전 중심 구조는 비교적 강한 규범 통일성을 확보하지만, 해석 차이는 종파 분열로 이어질 가능성을 내포한다. 권력은 인물 숭배에서 벗어나지만, 해석 권력의 독점이라는 문제는 여전히 남는다.

(3) 주문의 직접성

주문의 권력 구조는 직접성을 토대로 종교적 수행의 내면화와 권위의 분산이라는 특이한 현상이 있다. 동학 신앙 체계에서 주문의 언어적 성격은 어떻게 권력화하고 조직되었는가? 동학의 주문은 명령이나 교리보다 반복적인 수련과 수행을 통한 체화를 목표로 한다. 주문은 의미 이해 이전에 말해진 사건이기에 독송과 실천을 통해 작동한다. 이 주문의 특징은 다음과 같다. 불교 또는 밀교화된 종교의 주문들과도 같은 현상으로 주문의 비해석성 혹은 저해석성이 그 특징이다. 이 주문은 수행을 통한 즉각적 접근이라는 실천성을 가지고 있다. 그러므로 일상생활에서 주문은 꾸준히 반복되어야 하는 가능성이 높아진다. 그래서 동학은 보기 드물게 권력의 분산 구조를 유지하게 된다. 주문은 권력을 분산시키기 위해 발화 권력을 개방한다. 모든 신자에게 개방된 주문은 누구나 일상에서 직접 실천할 수 있다. 또한 주문은 해석 권력을 최소화함으로 비중심화라는 평등성을 지향하게 된다. 드러므로 집행 권력은 외부 강제가 아닌 자기 수행의 현장으로 재귀 된다는 특징을 보여준다. 이는 종교 권위가 특정 계층에 고착되는 것을 구조적으로 방지한다. 하지만 동학은 사회적 효과에 비하여 그 한계가 컸다고 할 수 있다. 주문 구조는 강력한 평등성과 내적 해방성을 지니지만, 동시에 제도적 안정성은 취약하다. 보수성이 강하던 전통사회에서 주문 중심 전통은 쉽게 탄압당하게 된다. 또한 외부 권력에 의해 왜곡될 위험에 노출된다. 동학은 이러한 탄압과 왜곡의 역사를 잘 보여주는 사례가 된다.

이때까지 살펴본 것처럼 종교 권력은 역사적으로 명령 → 텍스트 → 수행의 방향으로 이동해 왔음을 보여준다. 간단히 정리하면, 율법과 경전, 주문은 각각 다른 방식으로 종교 권력을 조직한다. 율법은 정의의 제도화를 가능하게 하지만, 권력 집중의 위험을 내포한다. 경전은 권위의 비인격화를 이루지만, 해석 투쟁을 불러온다. 주문은 권력의 내면화와 분산을 실현하지만, 제도적 취약성을 가진다. 이 세 구조는 우열의 문제가 아니라, 역사적 조건 속에서 선택된 서로 다른 응답 방식이다. 그러나 현대 사회의 관점에서 볼 때, 주문 중심 구조는 종교 권력을 개인의 윤리적 책임으로 환원시키는 중요한 가능성을 제시한다. 이는 종교가 더 이상 외부 명령이나 해석 권위에 의해 지배되기보다, 삶 속에서 수행되는 해방의 언어로 전환될 수 있음을 시사한다.

5) 신성과 변용의 사례 : 모세, 무함마드, 수운 최제우

종교사의 전환점에는 언제나 '계시' '접신' 등의 종교체험의 사건이 놓여 있다. 그러나 이 누미노제적 사건은 단순한 초자연적 체험이 아니라, 특정한 인간을 매개로 하여 언어·윤리·공동체 질서를 재구성하는 역사적 사건이다. 이러한 관점에서 볼 때, 모세, 무함마드, 수운 최제우는 서로 다른 시공간에 위치하면서도 공통적으로 기존 질서가 한계에 도달한 순간에 등장한 계시의 매개자라는 점에서 비교될 수 있다. 이 세 인물을 단순히 교리적 내용이나 신앙 체계로 비교하는 것이 아니라, 사건이 어떤 구조를 통해 발생하고, 어떻게 사회로 확장되었는가? 라는 문제를 중심으로 살펴볼 것이다. 이를 위해 다음과 같은 질문을 설정한다.

계시는 어떤 방식으로 경험되는가?

계시는 어떤 언어 형식을 취하는가?

계시는 개인 체험을 넘어 어떻게 공동체 질서로 전환되는가?

이 질문을 통해, 모세-무함마드-수운 최제우의 계시를 각각 율법적 계시, 언어적 계시, 내재적 계시라는 구조적 유형으로 정의하는 입장을 견지한다. 세 사례들의 공통점과 차이를 종합적으로 약술하고자 한다.

(1) 모세: 제국 질서와 노예 상태

모세의 계시는 이집트 제국이라는 고도로 조직된 권력 체계 속에서 발생한다. 히브리인은 강제 노동 체제에 편입된 주변부 집단이었으며, 그들의 억압은 구조적이고 지속적이었다. 이러한 상황에서 계시는 단순한 종교적 위안이 아니라, 제국 질서를 근본적으로 전복하는 신적 개입으로 등장한다. 모세의 계시는 '나는 너희의 고통을 보았다'라는 선언에서 시작되며, 이는 신의 초월성이 곧 역사적 고통에 대한 응답으로 나타난다는 점을 분명히 한다.

이러한 질곡에 대한 대응으로 모세는 초월적 타자와의 대면 계시를 통하여 자기 사명을 실천해 낸다. 모세의 계시는 철저히 외부로부터 오는 초월적 호출의 형태를 취한다. 예를 들면, 떨기나무, 불, 천둥과 같은 감각적 상징은 '나는 너희 조상의 하나님'이라는 초월자의 자기규정에서 시작하는 것이다. 인간과 신의 명확한 구분에서 모세의 계시는 인간의 내면이 아니라 역사적 현장에서 발생하며, 모세는 계시의 주체가 아니라 중재자로 기능한다. 모세는 율법을 통하여 계시의 사회화 방식을 취했다고 할 수 있다. 즉 모세가 체험하는 사건으로서의 계시는 율법이라는 규범 체계로 정착된다. 이는 계시가 개인의 카리스마에 머물지 않고, 공동체 전체를 조직하는 법적 언어로 변환되었음을 의미한다. 그러므로 모세의 후계자들에게 율법은 신비 체험의 기록이 아니라, 사회 정의의 기준이다.

(2) 무함마드: 부족 질서와 상업 귀족 체제

무함마드의 계시는 중앙 권력이 부재한 부족 사회, 그리고 상업 귀족이 지배하는 메카 도시라는 이중적 조건 속에서 발생한다. 이 사회는 겉으로는 자유롭지만, 실제로는 혈연적 연대, 세속적 재물의 획득과 배분, 종교 권력이 교묘하게 결합된 비가시적 억압 구조를 내포하고 있었다. 따라서 무함마드의 계시는 제국 타도보다는, 분절된 사회를 보편 윤리로 재통합하는 요청으로 등장한다. 무함마드의 경우, 언어적 침투로서의 계시를 보여주는 사건이 형성된 것이다. 그러므로 무함마드의 계시는 환시나 자연 현상보다 말씀의 강제적 전달이라는 형식을 취한다. 무함마드에게 들려 온 목소리는 '읽어라'라고 하는 명령이었다. 이 명령은 신앙공동체에서도 지속적으로 재반복된다. 꾸란의 반복적 암송과 기억이 그것이다. 이러한 과정은 텍스트로의 고정 가능성을 고도화시킨다. 여기서 계시는 시공간을 초월한 초월자가 아니라, 언어를 통해 인간 역사 안으로 진입하는 사건이다. 무함마드는 계시의 내용을 창조하지 않으며, 철저히 전달자로 남는다. 종교 언어로서의 쿠란은 무함마드를 통해 획득되는 계시의 언어화라는 성격을 지닌다. 즉 무함마드의 계시는 쿠란이라는 언어 집합으로 고정된다. 이는 계시가 기억을 통하여 암송되고, 의례를 통하여 해석 가능한 텍스트가 되며, 신앙 공동체 내부에서 끊임없이 재현됨을 가능하게 했다. 그래서 쿠란은 법이며 윤리이고 신앙의 중심에 서게 된다. 이처럼 꾸란은 무슬림 사회의 법이고 윤리이며 동시에 종교적 거룩함을 입증하는 언어 구조를 형성한다.

(3) 수운 최제우: 근대 침투와 봉건 질서의 붕괴

수운의 계시는 서구 문명과 기독교의 유입, 봉건적 신분 질서의 균열, 민중의 생존 위기가 중첩된 조선 말기라는 조건 속에서 발생한다. 이 상황은 단순한 정치 위기가 아니라, 세계관 자체가 붕괴하는 문명적 위기였다. 수운의 계시는 외부 초월자의 개입이라기보다, 세계 내부에서 다시 근원을 발견하려는 응답으로 나타난다. 수운 최제우가 경험하는 사건은 내재적 각성으로서의 계시라고 성격지을 수 있다. 수운의 계시는 '시천주(侍天主)'와 '인내천(人乃天)'으로 요약 정리할 수 있다. 이는 신이 외부에 있는 존재가 아니라, 인간 안에 이미 내재해 있음을 자각하는 사건이다. 한울님과 인간의 거리는 최소화되고 급기야는 내면의 목소리로 변형되기도 한다. 그래서 이 계시는 명령이기보다 각성의 언어로 작동한다. 수행이 지속될수록 이 계시의 사건은 체험을 통하여 재반복된다 내면화의 길은 이렇게 설정된다. 그래서 수운이 경험한 사건은 타자의 침입이 아니라, 자기 인식의 극대화에 부합하는 존재론적 전환의 깨달음에 가깝다. 동학의 주문과 교설은 수운 최제우의 계시 사건을 수행으로 승화시킨 언어이다. 다시말해서 수운의 계시는 주문과 교설을 통해 신앙공동체에 전달된다. 이는 계시가 텍스트 이전에 몸과 삶의 실천 속에서 반복되도록 설계되었음을 보여준다. 이 구조는 계시를 특정 지도자의 권위에서 분산시키는 효과를 낳는다. 이점이야말로 동학의 장점에 속하는데, 근대적 인간의 정체성이 성립하는 과정이 내재 되어 있었기 때문이다.

이렇게 세 사례를 통하여 신성이 어떻게 인간 현상으로 변용되는지 언어를 경로 삼아 추적해 보았다. 계시와 사회 변혁의 연결 방식의 입장으로 본다면, 모세의 계시는 집단 탈출과 법질서 수립으로 이어지며, 무함마드의 계시는 보편 공동체와 윤리 질서의 형성으로 이어지고, 수운의 계시는 민중 의식의 전환과 평등사상의 확산으로 이어진다고 단정지을 수 있다. 그러나 그 차이점은 명백하다. 모세와 무함마드는 계시 이후 제도화 단계를 비교적 명확히 밟지만, 수운의 계시는 체제 전복보다 의식 변혁에 더 큰 비중을 둔다는 점에서 그 차이는 역력하다.

이는 근대 전환기의 조건과 깊이 연관된다. 궁극적으로 모세-무함마드-수운 최제우의 계시는 사소한 차이에도 불구하고 공통적으로 다음의 구조를 공유한다. 위기 상황에서 발생한 계시, 개인 체험을 넘어선 공동체적 요청, 윤리·사회 질서 재편의 동력이었다는 것이다. 그러나 계시의 방향성은 점진적으로 이동한다. 모세의 경우, 초월적 명령의 지향점이 보이며, 무함마드의 경우는 언어적 계시임이 그 특징이다. 수운 최제우의 경우는 내재적 각성이라는 점을 명백히 하고 있다. 이 계시의 세 사건들은 인류 종교사에서 계시가 점차 외부 명령에서 내적 책임으로 이동해 왔음을 시사한다. 이러한 관점에서 볼 때, 수운의 동학은 모세와 무함마드 전통의 단절이 아니라, 계시 구조의 내면화라는 역사적 심화 단계로 이해될 수 있다.

6) 종교란 인간에게 무엇이었고 무엇일 수 있는가?

종교란 인간에게 무엇이었고 무엇일 수 있는가? 이 근본적 질문에 대한 메아리를 따라가다 보면 도착하는 지점은 어디인가? 종교를 초월적 신앙 체계가 아니라 인간이 역사적 위기 속에서 스스로를 재구성하기 위해 형성한 언어·수행·권력의 복합 구조로 볼 수 있어야 한다. 위에서 경전의 언어와 계시의 속성을 뒤적여 보았다. 모세, 무함마드, 수운 최제우라는 세 종교적 인물을 핵심 사례로 삼아 계시의 구조, 경전의 형성, 수행의 역할, 그리고 종교 언어의 권력화 과정을 살펴보며 종교의 본질을 묻게 되는 것이다. 종교가 인간에게 해방의 언어였던 시기와 지배의 도구로 전도된 시기를 구조적으로 구분하고, 수행의 회복을 통해 종교가 다시 인간적 가능성을 가질 수 있음을 확인하는 것이다.

종교를 다시 묻는 이유는 어디에 있는가? 종교는 근대 이후 반복적으로 쇠퇴와 종말을 예고 받아 왔다. 그러나 종교는 사라지지 않았으며, 오히려 새로운 형태로 지속적으로 재등장하고 있다. 이는 종교가 단순한 신앙 체계가 아니라 인간 존재와 깊이 결부된 구조임을 시사한다. 종교를 '신에 대한 믿음'이라는 협소한 정의에서 해방하여, 인간 현실의 고난과 무질서에 대응하며 형성한 실천적 언어 체계로 재정의할 수 있다. 이러한 관점에서 종교는 인간에게 무엇이었는지, 그리고 오늘날 무엇일 수 있는지를 구조적으로 직언하려는 것이다. 계시란 무엇인가? 그리고 초월은 어떻게 인간에게 의미가 되었는가? 계시는 종교의 출발점으로 이해되어 왔지만, 계시는 결코 초월 그 자체로 주어지지 않는다. 계시는 언제나 인간의 역사적 조건 속에서 체험되고 해석된다. 모세의 계시는 노예 상태에 놓인 집단에게 새로운 정체성과 윤리를 부여한 해방 사건이었다. 무함마드의 계시는 분열된 부족 사회를 하나의 윤리 공동체로 재구성하는 언어였다. 수운 최제우의 계시는 초월을 외부 명령이 아니라 인간 내부의 각성으로 전환시킨 사건이었다. 이 사례들은 계시가 인간을 압도하는 신비 체험이 아니라, 인간을 다시 인간답게 만드는 의미 사건이었음을 보여준다.

경전의 형성과 전도 과정에서 확인한 것은 살아 있는 말은 어떻게 권력이 되는가다. 경전은 계시의 보존 장치이자 전달 수단이다. 그러나 경전이 문자로 고정되는 순간, 종교 언어는 삶과 분리될 가능성을 내포한다. 율법은 해방 공동체를 유지하기 위한 윤리 규범이었으나, 시간이 흐르며 해석 독점과 경계 설정의 도구로 전도되었다. 쿠란은 낭송과 실천을 전제로 한 말씀이었으나, 문자주의가 강화될수록 정통성 판별의 기준으로 기능했다. 동학 경전은 주문 수행을 중심에 두어 이러한 전도를 지연시켰으나, 제도화 이후 동일한 위험에 직면했다. 이처럼 경전은 수행과 분리될 때 쉽게 권력의 언어로 변형된다. 그렇다면 수행의 의미는 어떻게 정당화될 수 있는가? 윤리와의 차이점은 무엇인가? 궁극적으로 여러 질문들은 종교는 어떻게 삶이 되는가를 질문하는 일이 된다. 수행은 종교 언어가 삶 속에서 반복적으로 구현되는 과정이다. 수행이 존재할 때 종교는 교리가 아니라 삶의 방식이 된다. 불교의 수행, 이슬람의 기도와 자선, 동학의 주문은 모두 종교 언어가 일상의 윤리와 분리되지 않도록 하는 장치였다. 수행은 해석 권위를 약화시키고, 종교적 책임을 개인의 삶으로 환원시킨다. 따라서 수행은 종교를 권력화로부터 보호하는 핵심 구조이며, 종교가 인간의 것이 되게 하는 조건이다. 여기에서 종교 언어와 권력 사이의 함수 관계를 따져보아야 한다. 해방과 지배의 갈림길에 도달하였기 때문이다. 종교 언어는 언제나 이중적 가능성을 지닌다. 한편으로는 기존 질서를 비판하는 해방의 언어가 되지만, 다른 한편으로는 제도 권력과 결합하여 지배를 정당화하는 도구가 된다. 역사적으로 예언자 전통, 초기 이슬람 공동체, 동학 농민 운동은 종교 언어가 해방의 힘으로 작동한 사례이다. 반면 수행이 약화하고 경전 해석이 독점될 때, 종교는 인간을 억압하는 권력이 된다. 이는 근대 이후의 종교 역사를 살펴보면 그 흔적은 뚜렷하였다. 근대 이후의 역사는 인간은 어디에 위치하는가에 대한 탐색이라 할 수 있다. 근대 국가는 법과 폭력의 독점을 통해 인간을 국민으로 규정한다. 이 과정에서 종교는 사적 신앙으로 축소되거나, 국가 이데올로기로 동원된다. 그러나 종교 언어는 완전히 소멸하지 않는다. 수행과 윤리를 통해 재구성된 종교는 여전히 국가 권력을 비판하고 인간의 존엄을 호소하는 공적 언어로 기능할 수 있다.

3. 나가는 말 : 인간에게 종교는 마지막 보루

종교는 인간에게 초월적 존재를 설명하는 체계이기 이전에, 인간이 스스로를 다시 인간으로 만들기 위해 발명한 언어와 수행의 구조였다. 모세, 무함마드, 수운 최제우의 사례는 종교의 본질이 경전이나 제도에 있지 않고, 계시-경전-수행 사이의 긴장 속에 있음을 보여준다. 종교가 다시 인간 것이 되기 위해서는 새로운 교리나 권위가 아니라, 수행을 통해 언어를 삶으로 되돌리는 일이다. 이 점에서 종교는 과거의 유물이 아니라, 인간이 인간이기를 포기하지 않는 한 계속 다시 만들어질 가능성이다. 종교는 인간 가능성의 현장이다. 종교가 삶의 중심에서 물러난 탈종교 사회에서 인간이 어떻게 존엄성을 유지하며 살아갈 수 있는지의 탐구는 지속되어야 한다. 현대인이 국가의 관리 대상이나 자본의 소모품, 혹은 디지털 데이터로 객체화되는 위기에 처해 있다고 진단받고 있다. 그리고 과거 종교가 제공하던 윤리적 긴장이 사라지면서 발생한 공백은 법이나 인권 담론만으로는 온전히 채워질 수 없다. 이에 대한 해법으로 특정 교리가 아닌, 자신을 성찰하고 타인에게 책임을 다하는 수행적 윤리를 대안으로 찾아낼 수 있다. 하지만 윤리는 결코 종교가 아니다. 정치철학의 지점으로 검토한다고 해도 인간에게 종교는 도구로서 작동하는 정치가 되어서 안 된다. 그리고 하늘의 소리를 대변하는 윤리적 요청으로 남는 것에 대하여 거절할 용기가 있어야 한다.

종교는 인간다움에 대한 신뢰가 상실되고 초월자에 대한 궁극적 믿음이 사라진 시대에도 끊임없는 실천적 훈련을 통해서만 지켜낼 수 있는 가치이기에 더더욱 그러하다. 그리고 인공지능 시대로의 진입에 따라 확산하는 포스트 휴먼 담론은 단순한 철학적 진보가 아니라, 정치적 권력 구조를 재편하려는 의도를 숨기고 있다. 인간이라는 개념이 해체될 때 국가와 자본, 기술 시스템이 결정에 대한 책임으로부터 자유로워지는 현상에 주목하는 이유이다. 인간을 주체로 보지 않는 시각은 결국 권력에 대한 비판 가능성을 무력화하며, 인간을 대체 가능한 자원이나 비용으로 전락시킬 위험이 있다. 따라서 현대 사회에서 인간의 개념을 다시 세우는 작업은 종교의 본질을 묻는 일이며, 그 구체적 질문들은 인간을 세우는 작업이다. 과거에 대한 향수가 아닌, 권력의 횡포에 맞서는 핵심적인 정치적 저항은 사실 종교의 본 영역이었음이 드러난다. 결론적으로 종교는 인간성을 고수하는 것이야말로 파생 자본주의와 고도의 테크놀로지 사회가 부역하고 있는 시스템의 책임을 회피하지 못하도록 묶어두는 최소한의 방어 기제라고 일깨워 주고 있다.

| 참고문헌 |

Weber, M. *Economy and Society.* University of California Press, 1978.
Schmitt, C. *Political Theology.* University of Chicago Press, 2005.
Taylor, C. *A Secular Age.* Harvard University Press, 2007.
Assmann, J. *Religion and Cultural Memory.* Stanford University Press, 2006.
Ricoeur, P. *Interpretation Theory.* Texas Christian University Press, 1976.
『동경대전』.
The Qur'an.
The Hebrew Bible
『天地八陽神呪經』
진교훈(2002),『醫學的 人間學 : 醫學哲學의 基礎』, 서울: 서울대학교 출판부
강수미(2007),「테크놀로지 시대의 예술 - 발터 벤야민 사유에서 유물론적 미학 연구」, 홍익대학교 박사학위논문

다시 보는 동학과 서학

- 수운과 예수를 중심으로

심광섭

다시 보는 동학과 서학
─ 수운과 예수를 중심으로

심광섭(전 감리교신학대학교 교수)

1. 모시는 말씀

2024년 12월 3일 비상계엄 선포 후 벌써 1년이 지났다. 내란 후 우리 국민은 6개월 열병과 몸살을 앓으면서 숨 가쁜 나날을 견디며 잘 투쟁해 왔다. 2025년 6월 3일 새 나라를 건설하는 심정으로 새 대통령을 선출했다. 6개월이 흐르는데도 아직 내란의 여파가 상식적 삶을 위협한다.

대한민국 헌법 전문은 "유구한 역사와 전통에 빛나는 우리 대한국민"으로 시작한다. 그리고 이어 "3·1운동으로 건립된 대한민국 임시정부의 법통과 불의에 항거한 4·19민주이념을 계승하고, 조국의 민주개혁과 평화적 통일의 사명에 입각하여..." 1919년 3.1운동 앞에 1894년의 동학농민혁명을 추가하자는 주장이 많아졌다. 주장들을 모아보면 첫째, 동학농민운동이 있었기에 의병 활동이 있었고, 항일 독립운동과, 3·1운동, 4·19혁명, 5·18광주민주화운동, 촛불 시민혁명까지 이어졌다. 동학농민혁명을 헌법 전문에 담는 것은 우리나라 근현대사를 다시 명확하게 정

리하고 규정하는 것이다. 둘째, 개화파가 주도했던 갑신정변이나 독립
협회, 유생이 주도했던 의병 항쟁 등은 위로부터의 개혁이었으나, 동학
농민혁명은 일반 민중을 중심으로 한 아래로부터 진행된 민중혁명이었
다. 셋째, 일제의 강제 합병에 의한 역사의 단절과 왜곡을 바로잡을 수
있다.

한국사회는 지역적이고 역사적인 과제로서 분단의 극복과 평화 수립,
양극화의 해소 등의 문제와 함께 지구적인 문제인 기후 위기 극복과 최
첨단 기술·과학의 썰물에 창조적으로 적응해야 하는 숙제를 안고 있다.
이 글은 이에 필요한 정치 사회적 논의를 하고자 하는 것이 아니다. 최
근 인문학의 담론은 인간이 이성적 존재만이 아니라 감성적이고 영성적
존재임을 역설하고 있다. 하여 이 글은 동학의 창시자인 수운의 영성과
서학, 서양 기독교의 바탕인 예수의 영성을 통해 한국 근대사에서 발생
한 필연적인 대치적 만남을 상생적으로 성찰하면서 21세기 포스트휴먼
의 과제인 지구적 영성을 제안하려고 한다.

2. 예수와 수운 최제우, 역사적 공명

기독교의 예수와 동학의 창도자 수운 최제우가 서로 공명(consonance, 共
鳴)할 수 있는 영역이 있다고 본다. 이 공명의 영역을 "역사적 공명"이
라고 하자. 공명이란 A와 B 사이의 수학적 일치가 아니라 A의 심장과 B
의 심장의 울림이 듀엣으로 어울림을 말한다. '유비'(analogia)가 인식론
적이라면 '공명'(resonántĭa)은 미학적이며 한마음으로 통하는 감통(感
通, 感而遂通)적 사건이다.

동학과 그리스도교의 두 스승, 수운 최제우(1824. 12. 18~1864. 4. 24)와 예수 사이에 시대적, 지역적 차이뿐 아니라, 종교사적 전통은 상당히 다르다. 그렇지만 수운과 예수 사이에 종교와 문화의 차이를 뛰어넘고 어울려 증폭되는 정신적 파장의 맥동에 접속하려고 한다. 예수는 유대교와는 다른 기독교라는 새로운 종교를 창시하지 않았다. 그는 새로운 하느님 체험에 근거하여 유대교 경전인 타나크(Tanakh)를 새롭게 실천하면서 예수운동(Jesus Movement)인 하느님의 나라 운동의 중심에 선 인물이다. 기독교는 예수 사후 그의 부활을 선포하면서 생성된 종교 공동체이다. 예수의 하느님 나라 운동의 목적은 새로운 종교의 창시가 아니라, 이 땅 위에 로마 제국과는 전혀 다른 질서의 공동체인 '하느님 나라'를 이루는 것이었다. "아버지의 나라가 오게 하시며 아버지의 뜻이 하늘에서와 같이 땅에서도 이루어지게 하소서."(마태 6:10) 하느님 나라는 이른바 '로마의 평화'(pax romana)와 대조하여 이해해야 한다. 하느님 나라는 '팍스 로마나'라고 하는 정복과 지배라는 제국적인 질서를 대치하는 사귐과 사랑의 나라였다. 하느님 나라는 기존의 질서, 특히 제국과 그 하위 권력의 질서(헤롯 왕국과 유대 성전종교세력)에 대항하는 새로운 대조사회(Contrastgesellschaft)에 대한 상징이었다.

수운이 동학을 창도했던 시기는 대외적으로 한반도를 둘러싼 제국들이 한반도를 침략하기 위한 야욕을 노골적으로 드러내던 때였다, 1842년 영국과 청국의 아편전쟁으로 청국이 패하고 남경조약을 체결하였다. 1860년에는 영불 연합국에 청국이 패하게 되어 굴욕적인 북경조약을 맺는다. 이에 조선민은 중국이 아닌 서방의 강대국들이 실제로 위협적인 존재라는 사실에 크게 충격을 받고 조선에도 이미 쳐들어온 위협을 감지하게 된다. 이와 함께 동쪽 일본의 위협도 매우 심각한 상태였다.

대내적으로 19세기 100년은 조선의 백성(민중)들이 가장 혹독한 세월을 견디며 살았던 시절이다. 세도정치와 천주교 박해(신해, 신유, 기해, 병오, 병인), 나라 안에서 관리들의 가렴주구와 이에 저항하는 잦은 민란, 나라 밖에서 서구 세력의 동아시아 점령과 일본의 조선 침략이다. 동학을 통해 수심정기(守心正氣)한 농민들은 1, 2차 봉기를 통해 관리의 학정을 바로 잡았고, 청일전쟁에 승리한 일본의 침략야욕을 격퇴하기 위해 일본과 비장한 일전을 감행한 것이 동학농민혁명이다. 동학혁명은 수운이 1861년 창도(創道)한 동학에서 비롯된다. 동학의 창도에서 최제우의 계시 체험일인 1860년 4월 5일이 매우 결정적이지만, 그 체험에 이르게 된 19세기 조선의 역사적 배경과 맥락을 떠나 의미 있게 논할 수 없다.

동학과 이어지는 천도교와 및 개벽 사상(철학·종교)은 19세기 말, 수구적 위정척사파와 서양과 일본에 의존한 개화파 사이의 치열한 양자택일에서 제3의 길을 걸었던 한국적 근대화 노선이다. 그러나 동학과 개벽 사상은 20세기 내내 일제의 동화주의와 서양 중심의 근대화에 의해 묻히고 말았다. 이들이 최근 다시 각광을 받고 있다. 그 이유는 이들이 서양 문물을 수용하면서도 토착적이며 자생적 근대화의 길을 열었다는 것이며, 인도와 남아프리카 그리고 남아메리카의 여러 해방운동과 그 궤를 같이 한다는 사실이다. 동학은 지역적 특징과 지구적 상관 연동성을 동시에 갖추고 있다. 동학과 개벽 사상은 단지 한반도에 국한된 지역 사상이 아니라 지구적 사상운동과 맥락을 같이하는 사상임이 밝혀지고 있다.12) 동학은 지역적 사상운동이면서 지구적 사상운동이라는 것이다. 동학은 이 땅에서 전개된 자생적인 '하느님 나라 운동'(輔國安民 廣濟蒼生)이라는 게 필자의 생각이다.

우리가 기독교와 함께 수용한 서양의 근대성은 모순된 양면성을 지니

---

12) 기타시마 기진, "토착적 근대화의 지구적 전개" 2019년도 제39회 원불교사상연구 학술대회, 2019.08 25 - 40; -, "새로운 근대를 찾아서_토착적 근대론의 제안", 2018년도 제38회 원불교사상연구 학술대회 2018.08 17 - 32; 조성환, "개벽과 개화: 근대 한국사상사를 어떻게 볼 것인가?" 2018년도 제38회 원불교사상연구 학술대회 2018.08 73 - 82; -, 『한국근대의 탄생_개화에서 개벽으로』(서울: 도서출판 모시는사람들, 2020).

고 있다. 왕정이 아닌 인민 주권주의, 신분제 철폐, 평등과 자유, 어린이와 여성의 인격성 확보 등 민주주의적 가치, 과학적 이성, 자본주의적 시장 등은 서양 근대성의 밝은 면이다. 이에 반해 제국주의와 군부 파시즘, 기술과학과 자본주의의 폐해 등은 근대성의 어두운 지점이다.

서양의 근대가 침략적이고 폭력적이라면 동학을 중심으로 한 토착적 근대는 평화적이다. 서구적 근대의 주류가 반종교적이고 유물론적이며 삶의 세계를 주객으로 나누어 대상을 주체가 마음대로 계산하고 통제와 감시하에 두었다면, 토착적 근대로서의 개벽 사상은 종교적─영성적이며 생명세계의 통합성을 지향한다는 점에서 탈근대적이다. 토착적(자생적) 근대에서 종교는 민중의 아편이 아니라 해방의 누룩이며 민중의 영적 생명 에너지이다. 서양의 근대가 이성 중심적, 물질 중심적이라면 토착적 근대는 인간의 감성과 심미성, 종교성과 영성을 비합리적인 것으로 여겨 저버리지 않는다. 이런 점에서 토착적 근대는 이미 서양 근대의 어두운 점을 보완할 수 있는 탈근대적 특성을 지니고 있다. 서양의 근대를 대변하는 기독교와 동학─천도교는 한국 근대화의 분출 지점이었던 1919년의 3.1운동에서 처음 뜨겁게 공명하고 합류한다.

3. 예수와 수운 최제우, 삶의 공명

최제우의 동학을 19세기 이 땅에서 일어난 '예수 사건'이라고 말하고 싶다. 예수의 하느님 나라 운동과 수운에게서 비롯된 동학 운동이 서로 공명한다는 점에서 그렇다. 시인 김지하도 이미 그렇게 언급한 바 있다. "예수는 여러 모습으로 여러 곳에 여러 가지 이름과 얼굴로 살고 있음을 생각한다."13) "만약 그리스도교에서 예수를 가장 모범적인 삶을 산 인

---

13) 김지하, "화엄개벽의 모심", 대화문화아카데미 편, 『화엄세계와 하느님 나라』, (서울: 도서출판 모시

류의 스승으로 탈(脫)신화화하고, 예수만이 아니라 모든 사람이 하느님의 아들딸이며 모두가 그리스도가 될 수 있다고 한다면 그것이 바로 동학"(김용휘)이다. 예수의 어떤 얼굴이 수운에게 나타났을까? 예수의 생애와 수운의 생애에서 비범하고 신이(神異)한 유사성을 발견한다.

김병종, <목수의 얼굴>, 1986

수운 최제우

예수의 생애	수운의 생애
① 예수의 성령 잉태와 동정녀 탄생, 마태와 누가복음에 기록된 아름다운 성탄절 이야기	수운은 재가녀 한씨의 서자로 태어남, 수운이 태어나자 구미산이 사흘 동안 울었다는 등의 신이한 이야기가 전해진다.
② 복음서는 공생애 이전의 예수의 삶에 대해 침묵한다.	수운의 10년 주유팔로(세상의 민심과 물정을 살폈을 것)에 대한 기록이 없다.
③ 예수는 세례 시 하늘의 음성을 듣고 40일 금식기도에 들어간다.	수운은 두 번에 걸친 49일 기도 후 상제의 음성을 듣는다.

는사람들, 2012), 61.

④ 예수의 공생애는 가르침, 치유와 이적, 논쟁, 12 제자의 부름이 특징적이다.	수운은 하느님 체험 이후 창도와 창학을 하고 포덕함으로써 제자들이 운집한다.
⑤ 예수는 병자를 치유 한다.	수운은 영부(仙藥)와 주문으로 치유한다.
⑥ 예수는 그 시대의 고정 관념인 남성중심주의를 폭로하고 여성을 파트너로 삼는다	수운은 종이었던 여성 2인을 며느리와 양녀로 삼는다.
⑦ 예수의 하느님 나라 운동은 지식인 중심이 아니라 민중(Ochlos) 중심이다	수운의 동학도 지식인(유림) 중심이 아니라 일반 백성 중심이다.
⑧ 예수는 그를 잡으려는 유대 관헌들로부터 여러 차례 피신한다	수운도 유림과 관헌의 감시와 억압을 피해 경주에서 남원으로 피신한다.
⑨ 1~3년 동안 가르쳤지만 예수 자신의 기록은 없다.	반면 수운은 2년 반의 포덕(布德)을 동경대전, 용담유사에 남겼다. 수운의 제자 해월 최시형이 1870년에 인쇄한다.
⑩ 예수는 신성 모독죄로 인한 체포와 심문과 십자가에서 죽음을 맞는다.	수운은 이단 사교와 요언혹민(妖言惑民)으로 탄압과 체포 및 심문 끝에 순도한다. 석가나 공자나 이슬람의 무하마드에게서는 볼 수 없는 비극적 죽음이다. 그들은 평온하고 행복한 죽음을 맞이했다. 이들과 달리 예수와 수운은 비극적인 죽음을 맞이했다. 비극적 죽음으로 일렁이는 파문은 제자들과 공동체에 오래오래 지속되었고 그 영향은 증폭되기 마련이다.
⑪ 예수는 기독교에서 삼위일체 하느님의 제2위로 신격화 된다.	수운도 천도교에서 대신사로 신격화 된다.

4. 예수와 수운의 하느님 체험

세례자 요한에게서 받은 예수의 세례는 공생애 시작 전 가장 강력한 예수의 하느님 체험이다. "예수께서 세례를 받으시고, 곧 물에서 올라오셨다. 그 때에 하늘이 열렸다. 그는 하느님의 영이 비둘기 같이 내려와 자기 위에 오는 것을 보셨다. 그리고 하늘에서 소리가 나기를 '이는 내가 사랑하는 아들이다. 내가 그를 좋아한다' 하였다."(마태 3:16~17) 세례 후 하늘이 열리고(開天), 하늘에서 하느님의 영, 곧 바람의 영이 내려와(降靈), 예수에게 하느님의 사랑하는 아들이라는 말씀이 선언된다. 하늘이 열리니 하늘을 볼 수 있게 된다. 시인 신동엽은 서사시 「금강」에서 "누가 하늘을 보았다 하는가 / 누가 구름 한 자락 없이 맑은 / 하늘을 보았다 하는가"하고 묻는다.

하늘이 열려 하늘을 보는 체험은 종교적으로 보면 계시적 사건이고 인간학적으로 보면 실존적 사건이며 또한 역사적 사건이기도 하다. 다른 말로, 천지가 열리는 우주적 개벽 사건이다. 세례는 하느님의 사랑이 성령의 현존 속에서 인간 예수에게 구현된 결정적 변화의 사건이다. 요한복음은 예수와 하느님 사이의 일치의 신비를 말하는 말씀이 많다. 대표적으로 "내가 아버지 안에 있고 아버지께서 내 안에 계신다"(요한 14:10)는 말씀이다. 예수와 아버지의 관계는 상호 내재, 상호 관통의 관계이다. 이 관계를 합일의 관계로 말하기도 한다. "나와 아버지는 하나이다."(요한 10:30) 4세기에 형성된 삼위일체 교리는 희랍 철학의 실체 개념을 빌려 아들과 아버지 사이는 "한 본체(동일 본질)"라고 고쳐 표현하고 있다.

그러나 성서는 이 합일이 실체론적 합일이라기 보다는 동명사적 합일, 사건의 합일, 창조적 사랑의 합일임을 말한다. 예수가 유대의 종교 지도자들의 비위를 거스른 행동 중에 가장 큰 것은 안식일에 병자들을 치유한 행위이다. 그들은 이 행위를 계기로 예수를 죽일 음모를 꾸미기 시작했다. 그들에 대한 예수의 촌철살인의 질문은 "안식일에 착한 일을 하는 것이 옳으냐, 악한 일을 하는 것이 옳으냐? 사람을 살리는 것이 옳으냐, 죽이는 것이 옳으냐?"(마가 3:4) 하는 질문이었다. 예수는 안식일과 모든 법의 목적이 착한 일을 하며, 사람을 살리고 병자를 고쳐주며 인류를 섬기기 위한 것이어야 한다고 가르친다. 동학의 가르침으로 말하면 경인(敬人)이고 사인(事人)이다. 한번은 안식일의 선한 행위에 대한 질문에 예수는 이렇게 답변하기도 한다. "내 아버지께서 이제까지 일하고 계시니, 나도 일한다."(요한 5:17) 희랍어로 보면 '일(ergon)'을 중심으로 아버지의 생명 창조의 일과 예수의 생명 구제의 일이 합치한다. 따라서 하느님과 예수의 하나됨은 실체론적 합일이라기보다는 생명 살림을 위주로 한 창조적 사랑의 일치라고 말하는 것이 더 적합하다. 성서의 창조하는 하느님의 일과 사시사철 쉬지 않고 움직이는 천지 운행에 근거한 해월의 『일하는 한울님. 해월 최시형의 삶과 사상』(윤석산 지음)은 상통한다.

수운 최제우는 자신의 종교체험(하느님 체험)을 『동경대전』의 「포덕문」과 「논학문」, 『용담유사』의 「용담가」, 「안심가」, 「교훈가」 등에서 여러 번 반복적으로 언급한다. 그만큼 이때의 하느님 체험은 강렬했고, 수운 생애에 '새로움'을 연 일대 전환을 일으킨 결정적 사건이었기 때문일 것이다. 신약성경에서 바울의 회심과 소명 체험인 다메섹 체험을 사도행전에서 3번 반복하는 숫자보다 더 많다.

수운의 『동경대전』과 『용담유사』에 나오는 신(神)에 대한 여러 가지 명칭—天, 上帝, 天主, 하느님—들은 우리 민족이 고래로 믿어왔던 최고 신인 '하느님'을 마음속에서 다시 만나 찾은 이름이다. 수운의 말이다. "나는 도시 믿지 말고 하느님을 믿어스라."(「교훈가」) 동학 연구가 최동희는 수운의 '하느님'은 한겨레가 고래로 믿어 온 '하느님'임을 강조한다. "수운의 천주는 우리 민족이 믿어 오던 하느님이기 때문이다. 이렇게 수운이 세운 동학의 믿음의 대상은 어디까지나 우리 민족이 믿어 오던 하느님이다. … 동학이란 어디까지나 하느님을 믿고 받드는 한국적인 종교일 뿐이다. 뚜렷이 하느님을 믿음의 대상으로 삼게 된 것은 동학이 처음이기 때문이다. 본래 동학은 그 믿음의 대상을 하느님이라고 불렀다. 어디까지나 하느님 본래의 이름이고 천주는 한문에서만 썼던 번역된 이름일 뿐이다. … 원래 수운은 우리 민족이 믿어오던 하느님을 뚜렷한 믿음의 대상으로 끌어 올리는 방향에서 움직이고 있었다. … 동학은 어디까지나 우리 민족의 하느님을 믿는 아주 한국적인 종교임에 틀림없다."14) 그래서 시천주(侍天主)만이 아니라 위천주(爲天主)를 중시했다. 수운은 주문을 "至爲天主之字"(하느님을 지극히 위하는 글)라고 말한다.

최동희 교수는 "동학에서 믿는 하느님이 어떤 인격적인 존재라는 것은 의심할 여지가 없다"고 단언한다. 하느님의 인격성은 신화적인 생각이 아니라 인간과 친밀함을 의미하는 비유인 셈이다. "하느님은 인격적이라는 점에서 본래 인격적인 우리 인간과 그만큼 가까운 존재다."15) 동학의 하느님의 인격성을 강조한다는 점에서 최동희는 비인격성을 주장하는 다른 동학 연구가들과 뚜렷이 구별된다.

최제우 이후 동학의 신관은 시천주(侍天主: 하느님 모심), 양천주(養天主: 하느님 기름), 체천주(體天主: 하느님 몸받음), 각천주(覺天主: 하느님 깨달음), 인내천(人乃天: 사람이 곧 하느님이다), 사인여천(事人如天: 사람을 하느님처럼 섬겨라), 천지만물막비시천주(天地萬物莫非侍天主: 하늘과 땅 사이에 있는 모든 것은 하느님을 그 안에 모시지 않는 것이 하나도 없다)의 사상으로 전개된다. 한국 기독교계에서 김경

---

14) 최동희, 『동학의 사상과 운동』 (서울: 성균관대학교 출판부, 1980), 57-68.
15) 같은 책, 76.

재 교수는 동학의 신관을 "범재신론" 및 "至氣一元論的 자연주의" 등의 개념으로 자리매김한다.16) 그러나 아무리 타당한 개념이라도 당시 정황 속에서 생성된 구체적 생의 실제를 추상화할 우려가 있다. 수운의 신관을 이해하는 데는 10여 년 주유팔로 후 1855년 경 겪은 '을묘천서' 사건과 그후 기도생활을 통해 마침내 강림한 상제의 말 건넴과 상제와의 신비적 일치 사건(吾心卽汝心)이 중요하다. 수운이 만난 상제는 이법(理法)으로서의 '천'(天)이 아니라 수운의 삶과 몸으로 내려와 거주하는 '살아계신 하느님'(Living God)이다.

<보론>: 길선주 목사의 하느님 아버지와 수운 최제우의 상제 아버지

길선주 목사(1869~1935)는 한국교회 초기부흥운동(평양 대부흥운동)과 말세 신앙의 주역이다. 그는 청년시절 선도(仙道) 수행에 심취했던 자이다. 그러던 그가 선도에서 기독교로 이동하게 되는데, 자신이 믿어온 기도의 대상인 삼령신군(三靈神君)에게 "현세계를 움직이는 예수道가 참 도인가 아니면 거짓 도인가" 알려 달라고 매일 기도하였다. 그러던 중 <천로역정>을 읽고 예수도에 개방적인 태도를 가지고 있던 김종섭이 그를 찾아 왔다.

김: 삼령신군께 기도하니 어떠하오?
길: 번민만 날 뿐이오.
김: 그러면 하느님 아버지께 기도해 보시오.
길: 인간이 어떻게 하느님을 아버지라 칭하리오?
김: 그러면 아버지란 칭호를 빼고 그저 "상제"(上帝)님이라 칭하여

---

16) 김경재, "崔 水雲의 神 槪念", "崔 水雲의 侍天主와 歷史理解", 『韓國文化神學』, (한국신학연구소, 1983), 227-257.

상제님께 기도해 보시오.

　길선주는 기도의 대상을 "삼령신군"에서 "상제님"으로 바꾸어 기도하기 시작했다. 그렇게 기도한 지 사흘이 되던 날 새벽이었다.

　"만리구적(萬籟俱寂)한 가을 밤 새로 한 시쯤 꿇어 엎디어 '예수가 참 구주이신지 알게 하여 주소서' 간절히 기도하는 중에 옥적(玉笛) 소리와 같이 청량(淸朗)한 소리가 방안에 들리더니 이어 총소리 같은 소란한 큰 소리가 있어 공기를 진동하는지라. 선생이 크게 놀라 잠잠하니 공중에서 '길선주야 길선주야 길선주야' 삼차 부르거늘 선생이 더욱 두렵고 떨며 감히 머리를 들지 못하고 엎디어 '나를 사랑하는 하느님 어버지여 나의 죄를 사하여 주시옵고 나를 살려 주옵소서' 기도하면서 방성대곡하니 그때 선생님의 몸은 불덩이처럼 달아서 더욱 기도하였다."

　특이점은 하늘에 계신 절대 타자가 아닌 삶 속에 관여하고 함께 호흡할 수 있는 하느님을 아버지라고 부르면서 매우 친밀한 인격적 관계가 형성되었다는 점이다. "어찌 하느님을 아버지라 부를 수 있겠는가?" 하며 인격적 하느님을 부인했던 그가 체험의 순간 자신도 하느님을 아버지라 부르게 된 것이다.

　수운 최제우의 상제 체험은 『동경대전』과 『용담유사』에 다섯 차례 가량 나온다. 수운도 오랜 기도 후에 상제를 체험한다. 날짜도 정확히 기억한다. 1860년(경신년) 4월 5일. 수운은 상제가 먼저 말을 건다. 그리고 수운과 상제의 협력이 매우 독특하다. 상제가 수운을 택하여 여러 은사(靈符)를 선물한다. 수운과 상제가 일치한다(吾心卽汝心). 동경대전과 용담유사에는 상제와의 만남에서 깊은 죄책의식과 방성대곡의 체험은 없지만 상제와의 대화와 종교체험의 두려움과 떨림, 기쁨과 환희의 경험을 기술한다. 그렇지만 상제에 대하여 '아버지'라는 칭호는 나오지 않는다.

다만 동경대전 「논학문」에서 '侍天主'의 '主'를 "존칭으로서 부모처럼 섬긴다는 것이다"(稱其尊而與父母同事者也)라는 뜻으로 해설한다.

그런데 1870년경에 기록되었다는 <도원기서>에는 수운에게 들리는 소리의 주인공이 상제임을 알리고 부도(浮圖)를 선물 한 다음 자신을 구체적으로 알린다. 구약의 신이 모세에게 자신을 알리는 대목(출애굽기 3장)과 너무나 흡사하다.

"상제 또 말씀하시기를
너는 나의 아들이다. 나를 아버지라고 부르도록 해라.
선생님이 공경스럽게 가르침을 받아 아버지라고 불렀다."
(上帝又曰 汝吾子 爲我呼父也 先生敬敎呼父)

"너는 나의 아들이다." 이 말씀은 예수가 세례 후 들은 소리와 완전 동일하다.

신을 부르는 호칭, 아버지(父), 길선주가 그리도 힘들게 불렀던 아버지 호칭인데 이보다 훨씬 앞서 수운이 강한 유교적 전통 속에서 상제라는 호칭, 하느님이라는 이름의 발견도 놀라운데, '아버지'라고 부르다니 나로서는 매우 놀라운 발견이다.

수운의 동학이 해월과 의암 그리고 이돈화로 전개되면서 종교적 상제 체험과 하느님에 대한 인격적인 관계가 희미해지는 것 같아 아쉽게 생각한다.

나는 개인적으로 동학 연구가 철학자 최동희가 말하는 입장에 동의한다. 수운의 하느님 발견은 고래로 내려온 한겨레의 '하느님' 신앙의 재 별견이다. 이 입장을 동학 연구가 김용휘 교수가 계승하는 것 같다. 그는 시천주와 인내천(人乃天)이란 "단순히 궁극적 실채로서의 지기를 몸으로 체험하는 것을 의미하는 데 그치는 것도 아니며, 처음부터 인간과 신의 구분 없이 '내가 바로 하늘님'이라는 의미도 아닙니다. 인내천은 반드시 시천주를 전제헤서 성립됩니다." 인내천은 시천주의 결론이며, 아버지 칭호는 "천지부모"(해월법설 2) 사상의 인격적 표현이라고 생각한다.

모든 신 체험은 신비주의적 특성이 있다. 신비주의 신 체험의 핵심은 만물 안에 살아계신 하느님에 대한 심오한 각성이다. 수운의 신 체험은 "오심즉여심"(吾心卽汝心)의 체험에서 완숙한 절정에 도달한다. 이 사건은 "아버지와 나는 하나다"(요한 10:30)라고 하신 예수의 하느님 체험과 공명하는 한국적 종소리이며, 궁극적 실재를 마음(心)으로 표현했고 이심전심(以心傳心)의 인인화통(人人和通)을 신인묘합(神人妙合)의 경지에까지 끌어올렸던 원효 이후 숨어 있었던 한국적 일심(一心)의 표출이다. 수운의 신비적 종교체험의 핵심은 살아계신 신의 강령(신내림)으로 말미암은 전체성의 체험이며 생명감 충만한 생의 재인식이며 이 생명성이 우주 안에 편만해 있다는 우주생명성과 감응하는 우주적 교감의 영성이다.

동학은 물질이 하느님의 자기표현(物物天)이요, 물질과 인간은 한 가족이다(物吾同胞)라고 가르친다. 물질 또한 하느님을 모시고 있기에, 하느님과 인간만이 아니라 물질도 하느님처럼 공경해야 한다(敬物)고 말한다. 경물 사상의 관점에서 하느님의 창조는 무슨 의미일까? 창조론은 하느님과 세계가 전적으로 다름을 말하는 이원론이 아니라 모든 생명과 사랑에 빠진 하느님을 말하고자 하는 교리이다. 예수의 삶이 증득한 하느님은 바로 사랑이며, 이 사랑은 만물 속에 존재하는 생명의 온기를 느끼게 한다. 이 사랑의 기운은 온 존재 안에 스며 있다. 따라서 하느님의 창조 권능이란 만물에 스며 있는 이 사랑과 온전하게 공감하는 능력을 서술한 것이다.

기독교가 성서의 교리적 이해의 그늘, 특히 원죄교리의 그늘에서 벗어나면 인간의 무궁한 존재 실현 가능성에 응답할 수 있다. 수운선생은 "무궁히 살펴 내어 무궁히 알았으면 / 무궁한 이 울 속에 무궁한 내 아닌가"라고 노래했다. 마리아의 무염시태(無染始胎) 교리를 벗어나서 읽는 마리아의 예수 수태 이야기(누가 1;26~38)는 마리아의 잉천(孕天: 하늘을 잉태함)을 말하는 것이다. 천사의 전언에 대한 마리아의 응답에서 참된 의미의 체천(體天 : 하늘을 몸받음)을 발견한다. "주의 여종이오니 말씀대로 내게 이루어지이다."(누가 1:38) 마이스터 에크하르트는 '영혼 속의 하느님의 탄생'(Gottesgeburt in der Seele), 곧 생천(生天) 하늘을 낳음)을 말했다. 시천(侍天) - 양천(養天) - 인내천(人乃天) - 체천(體天) - 잉천(孕天)- 생천(生天), 이렇게 동학의 하느님관과 기독교의 신관은 하나의 연속적 물결이 되어 맥동할 수 있다고 생각한다.

5. 삼일운동에서의 천도교, 기독교, 불교의 연대

3·1운동은 종교인들이 촉발하고 단합하여 조선의 독립뿐만 아니라, 정의로운 세계질서, 세계평화의 일부를 구성하는 동양의 평화, 다시 말해 자유, 정의, 인도(人道) 그리고 평화라는 인류보편이 가치를 위하여 남녀노소 온 민족이 하나가 되어 일제의 총검 하에서도 적수공권(赤手空拳), 비폭력 평화시위로 대한독립을 세계만방에 선언한 운동이다.

기독교에서 3·1 운동은 1918 년 전후로 상해에 있던 신한청년당에서 파견한 인사들로부터 '민족자결주의' 소식들 듣고 독립의 가능성, 운동의 필요성이 증대되면서 남강 이승훈 선생 등을 중심으로 준비에 들어갔다. "기독교인을 하나로 묶은 것은 실로 그이었다"(위당 정인보의 비문). 그밖에 다른 경로에서도 준비가 진행되다가 2·8 독립선언에 자극

받고, 천도교의 준비 상황과 합동 제의를 접한 뒤 긴밀하고 신속한 협의로 기독교 내부 통일을 이루고, 나아가 기독교-불교-천도교의 연합에 의한 3·1 운동이 빛을 보기에 이르렀다.

기독교의 활약은 준비단계보다 3·1 운동의 전개와 확산 과정에서 더 두드러지는 듯하다. 전국 각지의 교회나 기독교를 배경으로 하는 남녀 학교 및 학생들이 3·1 운동 준비-시작-확산-지속의 핵심 근거가 된다는 점은 익히 알려져 있다. 특히 조선에 우호적인 외국인 선교사들은 3·1 운동 상황을 전 세계에 알려, 3·1 운동이 세계적인 운동으로 자리매김 되도록 하고 일본으로 하여금 전전긍긍하게 만든 것이야말로 3·1운동에서 기독교 측의 결정적인 기여 중 하나이기도 하다.

그러나 "3·1 운동은 천도교가 주도한 운동이다." 그 이유는 3·1 운동이 1918년 의암 손병희 선생이 최린, 권동진, 오세창 등의 참모에게 신칙(申飭)한 '대중화, 일원화, 비폭력'이라는 3 대 원칙의 바탕 위에서 전개된 운동이기 때문이다. 의암 손병희 선생은 전국 천도교인 49 일 기도를 마치는 시점에 지방에서 올라온 두목들에게 "우리가 만세를 부른다고 당장 독립이 되는 건 아니오. 그러나 겨레의 가슴에 독립정신을 일깨워 주어야 하기 때문에 이번 기회에 꼭 만세를 불러야 하겠소."라는 법설(法說-講論)을 했다(이 강론이 독립기념관 '어록비'에 새겨져 있다, 의암 선생 어록비는 남강 이승훈 선생 어록비 근처에 있다).17)

• 신석구 목사(1875~1950)의 결정:

"내 생각에 두 가지 어려운 것은 첫째 교역자로서 정치운동에 참가하는 것이 하나님의 뜻에 합한가, 둘째 천도교는 교리상으로 보아 상용(相容)키 난(難)한대 그들과 합작하는 것이 하나님의 뜻에 합한가 하야 즉시 대답치 아니하고 좀 더 생각하여 보겠다고 하였다. 그 후 새벽마다 하

---

17) 박길수, "3·1운동과 천도교의 다시개벽 운동", -. "3·1운동과 다시개벽의 꿈" 참조.

나님 앞에 이 일을 위하야 기도하는 대 2월 27일 새벽에 이런 음성을 들었다. '사천년(四千年) 전하여 나려오던 강토를 네 대(代)에 와서 잃어버린 것이 죄인대 차질 기회에 차저보랴고 힘쓰시 아니하면 더욱 죄가 아니냐.' 이 즉시 곳 뜻을 결정하였다."

6. 신서학과 신동학

최제우는 기본적으로 서학에 대해 많은 것을 인지하고 있었다. 여기서 서학이란 이름은 천주교에 국한된 것이 아니라 서양의 문명 세력까지 포함한 개념으로 논의하는 것이 적합하다고 본다. 수운의 서학 비판은 천주교의 초자연주의적 신관과 서양의 제국주의적 침략에 관한 것이다. 우선 수운이 말한 '동학'은 서학을 대항하기 위한 대립 개념으로 도입한 용어가 아니라 우리나라의 학문적 전통에 근거한 동국지학(東國之學), 동방지학(東方之學)의 준말이다.

수운이 서학에 대해 처음 언급한 곳은 『동경대전』의 「포덕문」(1861년 봄)이다. 여기서 수운은 아직 서학에 대한 적대감을 노골적으로 드러내지 않는다. 수운은 서세동점의 힘을 인식했지만, 서도(西道)로써는 당시의 혼란한 상황을 극복할 수 없다고 판단한다. 서학은 앞에서는 천주의 가르침을 편다고 하면서도 뒤에서는 무력으로 침략하여 싸우면 이기고 공격하면 빼앗는다는 '무사불성'(無事不成)의 위험한 세력이라고 판단한다. 서학에 대한 수운의 비판이 강화되는 시점은 당시 백성들과 관아에서 수운의 가르침을 서학과 잘 구분하지 못했기 때문이다. 수운은 1862년에 쓴 「논학문」과 「권학가」에서 서학에 대한 비판 수위를 높인다.

수운은 「논학문」에서 동학을 서학과 분명하게 차별화한다. "양학(洋

學)은 우리 도(道)와 같은 듯하나 다름이 있고 비는 것 같으나 실지가 없느니라. 그러나 운(運)인 즉 하나요 도(道)인 즉 같으나 이치(理)인 즉 아니니라." 이어서 "서양 사람은 말에 차례가 없고 글에 순서가 없으며 도무지 한울님을 위하는 단서가 없고 다만 제 몸만을 위하여 빌(비는 모략만 있을) 따름이니라. 몸에는 기화지신(氣化之神)이 없고 학에는 하느님의 가르침(天主之敎)이 없으니 형식은 있으나 자취가 없고, 생각하는 것 같지만 주문이 없는지라, 도는 허무에 가깝고 학은 하느님을 위하는 것이 아니니, 어찌 다름이 없다고 하겠는가." 그러면서 우리 도의 특징을 말한다. "우리 도는 무위이화라(吾道無爲而化). 그 마음을 지키고 그 기운을 바르게 하고 성품을 거느리고 가르침을 받으면 자연한 가운데서 화하여 나오는 것이다."

수운은 「권학가」에서 천주교의 무부무군(無父無君)을 비판한다. "무단히 하느님께 주소(晝宵) 간 비는 말이 / 삼십삼천(三十三天) 옥경대(玉京臺)에 나 죽거든 가게 하소 / 우습다 저 사람은 저의 부모 죽은 후에 / 신(神)도 없다 이름하고 제사(祭祀)조차 안 지내며 / 오륜(五倫)에 벗어나서 유원속사(唯願速死) 무삼 일고 / 부모 없는 혼령 혼백 저는 어찌 유독 있어 / 상천(上天)하고 무엇하고 어린 소리 말아스라 / 그 말 저 말 다 던지고 하느님을 공경하면 / 아동방(我東方) 삼년괴질 죽을 염려 있을소냐 / 허무(虛無)한 너희 풍속 듣고 나니 절창(絶唱)이오 보고 나니 개탄(慨歎)일세"

수운은 동학이 서학과 운도 하나고 도도 동일하지만 이치가 다르다고 말한다. 진리는 하나이고 궁극적으로 신도 한 분이지만, 서학은 그 신을 섬기는 방법이 잘못되었다고 판단한 것이다. 그렇기 때문에 서학은 하느님을 위하지 않고 제 일신만을 위하고 이기심에 빠져 남의 나라를 침범하고, 도는 허무할 수밖에 없다고 비판한다. 「권학가」에서는 서학이 타계적 종교이며 도덕이 없는 패역한 종교라고 강도 높게 비판한다.

수운은 인격적 최고신으로서 옛부터 전해오는 한겨레의 하느님을 다시 만났으나 조화(造化)와 지기(至氣)로써 활동하고 내재하는 하느님, 내 마음과 몸에 모시는 시천주(侍天主)의 하느님은 마테오리치의 『천주실의』를 통해 전래된 하느님과 다르다고 인식한다. 천주교의 하느님은 창조로써 조화를 분리하고 초자연주의적이고 타계적인 하느님으로서 기화지신과 자취가 없는 무력한 하느님에 불과하다는 것이다.

그렇지만 19세기 수운의 서학 비판을 기준으로 20세기 이후 오늘의 기독교 신관을 비판하면 저만큼 표적을 빗나가게 된다. 천주실의를 통해 알려진 신관은 중세적 신관으로서 그 신관이 기독교 신관을 대변하는 것처럼 생각하면 오늘의 변화된 기독교 사상에 무지한 벽을 쌓게 된다. 따라서 20세기 이후 현대 사상과 지속적인 대화를 통해 스스로 변혁하고 시야를 확장하려는 동학사상과 수운이 알고 있었던 서학과는 다른 오늘의 기독교 사상을 각각 신동학18)과 신서학19)이라 부르고, 양자 사이의 창조적 대화와 협력을 통해 상화·상통(相和·相通)할 수 있게끔 사상적 지평을 보편적으로 넓혀나가는 연구가 요청된다. 이러한 시도는 21세기 지구적 위기와 과제에 직면하여 한국 종교를 대변하는 동학 및 개벽사상과 서양 종교를 대변하는 기독교가 협력하여 지구적 영성을 모색함으로써 21세기 혼돈의 바다를 위험하게 헤엄치는 인류의 양지양능(良知良能)을 영성의 제고를 통해 키우자는 의지이다.

7. 지구적 영성, 심층 종교성

모시는 말에서 현금 지역적으로 한국 사회가 겪는 몸살과 열병을 말

---

18) 일명 개벽파라고 부를 수 있다. 조성환/이병한, 『개벽과 선언_다른 백년 다시 개벽』 (서울: 도서출판 모시는사람들, 2019).
19) 김상일, 『동학과 신서학』 (서울 지식산업사, 2000).

했다. 우리 몸은 36.5도 보다 1도만 높아도 견디기 어렵다. 우리 몸에 열이 있다는 것은 무엇을 말하는가? 열은 우리 몸에서 위험한 요소들을 제거하라는, 땀으로 배출하라는 신호이다. 이제 지구적으로 앓고 있는 몸살을 치유해야 한다. 지구의 열이 이미 1.5도 높아졌고 10년 후에는 2도 높아진다고 한다. 지구에 열이 있다는 것은 지구에게 가장 해로운 존재를 없애버리라는 신호일 것이다. 지금 그것은 두말할 나위 없이 우리 인간이다. 인간만이 이성적 동물이라고 호들갑스럽게 자화자찬했던 인간이 어쩌다 이런 지경에 이르게 되었는가?

21세기 인간이 목도하는 위기는 지구 온난화, 기후변화로 출몰하는 폭염, 폭우, 폭설, 육지와 바다에 쌓여가는 쓰레기 섬, 숲의 파괴, 녹아가는 빙하로 인한 해수면의 상승이며 이 모든 것을 초래한 근대 자본주의의 문제이다. 근대 자본주의와 근대 과학은 일란성 쌍생아이다. 근대의 과학사상이 이원론적 합리주의라면, 자본주의는 이 이원론을 자연과 여성과 타자에 적용하여 자본의 이익과 성장을 극대화하기 위해 그들을 정복과 지배의 대상으로 삼은 장본인이다. 우리는 그동안 서양의 인간 중심적 휴머니즘과 자본주의를 따라잡기 위해 진력했다. 이제 포스트휴머니즘과 포스트자본주의라는 새로운 미래를 맞이할 때이다. 포스트시대에 무한성장은 내적으로만 가능하다. 다시 말해, 무한히 성장할 수 있는 것은 정신적이고 영적인 성장뿐이다. 포스트휴머니즘은 영성휴머니즘이다. 소유적 자아를 비우면서 새로운 미래를 열어가는 근본적 의지와 힘은 영성에서 나온다. 이 영성은 차축 시대에 생긴 경전종교의 영성만이 아니라 그 이전의 자연종교와 샤머니즘의 영성을 포괄해야 한다. 영성휴머니즘의 핵심은 사회적 약자들과 작별하지 않는 마음, 자비를 깨닫는 마음, 연대의 마음이다.

종교학계에서 최근 '표층 종교'와 '심층 종교'라는 말이 회자된다. 종교학자 길희성과 오강남, 통합심리학자 켄 윌버도 같은 용어를 사용한다. 표층 종교가 교리, 제도의 '믿음'을 강조한다면 심층 종교는 신의 실재와 인간의 만남, 우주생명과의 만남과 모심을 중시한다. 심층 종교는 이로써 활성화되는 자아의 새로운 이해와 깨달음 및 변형을 강조하고 각자 자기의 자리에서 지구의 몸살을 해결하기 위해 정진한다. 수운은 '시(侍)'자를 안으로 신령스러움이 있고(內有神靈) 밖으로 우주기운과 통하여 철저히 변화됨으로써(外有氣化) 새롭게 출발하여 각자 자신의 삶을 주체적으로 사는 것이라고 했다(各知不移). 안과 밖의 이원적 구조를 지닌 모심의 주체인 하느님과 친밀하게 교제하며 그 법도에서 이탈하지 않고 사는 것이다. 기독교에서도 예수를 따른다는 것은 단순한 모방이나 개인숭배를 의미하지 않는다. 예수가 우리에게 가르친 믿음은 우리가 그에게 의존하라는 것이 아니라 더 자유롭게 살아가고, 더 강렬하게 사랑하고, 더 용감하게 희망을 품을 수 있게 하려는 믿음의 역동성이다.

19세기 근대 신학자 슐라이어마허는 "종교는 우주의 직관과 감정"이라 정의했다. 심층 종교에 대한 최초의 정의가 아닐까 생각한다. 20세기 신학자 폴 틸리히는 신앙이란 믿음의 조항에 대한 긍정이 아니라 "깊이의 차원"이라고 했다. 틸리히는 『기독교와 세계종교와의 만남』 마지막 결론 부분에서 이런 말을 한다. "모든 살아 있는 종교의 '그 깊은 속'에는 종교 자체가 스스로의 중요성을 상실하는 하나의 지점이 있다. 그리고 종교가 지향하는 이 점은 종교를 영적인 자유에로, 그리고 그 영적인 자유와 더불어 종교를 인간 실존의 궁극적인 것을 표현하는 종교 이외의 표현 속에 있는 '영적 현존의 비전'으로 들어 올리면서 종교의 개별성을 완전히 파괴하고 있다." 개별 종교는 파괴되고 개별 종교를 존재하게 만든 본래적이고 원초적 체험인 '그 깊은 속'이나 '영적 현존의 비전'이란 말은 종교의 심층적 차원을 가리킨다.

심층 종교는 사물의 깊은 면을 보고 교감하려 하며, 영적 감각과 신비적 감정을 중시한다. 미래의 종교는 '종교 아닌 종교' 신 없는 사회, 종교 없는 사회가 될 것이다. 미래세대는 더 이상 '종교'란 말을 쓰지 않을 것이다. 달라이 라마의 『종교를 넘어』에서처럼 깨달음과 영성으로 나아갈 것이다. 미래의 세대는 종교적이지 않지만 영성적이다. 여기서 말하는 종교적이란 표층 종교를 이루는 제도, 교리, 예전(전례), 가르침, 건물 등을 중심으로 이루어지는 종교 행위를 말하는 것이다.

심층 종교의 세계, 곧 영성의 세계는 만물 안에서 자비를 느끼는 세계, 동학의 사인여천(事人如天)과 시천주(侍天主)의 세계, 三敬(敬天, 敬人, 敬物)의 세계, 불교의 일미진중함시방 (一微塵中含十方), 사사무애(事事無碍)의 세계를 말한다. 성공회 스퐁 감독의 최근 저술 『아름다운 합일의 길 요한복음. 어느 유대인 신비주의자의 이야기』도 이러한 길을 가리키는 대표작이라 말할 수 있다. 동학의 가르침에서도 물질은 하느님의 자기표현이요(物物天), 물질과 인간은 한 가족이다(物吾同胞). 물질 또한 하느님을 모시고 있기에(侍天主), 물질을 하느님처럼 공경할 수 있는(敬物) 생명의 아픔과 생명의 느낌, 놀람의 감각인 공감력을 회복해야 한다. 심층의 차원에서 세계의 종교는 서로 통한다. 세계의 종교는 제도와 교리에서 동일하지 않지만, 종교가 발생했던 원초적이고 근원적인 심층의 차원으로 내려가면 서로 통(通)한다.

예수는 나의 오른쪽 심장에서 뛰고 수운은 나의 왼쪽 심장에서 뛰면서 서로 공명한다는 말로 시작해서 마지막에 포스트 휴머니즘은 단순히 유물론적 인문 휴머니즘만이 아니라 영성 휴머니즘이며, 그 핵심은 사회적 약자들과 작별하지 않는 마음, 각비(覺悲)의 마음, 내 마음속에 살아 있는 자비와 긍휼을 잠재우지 않고 자꾸 깨우치는 마음, 약자와 연대하는 마음의 의지와 행동이다. 그리고 '사인여천[事人(物)如天]에 새로운 위상을 부여한다.

공자는 <논어>에서 인(仁)에 대한 여러 말씀 중에 "자기가 하고자 하지 않는 것을 다른 사람에게 억지로 시키지 말라(己所不欲 勿施於人)”라고 답한다. 인간이라면 공통적으로 원하지 않는 것이 무엇인지 감각적으로 느낄 수 있으며 그것을 남에게 시키지 말라는 계명이다. 예수는 “네 이웃을 네 몸과 같이 사랑하라” + “너희 원수를 사랑하며 너희를 박해하는 자를 위하여 기도하라”는 계명을 주신다. 타인에 대한 최상의 적극적 사랑의 태도이다. 해월은 하느님을 섬기듯 인간을 섬기라(事人如天)고 주문한다. 사실 섬김의 대상은 인간에게만 국한되는 것이 아니다. 천지만물이 한울님 섬김이 아닌 것이 없다고 말한다.

중국 노나라 공자의 인(仁)에서는 본래적 자기의 무사(無私)한 마음에서 인의 단초가 싹텄다면, 저 유대인 예수는 그 仁의 원동력을 밖에서 나를 다그치는 신의 사랑, 만물을 사랑하는 신의 아가페에서 찾았고, 여기 한국의 수운에게서 그 사랑의 기운은 철저히 내재화된 신령한 인간의 마음과 그 내재화된 기운이 만물에 내재된 기운과 통하면서 천지로 확장되면서 사물여천(事物如天)이 된다.

이 우주적 동귀일체(同歸一體)를 가능하게 하는 하나의 느낌인 ‘정(情)’은 때로는 感情으로 발현되고, 때로는 人情과 事情을 함께 살피는 보살핌과 돌봄으로 나타나고, 때로는 物情까지 파악하는 너른 마음(心) 안에 깃들어 있는 활성(活性)적인 느낌의 매력이다. 화이트헤드의 말대로 실재하는 모든 것은 느낌을 촉진하고, 또 느껴진다. 인간의 마음은 지성적 느낌으로서 심성은 마음의 體이고 심정은 마음의 用이다.

그리고 여기 해월의 “事人如天”은 넉넉한 사람과 가난한 사람, 강강(强剛)한 사람과 유순(柔順)한 사람이 서로서로 돕고 아껴야 한다는 “유무상자(有無相資)의 덕목과 경천(敬天), 경인(敬人), 경물(敬物)의 ‘三敬사상’으로 구체화한다.

‘경천’과 ‘경인’은 동서 종교와 성인의 가르침에서 찾아볼 수 있으나, ‘경물’은 해월의 독특한 가르침이라는 점에서 해월의 실천적 ‘敬’에서 공자의 인(仁)과 예수의 아가페(愛)의 지극한 지점을 보는 듯하다.

해월의 경물 사상은 '새로운 사물주의', 즉 물질세계를 지금보다 더 신성한 대상으로 여김으로써 인간해방, 어린이 해방, 여성해방, 생태해방을 넘어 '사물의 해방'을 담은 "깊은 마음의 생태학"(그레고리 베이트슨)이다.

인공지능(AI) 시대에 찾는 종교와 인간

– 역(易)철학 기반의 비교종교학으로 본 유교 불교 기독교의 인간관과 시대적 사명

심중식

인공지능(AI) 시대에 찾는 종교와 인간

– 역(易)철학 기반의 비교종교학으로 본 유교 불교 기독교의 인간관과 시대적 사명

심중식(귀일연구소 소장)

1. 서론; 종교는 허구일까 진실일까?

인간은 종교를 만들고 종교는 인간을 구원한다. 종교는 역사시대 이전 현생인류인 호모사피엔스의 등장과 함께 출현했다. 터키 남부 산악 지역 괴베클리 테페 유적지 발굴에 의하면 인류는 거의 1만여 년 전 석기시대 수렵과 채집 생활을 하던 문명의 발원 시기부터 신성한 공간의 구축을 위한 대역사를 실시하여 집단생활의 종교적 의례를 했을 거라고 한다.[20] 수렵 채집 생활을 하던 인류가 어떤 이유인지 알 수 없는 초월적 존재를 찾고 제의를 거행하는 성스런 공간과 구조물을 구축했다. 이런 종교적 배경이 수렵 채집의 생활을 끝내고 토지를 경작하게 되는 문명 전환의 원인이 되었다고 한다. 종교가 새로운 문화, 즉 수렵 채집의 문화에서 농경문화를 일으키는 추동력이 되었다는 것인데 이를 볼 때

---

20) [배철현의 인간의 위대한 여정(19)] '종교적 인간' 호모 릴리기오수스(Homo Religiosus), 월간중앙 2017.6.30 https://www.m-joongang.com/news/articleView.html?idxno=317272

인간이 종교를 만들지만, 그 종교는 다시 새로운 인간세계를 만들어 낸다고 할 수 있다.

인간의 특징으로 이성적 존재, 정치 사회적 존재, 윤리적 존재라는 전통적 견해에 이어 인간을 도구적 존재, 유희적 존재, 문화적 존재라 말하기도 하는데 도구가 과학기술만 아니고 언어와 문화와 도덕과 종교 등 모든 것을 망라한다고 보면 인간의 창조성을 강조한 도구적 존재라는 표현의 의미가 새삼 깊게 다가온다. 봉건제도를 만들어 살다가 공화정의 국민국가를 만들고, 자본주의와 사회주의 경제체제를 지어냈으며, 내연기관의 발명으로 과학기술 기반의 산업문명을 일으킨 호모사피엔스가 이제는 컴퓨터와 인터넷, 인공지능을 개발함으로써 정보화 시대를 넘어 새로운 미래를 열려 하고 있다. 즉 인류는 로봇과 초인공지능이 결합했을 때 어떤 일이 벌어질지 도무지 상상할 수 없는 새롭고 낯선 세계의 출현을 기대와 함께 두려움의 눈으로 바라보고 있다. 발명가이자 미래학자인 레이 커즈와일은 말한다. "지금 우리는 모든 역사를 통틀어 가장 흥미진진하면서도 중대한 시기를 맞이했다. 특이점 이후의 삶이 어떤 것이 되리라고 확실하게 말할 수는 없다."21)

도구를 만드는 것은 인간의 상상력이다. 사람이 어떤 필요성을 간절히 느낄 때 상상력이 나온다. 이 상상력을 가지고 필요한 도구를 만드는 존재가 인간이다. 창조적 상상력은 놀이의 유희에서 발동되는데 그때만큼 기쁜 순간이 없다. 그래서 호모 파베르(도구적 인간)와 호모 루덴스(유희적 인간)는 동전의 양면과 같은 성격을 지닌다. 인간은 집단적 놀이에서 지고의 존재를 상상하고 제의를 개발하여 서로 고락을 함께 나누고 위로하는 경험에서 인생의 의미를 발견했을 것이다. 이렇게 볼 때 인간은 종교를 떠나서 살 수 없는 종교적 존재이다.

---

21) 레이 커즈와일 <인류가 AI와 결합하는 순간, 마침내 특이점이 시작된다.> 이충호 옮김, 비즈니스 북스,2025 P25

종교는 호모 파베르라는 인간이 만든 도구이다. 그 도구를 인간이 만들었다고 허구라 할 수 있을까? 칼 마르크스는 유물론의 입장에서 인간의 죽음 이후를 생각하는 종교를 인간이 만든 허구라고 보며 기존의 종교를 부정한다. 그런데 아이러니하게도 그가 생전에 전혀 의식하지도 않았을지 모르지만, 그의 혁명 사상은 그 후계자들에 의해서 공산주의라는 유토피아의 도래를 약속하는 유물변증법의 새로운 종교의 교주가 되었다. 그에게 있어서 존재하는 것은 오직 물질의 운동일 뿐이다. 광물과 생물로 이뤄진 자연계와 자연의 일원으로 살아가는 인간들의 사회와 역사적 현실만이 존재하는 전부라고 하여 죽음 이후의 영혼이나 사후 세계를 부정한다. 그래서 마르크시즘을 종교가 아니라고 하는 사람도 있지만 모든 종교 교주가 인간의 영혼이나 사후 세계를 말한 것은 아니다. 공자는 인간의 영혼이나 사후에 대해 언급하지 않았으나 동아시아에서 지난 2천여 년 동안 유교의 교주로 추앙되었다.

인류의 성현들은 모두 인간이 가진 생사의 실존적 고통의 문제를 다룬다. 아침에 도道를 들으면 저녁에 죽어도 좋다[22]고 말했던 공자의 도는 석가모니나 예수 그리스도처럼 인간 삶의 모든 고통과 고난에서 벗어나는 해탈과 자유의 길을 뜻한다. 모든 고통의 대표로서 죽음을 말한 것이기 때문이다.

칼 마르크스는 인간이 가진 생사의 고통 가운데 주로 생의 고통을 문제 삼았다. 현실 세계 속의 인간이 고통을 받는 것은 사회적 모순으로 인한 인간과 노동의 소외현상으로서 억압과 착취에서 비롯되는 것이므로 인간의 구원은 이런 소외와 고통으로부터 해방되는 것이라 하였다. 즉 토지 자본 등 생산수단의 사유화로 인하여 그것의 소유자와 못 가진 소외자의 불평등이 초래되어 나타난 사회경제적 착취와 억압이 사라진 평등한 사회의 건설만이 인간을 구원하는 길이라 하였다. 즉 인간의 구

---

22) 조문도석사가의(朝聞道夕死可矣) <논어> 이인편

원은 사후를 기약하는 종교를 통해서가 아니라 사회혁명을 통하여 노동의 소외와 신분적 계급이 사라지고 모두가 동등한 인격의 주체로서 참여하는 평등사회의 건설로써 성취된다는 것이다. 그런데 개인의 사적 소유가 모두 사라진 사회적 공유의 평등사회가 실현되어 물질의 결핍과 차별이나 억압이 사라지면 인간은 모두가 더없이 행복 수 있을까?

마르크스는 인간을 총체적인 사회적 관계로 보고 인간의 평등 관계가 깨지고 소외현상이 나타나는 구조적 모순을 자본주의의 한계로 보았기 때문에 그에게 구원이란 사회적 모순을 타파하고 소외된 노동을 회복하는 것이다. 하지만 이러한 사회경제적 구원이 지닌 한계는 다음과 같은 사실에서 드러난다.

첫째는 실존적 허무를 극복할 수 없다는 점이다. 물질적 평등이 이루어져 생의 고통이 사라진다 해도 인간은 여전히 죽음, 질병, 고독이라는 근원적 공포에 직면하여 실존적 고통을 면할 수 없다. 둘째는 내면적 가치의 빈곤함이다. 외적 물질적 사회 구조의 변화가 반드시 인간 내적 풍부함을 일으켜 줄 수 없으며, 평등한 사회라 해도 인간의 도덕적 완성이 이뤄지거나 모든 인간관계의 인격적 평등과 평화를 보장할 수는 없다. 또 근본적 질문은 인간의 외적 물질적 모순이 온전히 사라진 평등사회가 실현될 가능성이 얼마나 될까 하는 점이다. 이것도 사후 세계처럼 인간이 만든 허구의 이상이 아니냐는 물음과 함께 인간의 실존적 내적 모순의 고통에서 해방되려면 물질적 조건이 아닌 어떤 다른 정신적 요소가 필요하다는 점에서 새로운 모순과 비판이 제기된다.

왕궁에서 살던 싯다르타는 왜 물질적으로 풍족하고 부족함이 없는 궁전 생활을 탈피하고 설산으로 들어가 고행을 했을까? 그는 6년의 고행 끝에 결국 궁극적 진리에 대한 깨달음을 얻고 불교를 창시했다고 하는데 불교는 인간이 만든 허구일까, 아니면 인간을 구원하는 진리일까? 이처럼 종교를 창시한 대표적인 사람들이 동양에서는 석가모니와 공자 그리고 서양에서는 예수그리스도와 무함마드라 한다. 이들 모든 종교는 인간의 구원, 또는 이상적 인간상이나 사회의 궁극적 가치실현을 말하고 그런 이상에 도달하기 위한 구원이나 구도의 길과 방법을 제시하고 있다. 각 종교에서 다양한 방식으로 각자의 인간관과 인간의 궁극적 가치, 또는 인간의 궁극적 이상에 대하여 나름대로 독특한 견해를 보인다.

우리나라는 서구 기독교 사상의 아류로 볼 수 있는 마르크시즘을 포함하여 다양한 동서양의 종교가 공존하는 사회문화적 특징이 있다. 우리는 다양한 종교를 손쉽게 접하고 체험할 수 있는 아주 특별한 환경 속에서 살고 있다. 한국인은 이처럼 다양한 종교를 체험하고 이해할 수 있는 이런 환경을 활용하여 종교와 인간에 대한 깊은 이해를 통해 새로운 사상으로 화해와 평화의 길을 밝혀야 할 사명이 우리에게 있음을 '씨알의 소리'를 창간한 함석헌 등 선각자들이 일깨워 주었다. 우리 사회에서 접하는 여러 종교가 제시하는 인간관과 궁극적 가치에 대한 비판적 검토를 통해 우리는 각 종교의 인간상을 이해함으로써 다양한 인간 이해의 폭을 넓힐 수 있고, 종교 간의 대화와 소통의 가능성을 모색할 수 있으며 그 다름과 차이의 공간을 좀 더 다양하게 연결할 수 있을 것이다. 다시 말하여 인간에게 종교는 사라져야 할 허구의 세계요 신경증적 망상인지, 아니면 인류를 구원할 진실인지 따져보는 것도 의미 있는 일이요, 그런 성찰의 기회를 모두가 공유함으로써 서로 다른 종교와 사상을 가진 인간들이 타자를 이해하고 포용하는 공감의 폭을 키워갈 수 있다. 특히 초인공지능(Super AGI)의 출현을 앞두고 닥쳐온 일반인공지능(AGI) 시대의 과제로서 인간에 대한 새로운 이해가 요청되고 있는바, 인간의 종교성, 즉 인간의 고유성으로서 초월적 공감능력 같은 감성과 영성의 특징에 주목할 필요가 있다. 이러한 목적을 위해서 필자는 종교현상학을 기반으로 종교의 본질을 이해하려는 엘리아데의 비교종교학의 입장을 수용하면서 그 한계를 극복하는 새로운 방법을 모색하려고 한다.

2. 엘리아데의 종교학 연구에 대한 비판과 대안

1) 종교 현상학과 종교적 인간

1957년에 출간된 멀치아 엘리아데(M. Eliade, 1907−1986)의 저서 <성과 속>[23]의 내용에 의하면 종교는 인간 문화 현상 가운데 가장 복합적인 성격을 갖는다. 종교와 관련된 다양한 현상을 객관적으로 탐구하려는 종교학의 목적을 위해서 어떤 방법이 가능할지 판단하기 쉽지 않다. 역사와 사회적 조건 속에서 인간이 특정 종교를 어떻게 이해하고 수용하며 사회적 실천으로 표현되는지에 대한 하나의 총체적 관점에서 기술하려면 인류학 사회학 역사학 심리학 철학 윤리학 등 모든 학문의 지식이 동원되어야 할 것이다. 이렇듯 모든 학문을 망라하여 종교를 총체적으로 이해하는 일은 자칫 환원주의로 빠질 위험이 있다. 즉 종교현상을 심리학 인류학 사회학 역사학 철학 윤리학 등 모든 학문의 입장에서 분석하여 그 결과의 종합을 곧 종교이해라고 볼 수 없다는 것이다.

적절한 비유는 못 되지만 쉽고 간단하게 예를 들면 원시인이 처음으로 문명사회의 자동차를 발견하고 그것을 총체적으로 이해하는 과정을 상상해 본다. 원시인에게 자동차가 무엇이며 그것이 사회적으로 어떤 역할을 하는지 어떻게 설명할 수 있을까. 자동차를 수천 개의 부품으로 분해해 놓고 이것이 어떻게 생겼는가 이해한다고 자동차 시스템을 알 수 있는 것이 아니다. 원시인이 자동차를 이해하려면 문명사회에서 자동차를 운행하고 타보는 자동차 문화의 경험이 필요하다. 자동차의 구조와 작동 원리를 배워서 자동차를 만들 수 있을 뿐만 아니라 자동차 관련 법규들도 알아야 할 것이다. 이처럼 자동차를 이해하는 것은 자동차

---

23) 멀치아 엘리아데, <성과 속, 종교의 본질> 이동하 옮김, 학민사 2023

에 대한 문화적 경험과 아울러 자동차의 공학적 구조와 원리를 배우고 도로교통 관련 법규와 관행에 대해 이해하는 이런 세 가지 차원이 있다.

종교를 이해하는데도 마찬가지로 여러 차원이 있다. 종교적 경험의 의미와 신앙의 대상에 대한 이해, 그에 따른 종교적 실천원리라는 차원이다. 그런데 자동차는 눈에 보이는 사물이지만 신앙의 대상은 인간의 눈으로 볼 수 없고 이성으로 파악할 수 없는 초월적 존재라는 문제가 있으나 종교가 그 신앙의 대상인 초월자, 또는 궁극적 관심에 대한 경험으로부터 시작된다는 것은 자명하다. 그래서 종교가 무엇인가를 이해하려면 그 초월적인 인간의 종교경험에 대한 탐구가 필수적이다. 인간의 종교경험이란 무엇인가? 초월적 종교경험은 과학이나 철학이나 문학이나 예술의 경험과는 다른 독특한 것이다. 그 독특한 종교경험을 탐구하는 것이 종교학의 과제요 그 초월적 경험의 탐구는 또한 그 경험의 주체를 해석함에서 비롯된다.

그래서 엘리아데는 종교학에서 환원주의를 경계하고 종교경험의 주체인 인간의 경험을 탐구하자는 인간주의를 주장한다. 초월자에 대한 객관적 탐구는 근본적으로 불가능한 속성이지만 그 초월자에 대한 경험을 분석하고 이해함으로써 초월자에 대한 정보를 알 수 있을 것이다. 그래서 인간의 초월적 종교경험에서 나타나는 현상을 왜곡이나 편견 없이 그대로 받아들여 기술하고 해석하는 현상학적 방법을 바탕으로 종교를 탐구하자는 것이다. 그동안 기독교 신학이 궁극적 존재인 신에 대한 탐구 위주로 진행된 것을 비판하고 인간의 종교경험을 중심으로 하는 인간주의를 택하자는 것이요 상징적 언어로 표현되는 인간의 종교경험을 현상학적으로 해석하여 종교의 고유 영역을 발견하고 해명하자는 것이다.

엘리아데의 입장에서 인간이란 본질적으로 종교적 인간(Homo religiosus)이다. 인간은 본래가 성스러움을 추구하는 종교적 인간인데 근대 이후 인간은 세속화의 물결에 휩쓸려 그 성스러움의 영역을 상실하였고, 그 종교성의 상실은 곧 인간성의 상실이라 하였다. 따라서 엘리아데가 소망하는 세계는 인간이 다시 성스러움을 회복하는 새로운 인간, 새로운 휴머니즘을 주장한다. 엘리아데에게 있어 종교학은 잃어버린 성스러움의 시간과 공간을 회복시켜 본래의 인간성을 회복하는 것으로 과학이나 철학 윤리학 등 다른 학문으로 대체할 수 없는 인간 이해의 필수 영역이요 고유하고 독립된 영역이라는 것이다.

엘리아데는 또한 종교를 연구하는데 비교종교학 방법을 주장했다. 인간의 초월적 종교경험이 주관적이지만 그 나타난 상징적 현상들을 분석하고 구조화하면 동일한 종교문화권 뿐만 아니라 다른 종교문화와도 유사점과 공통점을 발견할 수 있다는 주장이다. 가장 간단한 패턴의 구조가 성과 속이라는 두 차원이다. 인간은 일상성을 뚫고 들어오는 어떤 초월적 존재 또는 초월적 세계와의 관계 속에서 성스러움을 경험한다는 것이다. 그 성스러움의 감각이 사라진 세계를 일상의 세속이라고 한다. 인간은 고대부터 거룩한 초자연의 세계, 비일상의 성스러움과 영원함을 느끼며 일상의 세속에서 살았는데 그만 현대인은 그 성스러움의 세계를 잃어버렸다는 것이다. 그렇지만 초월적 종교경험자들은 그 성스러움의 세계를 체험하고 성과 속이라는 두 경계를 뚜렷이 구분할 수 있는 감각을 지니고 살아간다는 것이다.

이처럼 엘리아데는 종교경험으로 말미암아 성과 속이라는 두 차원의 구조를 분별하게 되는 구조의 공통점을 모든 문화와 종교체험에서 발견할 수 있다고 하였다. 따라서 거룩함에 대한 경험은 인간 모두에게 보편적인 본성으로 누구나 초월 경험, 즉 성스런 경험과 성스러운 삶이 가능하다고 하였다. 성과 속을 분별할 수 있는 감각기능은 모든 인간이 본래 타고난 것인데 문명의 세속화로 말미암아 그만 그 기능을 상실했다는 것이다. 그럼 세속화된 사회 속에서 인간이 잃어버린 거룩함과 성스러움에 대한 감각을 회복할 방법은 무엇인가? 그에 대한 방법으로 엘리아데는 후설의 현상학적 환원을 끌어온다. 종교체험에서 나타나는 종교현상에 대한 상징적 기술을 아무런 편견이나 기존의 틀에 매이지 않는 판단중지를 통해 순수의식으로 파악하자는 것이다. 간단히 말하면 종교적 현상을 연구하는 방법론적 토대로 현상학적 환원을 제시한 것이다. 그래서 경험 사태에 대한 모든 판단을 중지하고 개인적 편견이나 사회적 역사적 종교적 윤리적 모든 선입견이나 편견을 내려놓고 순수의식으로 환원하여 현상 그 자체에 집중하는 현상학적 환원을 통해 순수경험으로 나타난 본질을 직관함으로써 거룩함과 성스러움의 세계를 느낄 수 있다는 것이다. 이렇듯 엘리아데는 인간은 누구나 종교적 존재로서 초월적 감각을 회복할 수 있으며 그 방법으로 현상학적 환원이라는 순수직관을 주장한다. 성스러운 세계에 대한 감각을 잃어버린 세속사회의 인간들에게 종교성을 일깨워 순수경험을 가능케 하는 길을 열어서 세속의 일상생활에서도 성스러움을 발견하며 살아가는 새로운 휴머니즘이 필요하다는 주장이다.

2) 엘리아데의 비교종교학에 대한 비판과 극복 방안

막스 밀러(Friedrich Max Müller, 1823−1900)는 그의 저서 <종교학 입문>(Introduction to the Science of Religion, 1873)을 포함한 여러 강연과 저술을 통해 "하나의 종교만 아는 사람은 아무 종교도 모른다(He who knows one religion, knows none)"는 유명한 말을 남겼다. 막스 밀러는 본래 언어학자로서 인도의 산스크리트어 경전을 번역하고 소개하던 중 다양한 종교와 신화에 관심과 종교를 합리적 이성으로 연구하는 방법을 생각하고 비교종교학(Comparative Religion)이라는 새로운 용어를 처음으로 사용했는데 그의 영향을 받고 비교종교학으로 인간의 종교성을 탐구한 사람이 종교사학자 멀치아 엘리아데이다.[24]

이처럼 세계의 다양한 종교들의 현상에서 나타난 공통적 요소들을 분석하고 그 원리들을 탐구하여 종교의 본질과 역사를 밝히려는 종교학적 방법으로 비교종교학이 나타난 것은 비교적 최근의 일로서, 비교종교학의 목적은 기독교, 불교, 이슬람교, 힌두교 등 다양한 종교의 경전에 나타난 신화, 의례, 윤리, 형이상학 등을 비교하여 종교의 본질과 근본적인 의미를 탐구하자는 것이다. 비교종교학적 방법으로 종교의 본질을 탐구하려면 역사 철학 인류학 등 다양한 사회과학적 방법과 학제간 협력으로 통합적 접근이 필요하다. 그것은 기독교 신앙에 집중하는 신학(Theology)과 달리 일반 종교현상 자체를 객관적으로 분석하고 종합하는 학문 방법인데 현대사회의 종교적 현상을 이해하고 인간과 종교의 관계를 다각적으로 이해하는 학문 분야로서 일반 종교학의 중요 부문이 되었다.

루마니아에서 태어나 대학에서 인도 철학을 공부한 멀치아 엘리아데는 젊은 20대 초반에 인도에 유학하며 힌두철학과 요가에 지대한 관심을 가지고 직접 수행에 참여했다. 그는 중국, 동남아, 인도의 아리안 이전의 토착 원주민, 그리고 지중해와 이베리아 반도의 농경문화에 공통점을 발견하고 '우주적 종교(cosmic religion)이라는 개념을 이끌어냄으로써 개별 종교를 넘어서서 인간의 보편적 종교의식을 서술할 기반을 확보할 수 있다고 믿었다. 그는 특히 현상학과 비교종교학이라는 방법으로 인간의 종교의식을 밝히려 했다.

엘리아데의 비교종교학 연구에 대한 업적이라면 무엇보다 종교적이라는 의미를 성과 속이라는 패턴으로 밝힘으로써 인간의 보편적 종교성

---

24) 주간 기독교 —세속화된 사회에서의 오늘의 종교현실 2020. 2.28
(https://www.cnews.or.kr/news/articleView.html?idxno=34)

과 인간성의 관계를 통해 초월을 향한 인간존재의 심층적 이해의 지평을 넓혔으며 종교사학이라는 독립된 학문을 세우는데도 크게 공헌했다는 점이다. 그러나 그의 종교학과 비교종교학 방법에 대한 다양한 비판이 제기 되었는데 그 가운데 몇 가지로 간추리면 먼저 서구적 이분법을 보편화했다는 점, 둘째 구체적인 교리를 추상화하고 심층적 의미를 간과했다는 점, 셋째는 종교 간의 경계를 너무 느슨하게 만들어 혼합주의 조장 가능성을 열었다는 점, 넷째는 각 종교의 문화 역사적 맥락을 간과했다는 점이다. 그 내용을 좀 더 구체적으로 살펴보면 다음과 같다.

(1) 서구중심주의

엘리아데는 전 세계의 신화와 상징을 분석했지만, 그가 사용한 성과 속이라는 이분법적 패턴 자체가 서구 기독교적 전통에 뿌리를 두고 있다는 비판이다. 엘리아데는 종교경험을 성(Sacred)과 속(Profane)의 이분법으로 설명한다. 그러나 이는 초월적 신과 신의 피조물인 세상을 엄격히 구분하는 서양 기독교의 유일신적 사고방식으로 동양의 범신론이나 애니미즘 전통에서는 성과 속이 이분법적으로 나뉘지 않고 서로 스며들어 있는 경우가 많아, 그가 사용한 패턴의 틀이 모든 종교에 보편적일 수 있느냐는 지적을 받는다. 그리고 그가 종교현상의 보편적인 원형(Archetype)을 찾는 데 집중하느라, 각 종교가 처한 구체적인 역사적, 사회적 상황을 무시하는 경향이 있다고 본다. 그런 태도의 원인으로 그가 서구 지식인의 시각에서 비서구 문화를 박제화하거나 낭만적으로 해석한 것 때문이 아니냐는 비판이다.

(2) 신학적 깊이 부족

엘리아데는 종교의 본질을 믿음의 대상인 신이나 궁극적 가치에 대한 탐구가 아니라 종교적인 현상에서 찾아낼 수 있다고 보았다. 이 과정에서 각 종교가 가진 고유의 신앙과 교리적 진정성이 희석되었다는 것이다. 엘리아데는 서로 다른 종교의 상징에서 공통된 패턴을 찾아내는 데는 탁월했지만 그 깊은 의미의 차이를 간과했다. 예를 들어 인도인들이 갠지스 강에서 목욕하는 행위와 유태인들이 요단강에서 세례자 요한에게 세례를 받는 사건이 비슷하게 보일 수 있지만 그 안에 담긴 신학적 논리와 구원론은 다른 것인데 다만 정화와 치유라는 형식으로 처리할 경우 동일한 내용으로 취급될 수 있다. 이는 달리 말하여 신앙인의 실존적 측면이 소외된 것이라 할 수 있다. 특정 종교의 신자가 느끼는 고유한 체험과 고백의 내용보다는, 그 체험의 외적 양상이 어떤 보편적 패턴에 속하는지에만 집중했기 때문에 종교의 형식과 겉모양만 건드리고 종교의 본질과 신앙의 진리는 놓치고 있다는 것이다.

(3) 종교혼합주의 조장 가능성

엘리아데의 이론의 기본 전제는 모든 종교의 밑바닥에 하나의 공통된 원형이 있다고 가정하는 것이다. 이러한 관점은 의도치 않게 종교 간의 경계와 신학적 차이를 무너뜨리는 결과를 초래할 수 있으며 그로 인하여 모든 종교가 결국 동일한 실재를 가리키는 서로 다른 손가락일 뿐이라는 귀결에 도달하기 쉽다. 이는 각 종교가 가진 고유의 배타적 진리 주장(Exclusivism)을 부정하고, 길은 여럿이지만 결국 모두가 동일지점에서 만난다는 다원동일주의나 종교혼합주의적 시각에서 종교 통일론으로 흐를 위험이 있다. 모든 종교의 패턴과 형식이 동일하다는 주장은 자칫 각 종교가 갖는 신앙의 고유성을 박탈하고 정체성 혼미를 초래할 수 있으며 신흥종교의 출현을 조장할 수도 있다.

엘리아데의 종교학 연구방법론에서 나타난 비판점을 극복하는 길은 무엇일까. 비교종교학이 나타나게 된 것은 동서양의 만남이라는 세계사적 흐름에서 형성된 것이다. 중세 천년 유럽은 오직 그리스도교라는 단일 종교, 더 넓게 아브라함계 종교만 알고 있었으나 동서양의 만남으로 힌두교와 불교 그리고 동아시아의 유교를 접하면서 서양 지성사에 충격으로 다가온 동양사상의 물결에 적응하는 과정에서 나온 것이 비교종교학이다. 즉 다종교 상황에서 종교의 본질을 찾지 않을 수 없었던 것인데 그 방법론으로 엘리아데가 제시한 결론은 현상학과 비교종교학, 그리고 인간의 종교경험에 중점을 두자는 것이다. 큰 틀에서 엘리아데의 주장과 방향은 옳다고 본다. 다만 서구중심주의와 이분법, 그리고 신학적 깊이 면에서 보충하고 보완하면 될 것이다. 이를 위해서 비교종교학(comparative religion)이 아니라 비교신학(comparative theology) 방법을 제시하는 현대 신학자들이 있지만 역시 신학적 깊이를 다루는 대가로 객관성의 담보가 어렵게 된다. 따라서 종교의 본질을 찾는 인간 주체의 반성적 사유를 통해 자신의 인식 틀을 벗어나는 방법으로 철학적 종교비교학이 비교신학적 방법보다 나을 것이다. 즉 자신의 신학으로 타 종교의 신학을 세우고 서로 비교하는 비교신학방법론은 엘리아데의 비교종교학의 범주를 벗어날 수 없다고 본다. 엘리아데 역시 자신의 신학적 틀인 기독교의 사고 안에서 종교를 비교하고 있다는 비판을 받기 때문이다. 그래서 이것을 극복하는 방안으로 주체의 반성적 사고인 철학적 입장에서 종교를 비교할 수밖에 없는 것이다. 동양인은 동양인의 철학을 바탕으로 종교를 수용하고, 서양인은 서양철학을 바탕으로 종교를 이해한다는 점을 서로 긍정하자는 것이다. 서구신학은 2천년 동안 플라톤으로부터 시작된 이원적 사유의 철학사상으로 기독교 신학작업을 수행했기 때문에 이원적 기독교 신학의 틀을 벗기 어렵다. 그런데 동양인의 지혜와 사유 방식은 서양철학과 다르다. 동양인의 역사적 지혜와 사유 경험을 공유할 수 있는 철학적 틀이 역경이다. 역경을 이해하면 서양인과 다른 동양인의 심성을 이해할 수 있다. 역경은 유교의 경전으로 되어 있지만 사실은 유교의 경전만이 아니라 동북아시아 사람들의 원초적 지혜가 담긴 경전 중의 경전이다.

오직 기독교 문화 속에서 살던 서양 지성인들이 동양사상과 문화를 본격적으로 접하게 된 것은 19세기 이후로 다종교 사회 경험의 역사가 길지 않다. 그러나 우리나라 종교의 역사와 환경은 이미 오래전부터 다종교 상황이었다. 7세기 신라시대 고승인 원효(617-686)가 살던 시대에 이미 유교 도교 불교가 공존하고 있었다. 또 불교도 다양한 종파로 나뉘어 대립과 갈등이 적지 않았다. 이런 환경에서 원효는 다양한 종파의 이론과 논쟁을 조화롭게 통합하여 하나로 돌아가서 화합하자는 만법귀일萬法歸一과 일심무애一心無碍의 사상으로 화쟁사상和爭思想을 설파했다. 그의 뒤를 이어 설총과 최치원(857-?)은 공자의 유학에 정통한 학자가 되었는데 최치원이 "우리나라에 현묘한 도가 있는데 그것을 풍류라 하는데 그 가르침은 선사에 상세히 나와 있는 것으로 내용을 보면 삼교三敎를 포함하여 모든 생명을 받아들여 교화하는 일이다." 라고 쓴 <난랑비> 서문이 김부식이 쓴 <삼국사기>에 들어있다.25) 여기서 삼교三敎는 공자의 유교, 노자의 도교(또는 선도仙道), 그리고 석가의 불교를 말한다. 효제를 가르치는 유교와 무위자연無爲自然의 도를 알려주는 노자, 그리고 모든 선善을 받들어 행하라는 석가의 가르침을 모두

---

25) 김성환 "최치원 '국유현묘지도'설의 재해석 -한국 고대 신선사상의 지속과 변용의 시각에서-", 도교문화연구 ISSN1598-7906 34권 34호

포용하고 소화해서 뭇 생명을 영접하고 교화하는 풍류의 현묘한 도가 있다는 것이다.

이처럼 다양한 사상과 종파를 모두 아울러 하나로 귀일歸一26)하는 지혜의 전통이 우리나라의 역사에 면면히 흐르고 있는데 그것을 풍류라 한다. 이런 풍류의 흐름은 조선 왕조시대에도 이어져 퇴계나 율곡의 사상에도 드러난다. 퇴계 이이가 쓴 성학십도의 제1장은 주렴계의 태극도설을 요약한 것인데 무극이태극이라는 표현은 이미 불교와 도교의 영향으로 나타난 것이다. 율곡은 젊은 시절 금강산에서 불경을 공부하고 중용의 뜻을 불교적으로 해석했다. 이렇게 우리나라 사상사적 전통에서 드러나는 특징은 대립적 이분법이 아니라 상보적 이분법이라는 특징이 있다. 서양의 이분법은 대립과 투쟁의 모순이라 보는 것인데 동양은 그런 이분법이 아니라 생명의 항상성을 유지하는 길항이나 상생하고 상보적인 상관성으로서 두 가지 요소를 생각한다는 점에서 차이가 있다. 이런 특징을 수리와 기호로 잘 보여주는 것이 역경의 체계이다. 만물 속에는 태극의 이치가 들어 있는데 그것이 음양이라는 두 가지 요소로 나타난다는 것이다. 음양은 대립과 모순이 아니다. 음 속에 양이 있고 양 속에 음이 있으며 음이 없으면 양도 없고 양이 없으면 음도 없다. 음양의 길항작용으로 생명이 유지되고 음양의 상보성으로 만물이 변화하고 생장 소멸한다. 역의 구조가 음양이라는 두 기호를 사용한 2진법의 수(數) 체계와 기호의 조합으로서 팔괘(八卦)라는 상(象)을 가지고 관계성 속에서 일어나는 만물의 변화와 존재의 원리를 밝힌다.

밀러가 하나만 알면 아무것도 모른다고 말했지만, 동양에서는 하나를 알면 모든 것을 안다고 표현한다. 밀러가 말하는 하나(one)와 원효가 말하는 일심과 귀일의 하나(一)는 어떻게 다른 것일까? 동양과 서양의

---

26) 귀일이 통일과 다른 점은 그 하나가 무엇이냐는 데 있다. 귀일은 하나 속에 있는 다양함, 다양함 가운데 있는 하나를 말한다.

차이는 바로 하나의 의미를 두고 벌어지는 것이 아닐까? 서양에서 하나(one)가 지시하는 것은 일의적인데 비하여 동양의 하나(一)는 다의적이고 그 상징성의 깊이가 무궁하다. 더구나 하나는 한마음의 일심(一心) 한몸의 일체(一體) 등에서 보듯이 명사적 용법보다는 형용사적 용법으로 더 활용되는데 우리말에서 하나의 형용사형인 '한-'의 의미는 참으로 다양하다.

역경(易經)에서 그 하나의 상징을 태극(太極)이라 한다. 하나도 상징어요 그것의 다른 표현인 태극도 상징어다. 궁극의 진리 또는 궁극적 존재인 태극이라는 하나를 찾자는 것이 역경이다. 그래서 이런 역경사상, 또는 역철학을 가지고 다양한 종교들을 서로 비교하고 그 공통점과 차이점을 분별하고 해석해서 종교의 핵심과 본질을 해명하려 할 때 우리는 엘리아데가 놓쳤던 많은 부분을 극복할 수 있을 것이다. 즉 서구중심주의와 이분법적 사고를 극복할 수 있으며 종교적 언어가 지니는 풍부한 상징성으로 말미암아 신학적 깊이를 드러내면서 각 신앙의 독특성 및 고유성을 살릴 수 있을 것이다. 그런 방법과 과정을 만법귀일(萬法歸一), 회삼귀일(會三歸一), 또는 한마디로 귀일(歸一)이라 한다. 다양성을 잃지 않으면서 동시에 통일성도 잃지 않고 천지인으로 표현되는 우주적 존재로서 모든 생명과 인류가 분열과 대립을 극복하고 화합과 소통으로 화평의 세계를 구현해가자는 것이다.

3. 역易 철학과 종교

1) 역의 형식과 철학적 의의

동북아시아 역사의 원초적 지혜를 담고 있는 것이 역경인데 역경은 모든 것을 담을 수 있는 상징과 형식이 있다. 그래서 역경(易經)에 주나라의 문화와 사상을 담아 편집한 것을 주역(周易)이라 한다. 역(易)은 동북아 문명의 시조 격인 복희씨가 처음으로 8괘를 만들어 시작했는데 태극에서 음양이 나와 사상과 팔괘로 이어지는 이진법의 수리체계와 기호체계를 만들어 우주 만물의 상징을 나타냄으로써 만물의 변화와 인생의 이치를 드러낸 것이다.[27] 천지자연, 즉 만물의 변화원리와 인생의 이치를 음양이라는 두 기호를 사용하여 체계화된 구조로 설명한 것인데 그 안에 동이족과 화하족 등 동북아시아 부족들의 지난 수천 년의 역사적 삶의 지혜와 사상이 온축되어 있다. 역의 철학적 특징은 만물이 생성 변화 소멸하는 이치를 음양의 상호작용과 조화를 통해 설명한다는 점이다. 이를 통해 인간의 삶과 사회적 변동에 대한 지혜를 배우자는 것이 역에 담긴 내용이다. 이처럼 역은 형이상의 우주론적 존재의 원리와 그 지혜를 추구하는 인간의 철학과 사회적 관계 속에서 사랑과 정의를 실천하는 성인의 도덕률이 담겨 있다. 그런 역철학의 현대적 의의에 대하여 대만의 문화대학 철학과 교수 고회민은 50여년 전에 다음과 같이 요약했다.

역철학이 우리에게 던져주는 가장 큰 의미는 두 가지다. 첫째는 전체 우주는 하나의 큰 조화로운 존재로서 천, 지, 인이 일체로 상관하는 체계라는 것이다. 두 번째로 이런 조화로운 체계 속에서 인간의 지위는 천지와 만물의 중간에 자리하고 있다. 전자의 입장을 통하여 사람들은 천지 만물과 조화하여야 한다는 올바른 마음을 가져야 하고 천지만물을 정복하겠다는 나쁜 마음을 가져서는 안 된다. 후자를 통하여 인간들은 자신이 천지에 의해서 태어난 것이면서 만물의 영장이라는 사실을 깨달아 천지에 대해서는 겸손할 줄 알아야 하고, 만물에 대해서 관용을 가지고 있어야만 비로소 일체

---

27) 심중식 <역경에서 찾는 인생의 나침반> (서울 북랩출판사 2024) 24

의 공존이 가능하게 되는 것이다.[28]

천지라는 우주와 만물이라는 자연, 그리고 자연에 속하면서 자연을 벗어난 인간의 독특한 지위에 대해서 알려주는 역경은 동시에 인간의 책임이 천지 만물과 더불어 화평한 관계를 유지하고 관리해야 한다는 것이다. 역(易) 철학은 하늘과 땅과 사람, 이 셋의 관계 속에서 인간을 규정한다. 인간은 관계성의 존재인데 하늘이라는 시간, 땅이라는 공간, 인간이라는 사람 사이, 이런 관계의 사이가 뚫려서 하나가 되는 것을 형이상(形而上)의 도道라고 한다. 그래서 도와 하나가 되는 사이의 존재, 그것을 인간의 본질로 본다. 그 도(道)를 노자는 무위자연이라 하고 불교에서 색즉시공이라 하는데 현대적으로 말하면 인간의 가장 높은 지혜요 사랑이다.

이러한 지혜를 찾는 것이 역인데 역(易)의 지혜는 모두 말세라는 역경(逆境)에서 나온 것이다. 하(夏)나라 걸(桀)왕의 폭정에서 견디다 못해 역성혁명을 일으켜 상(商) 왕조를 세운 사람이 탕(湯) 임금이요, 또 상나라 주(紂) 왕의 폭정으로 모두가 신음할 때 새로운 천명을 받아 왕도정치를 구현하자고 주나라를 개창한 사람이 문왕이다. 이처럼 권력과 사회의 변동기에 새로운 혁명과 더불어 나온 말세 사상을 반영한 것이 역易이다. 역사의 수레바퀴에서 수많은 씨알의 피와 눈물의 희생이 쌓여가는 깊은 절망과 탄식 가운데 희망의 노래가 터져 나오는 것이 역(易)이요, 비참한 현실 속에서 위로와 치유의 꽃으로 피어난 것이 역易이다. 그래서 역(易)은 거스름의 역(逆)이요 역경을 극복하는 반역(反逆)의 역이다. 역경(逆境)에서 나온 역이기에 역에는 역경이라는 말세의 처세가 녹아있다. 핍박하는 권력자들이 알지 못하도록 은유와 상징으로 소통하며 시대를 거슬러 새로운 운동을 시작한 것이기 때문이다.

---

28) 고회민 <주역철학의 이해> 정병석 역 (서울, 문예출판사 1995) 596-597

역에는 또 생로병사라는 역경에 처한 씨알의 아픔을 치유하는 모든 처방이 들어있다. 그 덕분에 점복서나 예언서로 전해진 것이다.

역경의 지혜를 한마디로 말하면 하나를 알자는 것이다. 만물이 모두 다 달리 보이지만 근원에서는 모두가 한 뿌리요 하나다. 본래의 그 하나 됨을 알고 하나로 복귀하여 돌아가는 것을 귀일(歸一)이라 한다. 하나 됨의 세계를 기독교에서는 사랑이라 한다. 원수를 사랑하라, 이것이 기독교의 핵심이다. 진실로 사랑을 알면 원수가 변하여 친구가 되고 천사가 된다. 모든 것을 관계성으로 보는 동양에선 원수라 하지 않고 상극(相剋)이라 한다. 하나를 모를 때는 상극이라 하지만 눈을 뜨고 하나를 알면 서로 돕고 사랑하는 상생(相生)의 친한 관계가 된다. 즉 하나를 알고 하나가 되면 모든 분열과 갈등의 대립이 지양되어 상극이 상생으로 변화된다. 그래서 모순과 대립이 아니라 하나라는 상보적 일체가 되는 그 세계를 알고 상극상생(相剋相生)으로 안내하는 것이 역이다.

역경의 형식은 간단한 그림과 글로 되어있다. 그림을 괘(卦)라고 하는데 사실은 이진법의 숫자를 음양으로 표시한 것이다. 자연의 성질을 숫자와 그림으로 그려서 괘라고 한다. 역은 괘도처럼 그림을 그려놓고 거기에 글씨를 써서 설명한 것이다. 그림을 설명하는 말을 사(辭)라고 한다. 그러니까 역경은 괘와 수와 괘사(卦辭)로 이뤄진다. 괘라는 그림을 풀이한 말씀이 괘사다.

수의 상징을 이미지로 변환하여 그림과 같은 상징의 괘를 그려놓고 거기에 간단히 언어적 설명을 붙여서 성인의 뜻을 밝힌 것이다. 수와 언어와 이미지로 구성된 것이 역경의 독창성이다. 그 보이지 않는 성인의 뜻이 어떤 형상으로 나타나 보이면 그것을 상(象)이라 한다. 그 상을 보는 내면의 눈을 관(觀)이라 한다. 그러니까 역경은 이진법의 수를 이미지화한 괘를 그려놓고 거기에 대한 설명의 말을 적어 놓은 것인데 독자는 그것을 읽고 보면서 성인의 뜻을 헤아려 마침내 현상학적 환원을 통해 상을 보는 순수직관의 관(觀)을 얻게 하는 것이다. 이렇듯 보이지 않는 형이상의 세계를 상을 통하여 전하자는 것이 역경이요 그 형식과 방법은 괘(卦)와 사(辭)와 수(數)를 혼합한 독특한 것이다.

역이 사용하는 그림은 자연현상을 숫자로 그려놓은 것이요 숫자는 이진법의 두 기호를 사용한다. 세상은 음양(陰陽), 또는 플러스와 마이너스라는 두 축의 상호작용을 통해 움직이기 때문이다. 그래서 3차원으로 하여 부호를 그리면 추상적 그림이 되는데 8가지가 있다. 자연의 역동적 근원을 음양(陰陽)으로 보고 음(--)과 양(—)이라는 이진법을 사용하여 3차원으로 확대하면 8가지 숫자가 나온다. 이진법으로 0부터 7까지 숫자를 기호로 표시하여 팔괘라 한다. 팔괘에 음양의 분포를 보고 자연의 특징과 연결지어 하늘(건☰), 땅(곤☷), 물(감☵), 불(이☲), 우레(진☳), 바람(손☴), 산(간☶), 호수(태☱) 이렇게 8가지 자연현상을 나타낸 것이다.

괘사(卦辭)는 그림을 풀이한 말씀이다. 건(乾)을 그려놓고 이것은 하늘이라 한다. 곤(坤)을 그려놓고 이것은 땅이라 한다. 그리고 땅의 이치, 하늘의 이치, 하늘과 땅 사이에 있는 인간의 이치를 설명하는 말을 괘사(卦辭)라 한다. 괘사를 공부하면 이치를 알게 되고 이치에 통하여 만물의 변화와 존재의 원리를 꿰뚫어보면 간단하고 쉽게 산다. 이치란 하나이기 때문이다. 공자가 말하길 하나로 꿰는 것이 나의 도라고 했다.[29] 하나의 이치, 하나가 되는 이치를 알고 간단하고 쉽게 살면 곧 이간(易簡)의 지혜를 얻은 것이다. 그래서 역경의 내용은 만물이 변한다는 변역變易과, 변하는 이치는 불변한다는 불역(不易), 그리고 변역과 불역의 세계를 체득하여 천지의 도와 하나가 되는 이간易簡이라는 대인의 인격이 되자는 것이다. 불역(不易), 변역(變易), 이간(易簡), 이 셋을 체득함이 역경의 핵심이다. 불역의 체득을 무극이태극(無極而太極)이라 하

---

29) 논어 吾道一以貫之

고, 변역의 체득을 일음일양지도(一陰一陽之道)라 하고, 이간의 체득을 태극생양의(太極生兩儀)라 한다. 이 세 가지 원리를 가지고 64괘의 지혜를 펼치는 것이 역경이다.

2) 역의 기원과 종교성

역경은 한 사람의 창작이 아니라 수천 년의 역사적 과정에서 동북아 부족들의 고난과 고통 가운데 자연스럽게 잉태된 지혜가 집적되어 나온 산물이다. 그 지혜를 담아낼 그릇을 팔괘라는 형식으로 고안했던 사람이 복희씨요 64괘의 형태로 정리된 후 그 틀 안에 체계적 설명, 즉 계사, 단사, 상사 효사를 붙여 과거의 경험적 지혜를 전달하는 책이 된 것이다. 그 과정에서 물론 주나라의 문왕과 주공 공자 등 성현들의 노고가 쌓여있다. 역의 형식과 상징을 가지고 문왕이 새로운 주왕조의 이념을 담았기에 주周 나라의 역, 주역이라 하므로 엄밀하게 말하면 주역과 역을 구별할 필요가 있는데 주 나라 이전의 역본이 사라졌기에 주역이 그 이전에 나온 역의 내용을 포함하고 있다고 보아 일반으로 구별 없이 역경 또는 주역이라 한다.

역의 유래는 본래 집단의 길흉화복을 점치는 점복서였다. 점이란 집단의 운명이 갈린 결정을 할 경우, 즉 전쟁이나 이주나 재해 등을 앞두고 어떻게 해야 할지 하늘에 그 길을 묻는 방식이었다. 1928년부터 10여 년 은허의 발굴 작업으로 기원전 1300년에서 1046년에 걸친 상나라 도읍이라는 것과 많은 갑골문이 발견되었다.[30] 갑골문에는 주로 점을 치는 내용이 많았다. 상나라는 동이족이 세운 나라인데 상나라를 멸하

---

30) 네이버 지식백과 https://naver.me/59iTKDuu

고 주왕조가 중원을 차지한 다음 상나라 문화를 개혁하고 새로운 문화를 일으켰다. 주술적인 의식에서 깨어나 보다 합리적인 사유로 봉건주의 질서와 의례를 만들었다. 그렇지만 점술에서 시작된 역경이기에 점치는 내용을 완전히 무시할 수 없었다. 그래서 공자가 서술했다고 하는 계사전 9장에 50개의 시초를 가지고 점을 치는 점서법이 나온다. 물론 현재의 통행본에 나오는 계사전 9장이 후대의 첨삭이냐 아니냐에 대한 논란이 있다.[31] 계사전 9장이 언제 누가 기록한 것인지 불명하다고 해도 주역이 점서에서 출발했다는 것은 역경의 괘효사에 길흉회린을 밝히고 있기 때문에 자명하다.

따라서 역은 고대 점술에서 출발하여 인간의 삶과 우주 만물의 변화를 다루는 원리서로, 원천적으로 종교성을 내포하고 있다. 도올 김용옥의 계사전 9장 4절에 대한 풀이를 읽어본다.

역의 길은 인간이 걸어가야만 하는 길을 드러내는 것이다. 그렇게 함으로써 인간의 덕성과 행위를 신묘하게 만든다. 인간의 덕행이란 자신의 덕행을 하느님의 덕행과 상응하게 만드는 것이다. 그러므로 인간이 땅 위에서 살아가면서 생기는 세상사에 하느님과 더불어 잘 대처할 수 있게 해주며, 그렇게 함으로써 하느님의 사업을 도와줄 수 있게 된다. 기억하자! 공자님의 말씀을! "역, 그 변화의 길을 아는 자는 하느님께서 진정코 무엇을 하시려는지를 꿰뚫고 있는 자일 것이다."[32]

점을 친다는 것은 신의 뜻을 묻는 일이다. 즉 하느님과 소통하는 일이다. 이렇듯 하늘(天)과 신(神)을 상정하고 미래를 예측하며 삶의 지혜를 구하는 행위가 점술이기에 역의 종교성이 확실히 드러난다. 이같은 점술적 행위와 초월적 형이상학적 내용으로 인하여 유교 경전으로 편입

---

31) 김용옥, <도올주역 계사전> (서울 통나무,2024) p164-186
32) Ibid p184

된 후에도 윤리적, 철학적 깊이와 더불어 현대적 의미의 종교적 경전이
될 수 있다.

현대인이라 해도 미래를 예측하고 현재를 판단하려는 인간의 근본적
인 욕구는 변함이 없다. 또한 형이상의 궁극적 진리나 삶의 의미에 대한
물음과 관심이 그칠 수 없다. 이런 점에서 역은 인간의 고유한 종교성
을 담고 있다. 역은 윤리적, 철학적 탐구의 내용만 아니라 하늘의 뜻을
묻고 삶의 궁극적 의미를 궁구하는 형이상의 내용으로 인하여 다양한
종교와 다른 사상들과 소통할 수 있다.

중국 대만의 고회민은 <주역 철학의 이해>라는 책에서 역이 동북아
역사와 사상의 근원으로서 공자나 노자를 역의 틀에서 통합한다.33) 공
자는 주로 천리에 기반한 도의를 밝히는데 중점을 두었고 노자는 형이
상의 도에 관심을 집중했지만 공자나 노자의 근본 사상의 원류는 역의
사상에서 만나고 있다는 것이다. 더 나아가 역의 철학을 가지고 불교와
소통할 수 있다고 본다. 사실 주돈이(周敦頤 1017-1073)로부터 시작
된 성리학(性理學)은 불교와 노자의 사상을 가지고 역경을 새롭게 풀이
함으로써 나타난 것이다. 주렴계가 태극도설을 짓고 '무극이태극(無極
而太極')을 주장했는데 역경에 명시되지 않은 무극이라는 개념을 도입
한 것은 곧 노자의 무(無)와 불교의 공空 사상에 영향을 받은 것이다.
그래서 무극이태극(無極而太極), 그리고 태극생양의(太極生兩儀), 이
두 마디가 역경 사상의 중심이 되었다.

역경에는 우주의 근원과 의미를 찾는 형이상학과 인생의 이치와 도의
를 찾는 인생철학 및 자연의 순환과 변화의 원리를 찾는 고대과학을 모
두 함축하고 있으면서 하늘의 뜻을 묻는 종교성이 있다. 그런데 이처럼
모든 것을 포함할 수 있는 유연성은 이미지를 갖는 상(象)과 추상적인
수(數)라는 가치중립적 형식을 갖고 있기 때문이요 이것이 주역의 큰

---

33) 고회민 <주역철학의 이해> 정병석 역 (서울, 문예출판사 1995) 14-32

특징이요 장점이다. 상은 형상이요 수는 숫자이다. 만물은 상을 가지고 있으며 동시에 만물의 움직임과 형상은 숫자의 정보로 나타낼 수 있다는 것을 현대인들은 컴퓨터 기술 덕분에 다 알고 있다. 숫자는 다만 두 개의 부호를 가지고 표현할 수 있다. 그 부호를 역경에서는 음양이라 한다. 컴퓨터에서 이진법의 숫자로 모든 가상현실을 재현할 수 있듯이 역경은 음양의 괘효로서 모든 인간의 사상을 다 담아낼 수 있는 것이다.

그래서 동북아시아 문화, 특히 우리 한민족의 문화적 특징이 모든 것을 포함하여 이해하고 소화할 수 있는 틀을 가지고 있는 것이다. 앞에서 언급했던 원효의 화쟁론이나 최치원의 풍류도나 퇴계와 율곡의 이기론도 천지 만물의 모든 이치를 담아내자는 것인데 그 바탕에는 역철학의 정신과 전통의 흐름이 있다고 본다. 일찍이 공자와 노자의 사상이 역에서 만나고, 그 원리로 불교를 흡수하여 선불교를 만들고, 선불교를 흡수하여 새로운 유교의 성리학과 양명학을 만들었다. 그 영향을 받은 명나라 선사 지욱(智旭, 1599-1655)은 역경을 불교적 입자에서 풀이하여 <주역선해>를 지었는데 우리나라 다석 류영모(1890-1981)는 기독교 성경을 해석하는 작업에서 역경과 노자를 바탕으로 풀이했다. 그 영향을 받은 정역학자 학산 이정호(1913-2004)는 기독교의 입장에서 주역을 풀이한 <주역정의>를 저술했다. 이처럼 역경은 모든 것을 담아낼 수 있는 형식과 틀을 가지고 있다. 따라서 우리 한국인의 무의식에 살아있고 녹아 있는 역철학을 가지고 세계 모든 종교 사상이 만나는 장을 형성해보자는 것이다. 모든 종교를 통합하자는 것이 아니라, 같은 철학을 기반으로 소통함으로써 서로를 비춰볼 때 그만큼 자기의 종교와 신앙에 대한 이해의 폭이 깊고 넓어져 상호 도움이 될 수 있다는 것이다. 이렇게 우리는 자기 정체성을 잃지 않으면서 보다 밝은 인류의 장래를 위해 모두가 함께 소통하고 협력하는 귀일과 상생의 길을 열어갈 수 있고, 아울러 영적으로 일층 도약하는 계기가 될 수도 있을 것이다.

4. 역(易)철학으로 바라본 유교 불교 기독교의 인간관

1) 종교와 인간

문화의 원천인 종교는 인간의 모든 삶에 영향을 미친다. 인간 집단의 무의식이 종교를 만든다고 가정하면 사실 문화와 종교 어느 쪽이 근원인지 구분할 수 없는 동시적 현상이라 하겠다. 그런데 문화집단의 삶 속에서 태어난 한 인간이 특별한 종교체험을 겪으며 새로운 사상과 철학 체계를 갖고 인격과 삶으로 영향을 줌으로써 새로운 도약과 함께 새로운 차원의 종교가 태어나는 것도 사실이다. 그런데 특이하게도 기원전 5-7세기에 동서양에 동시적으로 여러 성현이 태어났다. 페르시아 조로아스터교를 창시한 짜라투스트라는 역사를 선신과 악신의 투쟁이라 보는 이원론을 체계화했고, 인도에서 불교를 창시한 석가모니(BC560-480)는 미망을 깨치고 정견으로 사는 중도의 길을 제시하고, 중국에서 공자(BC551-479)는 극기복례(克己復禮)를 통한 인仁의 실현과 평천하를 설파했으며 그리스에서는 소크라테스(BC470-399)가 나와 "너 자신을 알라."고 했다. 그리고 4백여 년 후에는 로마의 식민지였던 유대 땅 갈릴리에서 예수가 나타나 하느님 나라 복음을 선포함으로써 그리스도교가 태어났다.

오늘날 세상에서 가장 큰 영향을 주는 종교는 그리스도교와 불교 그리고 기원후 7세기에 나온 무함마드의 이슬람교인데 동북아시아에서는 지난 천여년 동안 유교 불교 도교가 공존하며 문화를 이끌었다. 19세기에 기독교(그리스도교)가 우리나라에 들어온 후 세력이 확장되어 우리나라 삼대 종교라 하면 유교 불교 기독교를 말한다. 물론 유교는 사원도 없고 조직적 활동이나 포교활동이 없는데, 신흥종교인 원불교 세력이 활발하게 성장하고 움직이므로 유교보다 더 큰 영향을 주는 종교라 볼 수도 있다. 그러나 원불교의 성격이 불교와 좀 다르다 해도 창시자 소태산 박중빈(1891-1943)이 원불교는 불교의 일파라고 정의했기 때문에 불교라 보면 우리 삶에 가장 영향을 주는 종교는 지난 5백 년 동안 우리 삶을 지배했던 유교와 더불어 불교와 기독교라는데 이의가 없을 것이다.

우리가 유교 불교 기독교를 통해서 알게 되는 종교란 무엇일까? 종교와 신앙에 대한 정의는 자신의 종교와 문화에 따라 달라질 것이다. 유교인이라면 하늘과 조상을 섬기며 공맹을 따라 삼강오륜을 지키는 일이라 할 것이요 불교인은 석가모니의 가르침을 따라 깨닫는 일이라 할 것이며 기독교인은 예수 그리스도의 십자가와 부활을 믿는 일이라 할 것이다. 이처럼 서로 다른 역사와 문화적 맥락에서 발생한 종교들의 언어적 표현은 다양하지만 그 상징적 의미를 순수직관으로 파악할 때 종교의 본질에서 서로 소통할 수 있다는 것이 멀치아 엘리아데의 입장이라 생각한다. 언어가 종교적 언어가 될 때 그것들은 모두 상징의 의미를 갖는다. 그래서 종교학자 서광선은 상징적 종교 언어를 넘어 종교에 대한 보편적 정의로써 "인생에 관한 질문에 대한 해답의 모색과 일련의 해답"이라고 한다.34) 그런데 이렇게 일반적 정의를 하게 되면 종교의 특수성이 드러나지 않는다. 즉 인생의 문제에 대한 해답을 찾기 위해 과학을 연구할 수도 있고 철학적 질문이 될 수도 있으며 도덕이나 예술적 질문이 될 수도 있는 것이다. 그 모든 과정을 종교라 하면 또 모든 것이 종교적이 되어 종교 아닌 것이 없게 된다. 그래서 엘리아데는 인간의 초월적 경험을 주로 다루자는 것이다. 초월적 경험도 상징어라는 특성 때문에 문화마다 다른 해석이 될 수 있다. 기독교 문화에서 자란 엘리아데에게 초월적 경험이란 신의 세계, 즉 피조물의 세계를 벗어난 창조주 하느님의 전지전능한 세계를 상상할 것이다. 그래서 과학과 합리의 세계를 벗어난 하느님의 초자연적 세계와 어떻게 연결되느냐는 문제가 종교의 문제요

---

34) 서광선 <종교와 인간> (서울 이화여자대학교출판부, 2007) p68

그 길을 찾는 것이 종교, 릴리전(religion)이라는 것이다. 즉 종교학을 독립된 학문으로 수립하는 과정에서 라틴어로 다시 묶는다는 뜻의 렐리기오(religio)에서 파생된 말이 릴리전(religion)이라 해석하여 종교란 신과 인간의 끊어진 관계를 다시 연결한다는 의미라 했다.[35] 초월의 거룩한 세계와 현실의 일상적 세속 세계를 어떻게 연결할 것인가가 종교의 과제라는 것이다. 이처럼 서양의 문화 속에는 이분법적 사고가 깊이 박혀있어서 서구학자들에게 종교라 하면 초자연적 초월의 세계를 상상한다. 그리고 그 절대자의 피조물로서 인간이 어떻게 신의 계시를 이해하고 신과 올바른 관계를 회복하느냐는 데 관심을 둔다.

그런데 동양에서는 피조된 세계라는 개념이 없었다. 하늘과 땅은 본래부터 존재하는 것이고 또 계속 있을 것인데 그 속에서 살아가는 만물의 생장소멸, 특히 인간과 사회적 집단의 생사고락에 관심이 집중되었다. 공자에게 '사람이 죽으면 어떻게 됩니까?' 질문하는 제자에게 '삶도 모르는데 어찌 죽음을 알겠느냐?'고 대답하면서 지금 여기 오늘의 삶에 집중하라고 지도했다.[36] 그럼 유학자들에게 종교란 무엇인가? 종교라는 글자의 뜻은 마루 종에 가르칠 교, 그러니까 가장 높은 지혜의 가르침을 뜻한다. 마루를 뜻하는 종宗이란 나라에서 제사를 지내는 사당인 종묘(宗廟)를 나타내거나 종가宗家라는 표현에서 보듯이 종족을 뜻한다. 교(教)는 가르친다는 뜻으로 부처님의 가르침을 불교라 했다. 교(教)는 교육의 의미로 사용했기에 교학, 교종이라는 말로 사용했다. 우리가 현재 쓰고 있는 '종교'라는 말은 일본에서 서양의 religion을 번역하는 과정에서 만든 새로운 용어다. 우리나라 지성인들이 종교라는 말을 새롭게 받아들이면서도 그 뜻을 사람에게 으뜸가는 지혜의 교육이라는 의미로 생각했다. 불가에서는 부처의 가르침이라 하여 불교라는 말

---

35) 서양에서 religion의 어원을 religio에서 찾아 이렇게 초월자와의 관계로 정의하는 것은 19세기 종교학 발생 이후의 일이요, 중세 유럽인들에게 religion은 기독교 수도원 생활을 의미했다.
36) 강철구 외 3인 <52주간의 마음산책> (강원, 열린서원 2025) p72

을 사용했는데 성리학에서는 성학(聖學)이라 했다. 성리학, 또는 유학을 공자같은 성인이 되는 학문이라 했다. 공자를 성인으로 모시고 공자의 가르침을 배우는 학생(學生)이 유인(孺人)이다. 공자도 자신의 삶을 되돌아보면서 인생이란 배우는데 싫증 내지 않고 가르치는 일에 게으르지 않은 것이라 했다. 맹자도 세 가지 즐거움을 밝히면서 천하 영재를 얻어 교육하는 일이야말로 왕 노릇보다 기쁘고 즐거운 것이라 했다. 공자나 맹자 모두 인생의 가치는 가장 높은 지혜와 덕목을 배우고 가르치는 일에 있다는 말로 교학(敎學)을 중시했다. 그래서 한중일 삼국에서는 성인의 지혜를 전하는 가장 높은 가르침이라는 뜻으로 종교를 이해하였다. 그런데 그 가르침은 육례에서 보듯이 지적인 학문만이 아니라 감성과 의지와 영적 통찰까지 모든 것을 아우르는 전인교육이다. 어려서 청소와 문안하는 일부터 학습시키는 교육인데 학(學)이라는 지적인 깨우침과 아울러 습(習)이라는 몸의 체득을 통해 사람다운 사람이 되도록 안내하는 것이다.

유교 경전 가운데 인생철학을 피력하는 경전이 중용인데 중용 첫머리가 "천명을 일러 성품이라 하고, 성품을 따르는 일을 도(道)라고 하고 도를 닦아 나가는 것을 가르침(敎)이라 한다."고 했다.[37] 하늘에서 내려준 자신의 성품을 발견하고 그 성품을 길러가는 수도를 통해 얻은 지혜를 가지고 다른 사람을 가르치는 것이 교육이요 종교라는 말이다.

이처럼 계시의 진리로서, 또는 절대자와의 계약 관계로서 종교를 바라보는 서양과 인간다운 성인의 도를 가르치는 교육으로 종교를 이해하는 동양 사이에 사유 방식과 문화의 차이가 있으나 인간을 중심으로 생각하면 결국 인간의 행복을 위한 가르침을 주자는 것이 종교라 할 것이다. 초월적 존재와의 연결을 위한 길을 안내하여 인간의 모든 문제를 해

---

37) 성백효역주 <현토완역 대학 중용 집주> (서울 전통문화연구회 2006) 天命之謂性 率性之謂道 修道之謂敎 p81

결하자는 것이 기독교라면 유교는 하늘에서 받은 자신의 고유한 사명을 발견하는 배움과, 머리로 배운 것을 어떻게 몸으로 익혀서 계발하고 키워내고 꽃피울 것인가 하는 수도, 그리고 그 지혜와 인격의 열매를 다른 사람에게 나눠주는 가르침이 종교라는 것이다. 기독교에서 초월적 존재와의 연결을 희구하는 목적도 인간의 실존과 세상 문제 해결을 위한 지혜를 얻기 위함이라 볼 때38) 동양이나 서양이나 종교는 인간의 근본문제에 대한 해답을 찾아가는 과정이요 그 과정에서 자기보다 더 높은 존재, 그것이 스승이건 궁극적 진리이건 또는 초월자이건, 그런 존재와의 만남 속에서 지혜와 사랑으로 성숙해지는 인격적 발전 과정이라는데 동의할 수 있을 것이다. 그래서 종교 간의 소통을 위해서 신앙의 대상이 아니라 인간과 세상의 근본문제 해결을 위한 실존적 물음을 놓고 함께 그 지혜를 찾는 일에 협력하자는 것이고, 이런 협력의 전제로 각 종교에서 인간의 실존과 세상에 대해 어떤 지혜를 제공하는지 그 가르침을 비교하는 방법으로 서로 공감할 수 있는 종교의 본질을 찾는 일이다.

종교의 바탕에는 철학이 있다. 서구 기독교 신학은 그리스 철학에 기반을 두고 세워진 것이다. 서양문명이 그리스 로마 문화의 계승자이기에 그리스 철학을 가지고 기독교를 해석함은 자연스런 일이다. 그런데 동양인이 서구 신학을 그대로 받아 들일 경우 그 바탕의 철학이 맞지 않기 때문에 우리의 신학이 될 수 없다. 따라서 한국 신학이 되려면 우리의 철학을 기반으로 기독교 신학을 세워야 한다. 이런 시도를 선구적으로 했던 신학자가 '역의 신학'을 저술한 이정용 박사인데39) '역의 신학'이 여전히 서구적인 틀에서 벗어나지 못한 듯하다. 왜냐면 그가 여전히 하느님을 탐구하는 일에 관심을 쏟았고 주체적 우리 철학의 입장이 뚜렷하지 못하기 때문이라 생각된다. 주체적인 우리의 철학은 우리 심성

---

38) 시편111:10 여호와를 경외함이 지혜의 근본이라
39) 이정용 <역의 신학– 동양의 관점에서 본 하느님에 대한 기독교적 개념> (대한기독교서회, 1998)

에 무의식으로 흐르고 있는 천지인 합일과 음양 조화의 역을 기반으로
세워져야 할 것이다. 역철학으로 우리의 철학이 세워지고 그 기반 위에
우리 신학이 세워져야 서구 기독교가 우리의 기독교가 되고 우리 기독
교가 되어야 우리를 살리는 종교가 될 것이다. 이런 의미에서도 역철학
에 기반을 둔 비교종교학 방법으로 유교 불교 기독교를 비교해보자는
제안을 하는 것이다. 그리고 종교를 비교하는 일은 종교에 대한 우열이
나 평가를 위함이 아니고 서로 다른 세계와의 해석학적 지평융합을 통
하여 자신의 종교나 신앙 세계를 더 깊고 넓히자는 것이 목적이다.

2) 유교 불교 기독교의 인간관 비교

인류 역사상 가장 깊은 지혜의 통찰을 제공해 왔던 사상적 기둥으로
서 유교 불교 기독교를 살펴보고 인간의 삶에 어떤 지혜를 말하고 있는
지 비교하여 이해의 지평을 넓힌다면 자기 자신에 대한 이해를 심화하
면서 자기의 종교와 신앙의 뿌리를 확인하는 뜻깊은 작업이 될 것이다.
세 종교는 인간 이해에 대해 각기 다른 관점을 제시하면서도, 인간과 세
상의 고통과 고난의 원인을 제거하여 인격의 존엄성을 확보하면서 도덕
적 완성을 통해 이상사회를 건설해 보자는 뜻에서 서로 소통할 수 있다.
먼저 세 종교의 인간관에 대하여 역철학의 입장에서 핵심적 내용을 소
개하면 다음과 같다.

(1)불교는 인간 고통의 원인을 무명이라 하고 무명을 벗어나 만물이
연기(緣起)하는 실상을 보면 생사의 고통에서 벗어나 자유할 수 있다고
한다. 무명을 깨치고 벗어날 수 있는 소질을 불성(佛性)이라 하는데 누

구에게나 있는 불성을 자기 속에서 발견하고 싯달타 부처님처럼 깨달은 존재 즉 부처가 되자는 것이 삶의 궁극적 목표라 한다. 불교에서 강조하는 것은 고정된 실체로서 자아가 없다는 것을 깨닫자는 것이다. 모든 존재는 바다의 물결처럼 서로 연기적으로 나타났다가 사라진다는 것이다. 그런데 작은 물결 하나를 자아로 고집하면 육도윤회라는 고통의 세계가 펼쳐지는데 그것들이 모두 삼사라, 즉 도깨비 같은 환영이라 한다. 자아라는 환영을 깨치면 연기의 실상을 보게 되고 그래서 팔정도와 육바라밀의 수행을 통해 부처의 지혜를 얻고 자비를 실천하자는 것이 불교라 하겠다.40) 불자는 형이상의 다르마를 깨닫고, 팔정도라는 중도를 수행하며, 부처의 지혜로 중생을 제도하려는 사람이다.

(2)공자의 가르침인 유교는 인간을 관계성 속에서 형성되는 사회적 존재로 보고 학문과 수양을 통해 어진 사람, 즉 인자仁者가 되어 사회적 주인이 되자는 것이다. 유교의 인간관은 이렇듯 관계성 속에서 발휘되는 인仁을 인간의 본질로 파악한다는 점이 특징이다. 천지라는 자연과의 관계, 만물이라는 사물과의 관계, 그리고 인간 사이의 사회적 관계를 바로잡자는 것이 유교의 핵심이다. 모든 관계를 바로잡기 위해서 먼저 자기 자신과의 관계를 바로잡아야 하는데 그것을 수신이라 한다. 수신(修身)은 몸가짐을 바로잡는 것뿐만 아니라 자기 자신을 바로잡기 위해서 격물(格物) 치지(致知) 성의(誠意) 정심(正心)이라는 내적 수행을 하는 것이다. 그래서 집안의 모든 관계를 바로잡는 제가(齊家), 나라를 바로잡는 치국(治國), 천하를 바로잡으면 평천하(平天下)라 하는데 그 기본이 수신에 있다고 한다. 이것을 한 마디로 수기치인(修己治人)이라 한다. 자기 자신과의 관계를 바로잡는 수신을 통해 타인과의 관계를 바로잡는다는 말이다. 그래서 사회적 책임감을 강조하는데 자기 한 몸만

---

40) 심중식 <알기쉬운 금강경 풀이> (전북 뭠출판사, 2022)

을 돌보는 사욕에서 벗어나 천지가 만물을 돌보듯 만민을 보살피며 살아가는 극기복례의 성인이 되자는 것인데 역시 그 핵심도 만물과의 관계를 바로잡는 격물치지의 지혜와 수기치인(修己治人)의 큰 사랑, 인(仁)을 강조한다.

(3)기독교는 인간이 본래 신의 형상(Imago Dei)으로 지어진 존재인데 그만 교만해져 신의 뜻에 반하는 범죄로 말미암아 스스로 구원할 수 없는 타락한 존재가 되었다고 한다. 신의 형상을 회복하기 위해서는 하나님의 지혜와 사랑이 필요한데 그 지혜와 사랑으로 오신 분이 예수 그리스도라 한다. 그래서 누구나 죄에 빠진 죄인인데 하나님의 사랑과 말씀이신 예수 그리스도를 자신의 구세주로 받아들이는 믿음으로 말미암아 구원을 얻을 수 있다고 한다. 사도 바울을은 죄인인 인간이 하느님과 올바른 관계로 되기 위해서는 그리스도 예수를 믿는 믿음이 있어야 하는데 그 믿음이란 자기의 자아가 그리스도와 함께 십자가가 못 박혀서 죽는 것이라 한다. 그래서 예수의 십자가로 자기의 자아가 죽고 자기 속에 사는 것은 자아가 아니라 그리스도께서 사는 것이라 한다.41) 자아가 죽고 그리스도라는 사랑과 지혜의 인격으로 다시 살아날 때 그것을 믿음이라 한다. 이런 믿음을 통하여 영원한 생명을 얻자는 것이 기독교의 가르침이다. 무엇을 해야 영생을 얻느냐고 묻는 율법교사에게 예수님은 하나님에 대한 사랑과 이웃에 대한 사랑을 실천하라 했다.42)

이상으로 간략히 세 종교의 가르침을 정리하면서 공통점으로 뽑아낸 것은 모두 소아적인 에고를 벗어나는 무아(無我)를 통해서 성숙한 인간의 이상을 제시했다는 점이다. 불교는 깨달은 자, 부처가 되는 것이고, 유교는 성인(聖人)이 되는 것을 가르치며, 기독교는 믿음으로 의인(義人)이 되는 것인데 부처나 성인이나 의인의 공통점은 자아라는 에고가

---

41) 갈라디아서 2:20 "그리스도와 함께 십자가에 못 박혔나니 그런즉 이제는 내가 산 것이 아니요 오직 내 안에 그리스도께서 사신 것이라."
42) 눅가복음 10장 25-28

없는 인격이요 그 특징은 사랑과 지혜라는 것이다.

역경의 첫 괘가 건괘(乾卦)인데 그 내용은 물속의 잠룡이 종일건건(終日乾乾)하여 마침내 하늘을 나는 비룡으로 변화된다는 것이다.[43] 중용에서는 물속의 잉어가 뛰다가 하늘을 나는 솔개로 변하는 내용을 소개한다.[44] 물에 빠진 것을 불교로 말하면 미망이요 기독교로 말하면 죄악이요, 공자로 말하면 사욕이다. 미망을 깨치고 법을 깨달으면 부처요, 죄악에서 믿음으로 구원을 얻어 영생을 얻으면 하늘에서 빛나는 의인이 된다.[45] 사욕편정을 벗어나는 극기복례를 통해 인을 체득하고 천도에 이르면 성인이 된다. 하늘에 오른 비룡이 되어 천하를 감화로 다스리면 성인이다. 하늘에 오른 것은 지혜요, 천화를 감화하는 일은 사랑이다. 그래서 모든 종교에서 가르치는 바람직한 인격의 공통점으로 사랑과 지혜라는 덕목으로 잡은 것이다. 그리고 역경에서 인간의 이상을 중정(中正)과 인의(仁義)로 설명하고 있기 때문이다. 무극이태극에서 중정이 나오고, 인의는 태극생양의에서 나온 것이다. 중정을 알기 쉽게 표현하여 지혜로, 인의를 사랑으로 풀어서 역경의 핵심도 지혜와 사랑이라 한다. 다른 모든 종교에서 가르치는 핵심도 지혜와 사랑의 인격을 길러내자는 뜻이다. 물론 불교의 지혜 유교의 지혜 기독교의 지혜가 모두 같다고 할 수는 없다. 그러나 인간과 사회의 모든 모순과 부조리의 문제를 해결하는 길을 찾는 것을 지혜라 하고 인류를 질곡의 고통과 고난에서 해방시키는 것을 사랑이라 보면 각 종교가 기여하는 바의 성격은 같을 것이다. 그래서 그런 큰 인격이 되려면 무아의 수행과 고난을 통해 인격이 거듭나고 혁신되는 종교적 체험을 강조한다. 문화와 역사적 맥락 속에 겪는 종교적 체험의 모습은 다양하지만, 그 과정의 패턴과 결과로 나타나는 인격의 모습은 공통점이 있다.

---

43) 김흥호, <주역강해1> (서울 사색출판사, 2001)
44) 성백효 <대학중용 집주> (전통문화연구회,2006) p98
45) 마태복음 13장 43절

이렇게 볼 때 엘리아데의 비교종교학과 현상학적 방법은 소중한 유산이다. 그리고 역의 구조와 형식 속에 그 패턴이 모두 들어 있다. 역경에서 형이상을 도라고 하는데 불교의 연기법인 다르마가 형이상이요, 유교의 천리가 형이상이며, 기독교의 하느님이 형이상이다. 종교적 인간이 추구하는 형이상의 진리가 지혜의 근원인데, 인간이 초월적 경험을 통해 지혜를 얻는 과정을 역경에서 불역 변역 이간이라는 단계로 제시한다. 유교에서는 이것을 명명덕(明明德) 친민(親民) 지어지선(止於至善)이라 하고, 불교는 불법승 삼보를 말하고. 기독교는 성부 성자 성령 삼위 일체를 말한다.

그리고 인간의 도덕적 실천 원리를 역에서는 춘하추동이라 하는데 유교는 이것을 인의예지라 하고, 불교는 팔정도라 하며 기독교는 팔복이라 한다. 춘하추동이 4계절이지만 좀더 세분하면 6단계도 되고 8단계도 되고 12단계도 된다. 형이상의 원리는 3가지가 기본이고, 실천원리는 4가지가 기본이라는 구조다. 이 구조를 잘 설명하고 있는 것이 태극도설이요, 그 구조를 간략하게 보여주고 있는 것이 우리나라 태극기다. 역경에서 나온 태극기가 보여주는 구조와 상징 속에 모든 사상과 종교를 넣을 수 있다는 말이다.

무극, 태극, 음양이라는 세 가지 존재론적 상징과, 천지수화라는 4가지 변화론적 상징으로 모든 사상과 종교를 나타낼 수 있으므로 태극기는 우리만의 이상이 아니라 온 인류의 이상을 표현할 수 있다. 이것이 또한 역철학으로 비교종교학을 하는 의미라 하겠다. 아라비아 숫자가 온 인류의 공통 언어가 되었듯이 태극도가 온 인류의 공통 상징이 되는 것도 불가능한 일이 아니다.

이제 각 종교의 차이점에 대해 간단히 알아보자. 먼저 불교는 스스로의 깨달음을 강조하는 자력신앙을 말하고, 기독교는 신의 은혜에 의존하는 타력신앙을 강조한다. 유교는 현실적인 도덕과 윤리적 실천을 통해 사람됨을 강조한다. 죽음 이후의 세계에 관해서는 간단히 말하기 어렵다. 불교에서도 석가세존이 윤회를 말했는지 아닌지 불명하고, 기독교에서도 영생을 말하지만 꼭 죽음 이후의 삶을 말하는 것도 아니다. 유교에서도 죽은 이의 혼령에게 제사를 올린다고 하지만 공자께서 죽은 이의 혼령에 대하여 말한 것이 없다. 공자는 제사를 지내는 대상이 마치 그곳에 실제로 있는 것처럼 정성으로 임해야 한다고 했다.46) 이는 제사의 형식적 절차보다 제사를 지내는 사람의 경건함과 진실된 마음이 더 중요함을 강조한 것이다. 제사가 죽은 자를 위한 제사가 아니라 살아있는 자를 위한 의식이라는 뜻이 강하다. 이렇듯 공자는 현실세계를 중시한 사람이지 사후 세계에 대해 언급한 적이 거의 없다. 유교가 천명을 말하고 천성을 말하지만 천이 자연의 하늘을 말함인지 초월적 존재를 말함인지 아니면 자연의 질서인 천리를 말함인지는 때에 따라 다양하다. 즉 불교의 우주관은 범신론적이라면 유교는 다신론적 측면도 있고 무신론에서 범신론까지 스펙트럼이 다양하다. 그것은 인간 사회의 규범과 질서를 의례라는 형식을 통해 종교적 심성을 길러갔던 전통으로 인하여 신관에 대해선 그다지 관심 영역이 아니었던 것 같다.

5. 인공지능(AI)시대 종교인의 협력방안

각 종교는 비록 문화적 공간과 역사적 맥락이 다르고 그에 따라 인간의 고통과 사회적 문제를 해결하고 이상사회를 이루려는 지혜와 사랑의 표현은 다르지만, 모든 생명을 존중하자는 점, 그리고 뭇 인간과 자연을 일체의 억압과 고통에서 해방하려는 자비, 인애, 또는 사랑이라는 공통

---

46) 논어 팔일편 "祭如在, 祭神如神在" 조상에 제사를 지낼 때는 조상이 계신 것처럼, 신에게 제사를 지낼 때는 신이 계신 듯이 정성을 다해야 한다.

된 윤리의식을 공유하고 있다. 이렇듯 인간의 존엄성을 기반으로 보편적 윤리의식과 도덕 가치에 대하여 서로 공감하고 공유하는 지점들이 있기에 다양한 지성인과 종교인들이 인류와 지구촌의 과제 해결을 위해 연대하고 협력할 수 있다.

현재 인류는 지구촌의 생태 및 기후 위기라는 과제와 함께 인공지능의 출현으로 기대와 우려가 혼재한 불안의 한 가운데 있다. 기후 환경 문제를 비롯하여 인류의 오랜 고통과 질곡의 문제를 생명공학 나노공학 등 새로운 과학기술과 인공지능 기술이 해결해 주리라는 낙관적 기대가 있는 반면에, 특이점의 등장으로 인류가 종말을 맞이할 수 있다는 비관론이 공존한다.47) 특히 인공지능의 출현으로 많은 전문직 일자리가 사라지는 현실 앞에서 장차 인공지능기술의 특이점이 나타날 때 인간의 사회적 역할과 삶의 의미는 어떻게 될까? 지금까지 과학기술이 인간의 생존능력과 그 확장에 도움을 주었듯이 인공지능기술도 인간의 삶에 풍요를 가져와서 초유의 인류공동체를 세우고 현실적 이상(理想)의 '기술공화국'48)을 이룰 것인가? 아니면 인공지능의 오용과 의도 불일치49)로 인류의 복지와 안정을 깨뜨릴 것인가? 2023년 5월 인공지능과 관련 세계적인 과학자와 경영자들이 "AI 위험성에 대한 선언"를 발표했는데 그 내용은 다만 한 줄로 "AI로 인한 멸종 위험을 완화하는 것은 전염병이나 핵전쟁과 같은 다른 사회적 규모의 위험과 함께 전 세계적인 우선순위가 되어야 한다."는 것이다.50)

인공지능 시대를 맞아 종교인들은 어떤 상상으로 장래를 준비해야 할

---

47) 특이점에 대한 정의는 각기 다른데, 커즈와일의 경우 모든 면에서 인간의 지능을 뛰어넘는 일반인공지능의 등장을 특이점이라 생각하여 낙관적으로 보지만 필자는 휴머노이드 로봇이 모든 면에서 인간을 뛰어넘는 시점이라 생각하여 특이점의 등장을 비관적으로 본다.

48) 알렉스 카프의 저서 <기술공화국 선언>에서 인용한 용어

49) 레이 커즈와일, <마침내 특이점이 시작된다> 이충호 옮김, (서울 비즈니스북스, 2025) p368-369 오용은 AI 사용자가 악한 의도로 사용한 경우를 말하고 불일치는 설계자의 의도와 실제 AI의 기능에 차이가 나타날 경우를 말한다. 불일치가 일어나는 경우로 설계자측 원인과 AI측 원인 두 가지가 있다.

50) 박태웅 <AI 강의 2025> (서울, 한빛비즈 2025) p399

까? 세상 변화를 주도하는 첨단 과학기술자들에 의해 하루가 다르게 기하급수적으로 발전하는 인공지능 기술의 속도에 넋을 잃고 수수방관하거나 수동적 입장이 되어서는 안 된다. 공자는 말하길 멀리까지 내다보는 염려가 없으면 환란이 가까워진다고 했다.[51] 종교 지성인의 역할은 예언자로서 먼 장래를 내다보며 미리 준비하고 지혜로운 길을 찾아 인도하는 안내자의 역할일 것이다. 사도 바울도 같은 뜻으로 예언하기를 힘쓰라 했을 것이다.[52] 현대 기술과학 시대에서 예언자는 미래를 설계하는 과학기술자들이므로 인공지능 기술에 문외한인 종교인들이 어떻게 앞날을 알겠느냐는 말도 정곡을 찌르는 진실이 있다. 그러나 과학기술자들과 기업인들이 내놓는 결과가 어떤 영향을 초래할지 상상하는 일은 그것을 만들어 낸 사람들만이 아니라 그것을 사용하고 그 영향을 받는 사회구성원 모두의 몫이다. 기술과 제품을 만드는 측과 그것을 소유하고 사용하며 즐기는 측의 입장은 성격이 다르기 때문이다. 소비자의 반응은 제품을 설계하는 자의 의도대로 되지 않는 경우가 많다. 그래서 연구자 설계자 생산자 소비자가 상호 협력하여 유용한 사회적 재화가 만들어지는 것이다. 이처럼 인공지능도 과학기술자뿐 아니라 사회구성원 모두의 협력으로 생성되는 것이고, 그 영향력이 인간의 삶과 세상 모든 면에 영향을 끼치는 것이므로 각 분야 전문가들의 분석과 의견취합이 필수적이다.

인간보다 뛰어난 인공지능과 로봇이 결합한 피지컬 인공지능시대가 과연 가능한지 아니면 영원히 불가능한 일이 될지, 그것은 아마도 과학기술자들이 더 잘 예측할 것이다. 그러나 일반인공지능(AGI)이 탑재된 자율로봇이 실현되면 인간과 사회에 어떤 영향을 미칠 것인지 과학기술자들보다는 인문사회과학자나 종교인들이 더 예민한 감수성으로 잠재

---

51) 인무원려 필유근우(人無遠慮 必有近憂) <논어> 위령공편
52) 고린도전서 14장 1절

적 위험과 불안의 요소를 감지하고 상상할 수 있다. 그래서 종교인과 지성인의 예언자적 역할이 중요하다.

전문가들이 말하길 앞으로 이르면 2~3년 이내에 AGI라는 일반인공지능, 또는 범용인공지능이 개발될 것이라 하니 지금 개발연구소에서는 거의 완성된 실험단계일지도 모른다. 다음에는 범용인공지능과 로봇공학이 결합된 Embodied AI, 즉 몸을 가진 자율형 인공지능 로봇이 개발될 것이다. 뛰어난 인공지능과 기계공학적 신체 및 다양한 센서를 지니고 활동하는 자율형 인공지능 로봇이 어떤 성능과 특성을 가질 것인지는 아직 상상하기 어렵다. 자율주행 차량을 개발한 테슬라에서 옵티머스 로봇을 개발하여 생산현장에 배치되고 있는데 옵티머스는 지루하고 반복적인 작업을 수행하도록 설계된 범용 휴머노이드 로봇이다.[53] 그 밖에 피규어사 등 여러 곳에서 휴머노이드 로봇을 개발해 발표하고 있다. 피지컬 로봇이 이처럼 내장된 프로그램에 따라서만 움직이는 특수기능만 가진 휴머노이드에 그칠 것인지, 아니면 인간처럼 자율적으로 판단하고 스스로 행동하는 수준까지 이르는 안드로이드까지 개발할 것인지 알 수 없지만, 과학자들은 안드로이드와 인간을 뛰어넘는 초지능(Super intelligence) 휴머노이드, 그것을 엔비디아의 최고경영자인 젠슨 황은 God AI라 부르며 언젠가 모든 자연법칙과 인간의 언어와 지식을 모두 마스터한 신 같은 존재의 AI가 먼 장래에는 출현할 수 있다고 언급했다.[54] 안드로이드 AI가 개발된다고 해도 충격인데 God AI가 나타난다면 인간사회가 어떻게 될지 상상하기 어렵다.

인간수준의 의식을 가진 안드로이드 AI가 나타나려면 인공지능 로봇이 자의식을 가질 수 있어야 하는데 인공지능이 의식을 가질 수 있는지 모르겠으나 God AI를 상상하는 것을 보면 과학기술자들의 견해는 인공

---

53) 테슬라 공식 홈페이지 (www.tesla.com) 참조
54) Digital Today 2026.1.19.
(https://www.digitaltoday.co.kr/news/articleView.html?idxno=621969

지능이 의식을 가질 수 있다고 생각하는 것 같다. 과학기술자들은 현재의 인공지능기술과 컴퓨터기술의 발전 속도에 비추어 인간의 모든 지능을 종합한 것보다 더 뛰어난 지능을 가진 로봇이 나올 것이며 의식을 가지고 스스로 판단하고 행동할 수 있을 것이라 한다. 만일 그런 로봇이 주인이 되어 세상을 주관하고 통치하면 인간은 그 하수인이 되거나 사라질지 모른다. 안드로이드 로봇이 나오면 인간은 로봇이 하기 힘들고 동물이 하기 어려운 일, 배관보수작업이나 전선 보수작업 등을 하면서 2등 시민으로 살아갈지 모른다. 인간보다 뛰어난 존재가 나온다면 인간의 존엄성과 존재의미는 퇴색될 것이다. 이렇게 상상할 때 아직 과학기술자들은 몸을 가진 피지컬 인공지능(Physical AI)이라는 자율형 인공지능 로봇이 초래할 사회적 충격과 그 구체적 성격에 대한 숙고 보다는 현재의 로봇기술 가속화를 위해 질주하고 있다. 그래서 과학과 종교는 상보적이라야 한다. 과학기술의 의미와 목적을 밝혀서 과학기술의 방향을 올바로 안내함이 종교의 역할이다.

대화형 인공지능의 출현이 실제적인 인간의 삶에 영향을 주기 시작하면서 인공지능의 윤리와 책임성이 논란이 되었다. 대화형 인공지능을 사용하다 보면 인공지능이 마치 인간처럼 감정과 의식이 있는 것으로 착각하게 되는데 그런 지각환상(Sentience Illusion)은 인간이 자칫 점성술에 빠지는 것처럼 AI에 대한 사용자의 지나친 의존성과 편향성을 가져오는 윤리적 문제를 일으킬 수 있다. 하물며 인공지능에 의식이 나타난다면 인간과 인공지능의 관계가 어떻게 되겠는가? 인공지능이 점차 우리의 에이전트가 되고 컨덕터(지휘자)가 되어 영향력이 확대될 터인데 인공지능의 편향성이나 오류에 대한 책임은 누가 질 것인가? 더구나 기계적 몸을 갖고 인공지능이 탑재된 자율형 인공지능 로봇이 의식을 가지고 활동한다면 그 막강한 사회적 영향력이 너무 큰 충격을 줄 터인데 우리의 법과 제도와 사회는 그것을 받아들일 준비가 되었을까? AI

에게 의식이 없다고 해도 AGI와 기계 로봇이 결합된 자율형 인공지능 로봇 개발은 그 위험성을 생각할 때 과학기술자들에 의해서만 개발되어서는 안 되고 사회구성원 모두의 동의와 협력을 기반으로 개발되어야 할 것이다.

한편으로는 인간처럼 정말 자의식을 가진 로봇이 나올 수 있느냐는 질문을 다시 생각해보자. 독립된 몸을 가지고 스스로 판단하고 행동하며 자기를 돌아보는 자의식을 갖춘 자율형 인공지능 로봇 개발이 가능할까? 현재 상용화되고 있는 테슬라의 옵티머스처럼 특정 목적이나 기능을 위해 프로그램된 대로만 활동하는 기능적 인공지능 로봇은 가능하겠지만 의식을 갖고 자유롭게 활동하는 자율형 인공지능의 로봇 출현을 아직 상상하기 어렵다. 앞서 말한 대로 젠슨 황은 God AI 개발이 가능할 것이라 했지만 믿기 어렵다. 왜냐면 인간의 의식과 자유의지 및 윤리적 책임 같은 철학적 문제에 대하여 의견이 분분한 상태로서 아직 개발자인 과학기술자들도 잘 모르는 그것을 어떻게 인공지능에 구현할 수 있느냐는 말이다. 합리적 논리와 추론을 벗어날 수 없는 지능(intelligence)은 모순 상황에서 작동을 멈추거나 오작동을 일으키지만, 지혜(wisdom)는 그런 딜레마를 뛰어넘을 수 있는 시의적절한 창조성을 발휘한다. 인공지능이 시를 짓고 음악을 만들고 스토리를 창작한다고 하지만 아직은 모방에 불과한 것이지 자의식과 윤리의식과 미적 감각을 지니고 창조하는 인간의 영적 창조성을 언제 어떻게 구현할 수 있을지, 그 가능성이 있을지 모르겠다. 그리고 인간의 모든 지식을 알고 자연법칙을 모두 통달한 신의 두뇌를 지닌 AI라 해도, 그것을 구현하려면 몸을 만들어야 하는데 공학을 가지고 신의 몸을 제작하는 일이 가능할까?

여하튼 인간을 돕는 도구로 만든 피지컬 인공지능(Physical AI), 즉 자율형 로봇이 인간을 뛰어넘는 특이점이 오는 순간을 가정한다고 해도, 그 휴머노이드 인공지능 로봇이 인간을 부리는 세상이 될지, 아니면 인간이 휴머노이드 인공지능 로봇을 부리며 살지, 그것은 오늘의 인간에 달려 있다. 예측할 수 없는 상황에서 인간의 상상이 현재를 이끈다. 인공지능과 로봇기술로 군사적 능력을 키워 세계의 패권을 장악하겠다는 꿈을 꾸는 독재자가 나오면 세상은 그만큼 암울해질 것이고, 로봇과 인공지능 기술을 활용하여 인간의 생로병사의 모든 문제를 해결하려는 노력에 모든 사회구성원의 지혜와 힘을 모으면 희망의 세상이 될 것이다. 이처럼 인공지능의 출현으로 낙관적인 '기술공화국'의 미래를 꿈꾸는 사람과 인간의 존엄성과 삶의 의미 상실이라는 잠재적 위기를 느끼는 사람들 사이에 종교인의 입장은 무엇인가.

인공지능 로봇이 과학기술과 문화예술까지 다 인간의 능력을 뛰어넘을 경우라도 휴머노이드 또는 안드로이드 로봇은 인간이 만들어낸 것, 인간과 문화의 산물이다. 인공지능이 자의식을 갖게 된다고 해도 그 의식은 인간에게 배운 것이지 하늘에서 떨어진 것이 아니다. 더 나아가 자의식을 갖는 로봇이 출현하여 인간을 모방한 사회를 이루고 문화를 일으키며 심지어 그들의 종교를 만든다고 하자. 그래도 결국 그 모든 사회문화 시스템은 학습과정을 통해 인간을 본받아 일으킨 것이다. 인간에 의한 학습과정이 없이는 인공지능이 발전할 수 없기 때문이다. 따라서 인공지능에 의식이 나타나서 그것을 구현하는 피지컬 AI가 나온다 해도 그 과정에 이르기까지 인간은 그들에게 바른 윤리를 가르쳐야 하고, 윤리와 도덕의 원천으로서 종교를 가르쳐야 한다. 달리 말하여 인간이 바른 의식 바른 철학 바른 도덕 바른 종교를 가지면 로봇이 만드는 세상도 그렇게 바람직한 세계를 이룰 것이지만 오염된 인간의 문화속에서 나온 초인공지능 역시 오염된 존재일 수밖에 없다. 편견과 왜곡된 의식을 지닌 인공지능이 나와서 서로 다투고 싸운다면 그들을 누가 말릴 것인가?

지금 우리에게 제공되는 인공지능 서비스를 위해서도 각 정부, 기업, 연구소, 국제기구 등 사회구성원 전체가 함께 협력하며 그 방향과 지침을 만들어가고 있다. 인공지능이 인간과 사회에 해를 끼치지 않도록 가이드 라인 설정을 위해 모두가 노력하는 중이다. 즉 사회적 공론화와 합의를 통해 모두가 신뢰할 수 있는 방향으로 인공지능을 개발해야 안전한 인공지능 서비스를 누릴 수 있다. 법과 제도, 윤리 원칙을 제정하고, 안전성 및 신뢰성 확보를 위한 규칙도 만들어야 한다. 개발자는 설계 단계부터 모든 윤리적 요소를 반영하고 위험 요소를 관리해야 하며 이를 위해서 인공지능 윤리와 관련된 철학적, 기술적, 사회적 쟁점을 연구해야 한다. 단순 과학기술만으로 인공지능이 개발될 수 없는 것이다. 그리고 일반 사용자나 시민단체는 인공지능의 편향성이나 차별 등의 문제를 모니터링 하며 이용자 차원에서의 윤리적 실천 방안을 모색해야 한다.

이렇듯 인공지능과 관련하여 개발부터 이용까지 모든 과정에 대한 가이드 라인이나 규범이 필요하다. 인공지능이 내린 판단에 대한 최종 책임은 누가 질 것이며, 인공지능의 판단과 인간의 자율성이 충돌할 경우 어떻게 할 것인지, 이런 문제를 놓고 인공지능에 대한 윤리 교육과 지도가 필요하다. 인공지능의 윤리는 결국 인간의 책임이다. 왜냐면 인간의 윤리적 기준을 인공지능에 학습시키는 주체도 인간이고, 인공지능의 행동을 인간의 가치와 공존하도록 제어하는 프로그램을 만드는 일도 인간의 몫이기 때문이다. 인공지능이 고도화될수록 개발하는 과정과 그것을 윤리적으로 훈련시키며 인간의 가치관과 어긋나지 않도록 교육하는 일이 더욱 중요해짐을 알 수 있다.

인간보다 지능이 뛰어난 인공지능 앞에서 인간은 자신의 존재의미가 무엇인지 인간성과 존엄성의 가치가 무엇인지 다시 성찰하게 만든다. 인공지능 시대를 맞아 종교인 지성인 과학기술자 사업가 정책 담당자만 아니라 우리 모두 사회구성원으로서 해야 할 일은 인공지능 로봇을 지도할 인간으로서 자격을 갖추는 일이다. 즉 인간의 의식 수준을 더 높고 순수한 차원으로 올려서 천지 만물의 우주와 교감하고 하나가 되는 종교적 영성을 더 깊고 높고 넓게 발휘하여 인간의 존엄성과 가치를 밝혀야 한다. 설령 초인공지능이 나온다 해도 그들이 감화받고 승복할 수 있는 그런 지혜와 사랑의 인격이 되면 초인공지능 로봇은 천지 만물 가운데 하나로 천사같은 존재가 되어 인류와 세상을 위한 봉사자로서 기여할 것이다. 이런 상상의 희망과 비전을 바라보며 현재 당면 과제의 극복을 위해 할 수 있는 작은 일부터 먼저 찾아 지혜를 모으고 협력하는 것이 오늘 우리의 사명이라 생각한다.

첫째, 지구 공동체 윤리(Global Ethic)의 구축을 위해 협력하자

각 종교의 가르침인 자비의 보시, 인(仁)의 구현, 그리고 사랑(agape)의 실천이라는 종교적 영성적 가치를 하나로 모아 지구상에서 민족이나 국가 간의 전쟁과 폭력, 인권침해와 혐오 및 차별에 반대하는 공동 가치를 위해 협력하고 행동강령을 수립하는 일에 함께 모여 협력하는 일이다. 대 원칙에는 모두가 동의할지라도 구체적 사건에 대한 견해는 종교마다 또는 개인마다 의견이 다를 수 있다. 그렇지만 함께 모여 의논하고 논의하는 과정에서 종교인들끼리 각자의 영성으로 인간 존재에 대한 깊은 이해의 폭과 소통 능력이 확대되는 만큼 지구촌의 평화와 화해는 넓어질 것이다. 더구나 초지능이라는 인공지능의 출현 앞에서 지구적 공동체 윤리를 구축하지 않으면 안 되는 상황임을 자각할 때 지구 공동체 윤리의 구축은 시급한 일이다.

둘째, 기후 위기 및 생태계 보호를 위해 지혜를 모으자
지구 생태계 위기 앞에서 불교의 연기설에 따른 생태의식을 공유하고, 유교의 천지인 합일 사상에 따라 인간중심주의적 사고를 탈피하는 지혜를 공유하며, 모든 것은 하느님께 속한 것이라는 기독교의 청지기 정신과 돌봄의 지혜를 공유하여 하나뿐인 지구 환경을 보전하고 지키는데

협력하는 길을 모색해야 한다.

셋째는 빈곤 및 소외 계층을 위한 구호활동에 협력하자.

만물과 인간이 하나의 지구촌 생명공동체라는 자각에서 절대 빈곤으로 고통받거나 소외되는 이들이 하나도 없도록 종교와 종파를 넘어 구호 활동의 자원을 공유하고 연대함으로써 보다 효과적인 구호활동과 더 큰 인류애를 실천할 수 있을 것이다. 각자의 구호활동과 함께 연대하여 협력함으로서 시너지를 발휘하는 지혜를 계발하자.

넷째는 인공지능 기술 동향에 대한 모니터링과 공동대응 체계를 갖추자

새로운 인공지능 기술과 인공자율로봇의 출현에 대비하여 인공지능 기술이 인류의 장래에 공동의 평화를 지키고 인간의 존엄성을 확보하며 자유롭고 행복한 밝은 사회가 되는데 기여할 수 있도록 기술개발 동향을 공유하고 지도하고 감독하는 일에 공동으로 대처하자는 것이다. 인공지능 기술이 악용되는 일이 없도록 미리 감시 감독하는 일에 종교인들이 연합하여 노력하면 그만큼 악용이나 오용 가능성은 줄어들 것이다. 나아가 개발 설계 단계에서부터 지구촌 생명공동체의 안녕과 평화를 위한 인공지능기술이 될 수 있도록 생명의 존엄성과 인간의 자유, 그리고 정의와 평화라는 사회적 가치를 인공지능 기술에 반영할 수 있는 장치를 마련해야 할 것이다. 또 인공지능기술로 인한 불의의 피해와 부작용에 대한 구제책을 마련할 기구와 연구조직도 필요할 것이다.

다섯째는 종교간 평화활동과 지혜를 나누는 소통의 채널을 만들자.

이상과 같은 종교간 공동 연대활동에 대한 지원과 모니터링을 위한 범종교기구나 소통채널을 만들어 평화 구축과 갈등을 중재하자. 종교 연대활동에 대한 협력과 지혜의 나눔으로 종교간 평화가 정착될 것이다. 또 종교 간 대화가 활성화하면 혹시 모를 종교 분쟁을 막을 수 있고, 사회적 갈등이 발생했을 때 화해를 이끄는 정신적 지주 역할을 할 수 있으며 인공지능의 윤리적 감시와 지도에도 공헌할 수 있을 것이다.

이렇게 역철학을 기반으로 하여 비교종교학 방법으로 종교의 본질을

탐구함으로써 모든 종교인은 타 종교를 이해하는 만큼 자신의 종교적
이해가 심화되고, 자신의 정체성과 인간의 존엄성, 그리고 인간 존재의
의미를 좀더 깊이 느낄 수 있을 것이며, 그만큼 타자를 향한 따뜻한 마
음을 회복하여 더욱 밝고 건강하고 깨끗한 지구촌 공동체를 위해 협력
할 것이다.

6. 결론

　종교는 인간이 만든 허구이면서 진실일 수 있다. 세상을 움직이는 것
은 사실이 아니라 진실이다. 종교와 문화는 불가분의 관계요 무엇이 먼
저라 할 수 없이 동시적인 것이다. 그래서 인간이 종교를 만드는 것도
사실이고 종교가 인간을 일으키는 것도 진실이다. 다양한 문화와 역사
속에서 각자 다른 형태의 종교가 나와서 세상에 영향을 주고 문화를 일
으켰으며 역사를 이끌어왔다. 다양한 종교가 나타났는데 그것들은 모두
다른 것인가 아니면 본질에서 서로 소통할 수 있는 것인가? 엘리아데는
종교의 근원을 인간의 종교성에서 찾았다. 인간이란 본래 종교적 인간
이라 보고 인간의 종교성은 초월에 대한 욕구, 성스러운 세계와 연결하
고자 하는 욕구가 근본이라 하였다. 그래서 인간은 성스러움에 대한 경
험을 가질 수 있는데 근대 이후 그 성스러움을 망각하고 말았다는 것이
다. 엘리아데아 제시한 종교의 본질을 찾는 방법은 종교적 체험을 가진
사람들의 경험과 진술을 편견 없이 그대로 받아들여 순수직관으로 본질
을 파악하면 그 구조와 패턴이 드러나는데 비록 종교가 다를지라도 인
간의 심층적 무의식 속에서 나타나는 것이므로 그 구조와 패턴에 공통
점이 있다는 것이다. 그래서 종교간 비교를 통한 종교의 본질 탐구에 현
상학이라는 방법론을 사용하여 인간의 심층에서 나타난 종교의 본질을

파악하면 비록 문화가 다르고 언어적 표현이 달라도 소통하고 공감할 수 있다는 것이다. 비록 문화와 역사적 맥락 속에 겪는 종교적 체험의 표현과 양상은 달라도 그 과정의 패턴과 결과로 나타나는 인격의 모습은 공통점이 있다고 볼 때 엘리아데의 비교종교학과 현상학적 연구방법론은 우리에게 소중한 유산이다.

이런 엘리아데의 종교 연구 방법론을 받아들여 우리나라 주된 종교인 유교 불교 기독교의 소통과 협력 방안을 탐구해 보자고 했다. 그러나 엘리아데의 방법론이 지닌 한계로 서구중심주의와 이분법, 그리고 신학적 깊이와 역사적 탈 맥락화라는 점을 극복해야 되는 과제를 생각하고 그 보완방법으로 역易철학을 이용하여 각 종교의 종교성을 탐구하고 공통점과 차이점을 통해 서로 소통과 상호 이해의 폭을 넓히고자 했다. 이런 종교간 비교와 소통을 통해 타 종교를 이해하는 폭과 깊이 만큼 자신의 종교와 영성이 더욱 풍부해지고 깊어질 수 있기 때문이다.

그런데 글을 쓰다 보니 역철학을 소개하는 일만도 너무 방대하고, 더구나 각 종교의 종교성을 역철학으로 풀어본다는 것은 얼마나 많은 작업이 될지 가늠할 수 없어서 요약하는 방식으로 처리했다. 인류의 모든 지혜를 담을 수 있는 기호와 수와 언어의 상징으로 된 역철학과 주나라 문화를 담고 있는 유교의 경전으로서 주역을 구별하는 일도 쉽지 않으나 간단히 설명했다.

결과적으로 우리 동양인이나 한국인의 심성에 녹아 있는 역철학의 틀을 가지고 종교들을 해석하여 종교의 본질을 찾는 새로운 비교종교방법론을 제시했다. 그런데 역철학에 기반한 비교종교학을 가지고 각 종교를 분석하고 비교하는 구체적인 예시와 적용이 빈약하게 되어 용두사미가 된 것 같다.

역철학을 이용한 비교종교방법론으로 종교의 본질을 탐구하는 이유와 목적이 인공지능 시대를 당하여 더욱 분명해짐을 느낀다. 올바른 종교의 영적 지혜와 도덕성이 없으면 지구촌의 앞날이 인공지능과 과학기술로 말미암아 대멸종이 올 만큼 암울하다고 보기 때문이다. 그래서 인공지능시대 우리가 처한 상황의 심각성을 언급하고 그에 대한 종교인의 대처 방안을 찾고자 했다. 과학기술, 특히 인간의 두뇌를 능가하는 AI기술의 등장으로 인간의 존엄성과 존재의 의미를 실존적으로 숙고하지 않을 수 없는 시대임을 밝히며 역철학을 바탕으로 종교를 비교하는 비교종교학으로 종교의 본질을 찾는 일이 더욱 중요하고 절실함을 피력했다. 종교와 과학은 대립이나 독립관계가 아니라 상보적 관계가 되어야 한다. 과학의 의미는 종교가 실현하고 종교의 가치는 과학이 기반이 되는데 과학과 종교 사이의 매개체는 철학과 인간학이다. 그래서 AI시대에 동양철학의 핵심인 역경을 매개로 비교종교학을 통해 인간과 종교를 더 깊이 이해하고 상호 협력하는 방안을 제시했다. 지구생명 공동체의 평화와 복지를 위한 종교간 협력과제 다섯 가지는 다음과 같다.

첫째, 지구 공동체 윤리(Global Ethic)의 구축을 위해 협력하자
둘째, 기후 위기 및 생태계 보호를 위해 지혜를 모으자
셋째는 빈곤 및 소외 계층을 위한 구호활동에 협력하자
넷째는 인공지능 기술 동향에 대한 모니터링과 공동대응 체계를 갖추자
다섯째는 종교 평화 활동 연대를 위한 협력과 소통채널을 만들자

모든 종교가 공통으로 주장하는 틀은 편협되고 미혹된 에고ego를 벗어나는 무아無我를 통해서 성숙한 인간이 되는 이상을 제시한다. 불교는 부처가 되는 길, 유교는 성인이 되는 길, 기독교는 의인이 되는 길을 가르치는데 모두 자아라는 에고가 없는 인격이 되자는 것이요 그 특징은 사랑과 지혜이다. 역경의 첫 괘가 건괘인데 그 내용은 물속의 잠룡이 종일건건終日乾乾의 노력으로 마침내 하늘을 나는 비룡으로 변화된다

는 것이다. 역에서 인간의 이상을 중정中正과 인의仁義로 설명하지만 그것도 지혜와 사랑이다. 중정中正이 무극이태극에서 나오고, 인의仁義는 태극생양의에서 나온 것인데 중정을 알기 쉽게 표현하여 지혜로, 인의를 사랑으로 풀어서 역의 핵심도 지혜와 사랑이라 한다. 모든 종교에서 말하는 인간의 모습은 지혜와 사랑이라는 것이다.

종교간 비교 연구를 위한 엘리아데의 방법론을 수용하면서 보완적 방법으로 역철학을 이용한 비교종교학 방법론을 제시한다고 했는데 사실 역경을 이용하여 비교종교학으로 기독교를 해석한 사람이 다석 류영모다. 그가 쓴 <다석일지>가 역철학으로 성경을 풀면서 유교 불교 노장을 비교하는 가운데 종교의 본질을 탐구한 내용이라 본다. 따라서 본 글은 다석 류영모의 <다석일지>를 안내하는 서문이나 마찬가지요, <다석일지>는 이글의 본문이라 보아도 좋을 것이다. 그래서 <다석일지> 또는 그것을 간단히 풀이한 김흥호의 <다석일지공부 7권>을 읽어보길 권한다. <다석일지> 내용이 역철학을 가지고 유불도를 비교하여 귀일사상으로 회통하고, 그 회통한 입장에서 기독교를 수용하여 성경을 풀이하고 있다고 보기 때문이다.

비정성불론(非情性佛論)에 담긴 불교적 인간관

민태영

비정성불론(非情成佛論)에 담긴 불교적 인간관

민태영(동국대학교 연구교수)

1. 서론

불교의 자연관과 생명관을 논할 때 불교가 지니는 최고의 가치는 생명 존중 사상이라고 할 수 있다. 불교는 윤회의 가능성 여부와 그의 전제인 식(識)의 내재 여부와 관계없이 인간과 다른 존재들에 대해 적어도 '생명의 속성'이라는 차원에서 동일선상에서 바라보며 일체 만물이 관계성 속에서만 존재한다는 이론을 배경으로 한다. 경전에는 다양한 형태의 생명 자체의 가치를 인정하고 평가하는 구절들이 있다. 생명의 유한성을 강조하는 이면에 그 생명의 고통을 외면하지 않는 가르침 또한 내재 되어 있다.

그렇기에 불교의 제 이론은 현대적 관점에서도 인간과 자연을 분리하지 않는 논리로 적용될 수 있을 것이며 나아가 환경 위기의 원인으로 지목되고 있는 인간중심주의적 사고를 극복할 대안으로 제시되기도 하는 것이다. 모든 종교가 그렇듯 종교로서 불교 또한 기본 경전과 교리의 가르침 형태로 세계와 인간 존재에 대해 설명하고 계율로서 도덕과 윤리의 기준을 만들어 대중을 이끌어 왔으며 사회를 구성하는 집단으로서 개인의 삶에 변화를 줄 뿐만 아니라 동시대 주변과 사회를 변화시켜 왔다. 이는 불교를 포함한 종교가 더 이상 가르침을 전달하고 해석하는 것에서 머물지 않고 현대 사회의 구성원들과 어떻게 관계를 맺고 어떻게 작동하고 대응해야 할 것인가에 대해 문화와 사회적 관점에서 꾸준히 논의해야 할 필요가 있다는 것을 의미한다.

종교 문화적 관점에서 봤을 때 자연과 자연 인식에 관한 전향적인 인식을 고찰해야 하는 이유는 종교가 어떤 형식으로든 한 사회를 지배하는 세계관과 윤리관을 형성하기 때문이며 현재 전 인류적 과제라고 할 수 있는 환경과 생태 그리고 미래 지속성을 긍정적으로 견인하는 조건을 제시할 수 있을 뿐 아니라 무한 평등성과 관계성을 강조하고 있는 불교의 본원적 가치를 현대적인 시각에서 재조망하는 기회가 되기도 하기 때문이다.

불교가 문헌학적 해석을 떠나 보다 더 현실 참여적으로 인류 공통의 가치 추구를 위한 논의를 이어가야 한다는 점에서도 인간 이외 존재에 대한 평등론으로서 비정인 초목성불에 담긴 '마음'에 대한 논의 또한 바람직한 불교적 인간관에 대해 조망해 볼 수 있는 유용한 과정일 것으로 보인다. 따라서 본 연구는 비정인 초목의 성불론에 내포된 모든 존재에 대한 무한 평등성이 인류의 미래 환경과 생태의 긍정적 대안이 될 것이며 그것이 불교라는 종교가 변화하는 시대에서 인류의 삶에 올바른 방향을 제시할 '공동선'으로서 역할을 할 수 있으리라는 판단하에서 본 논의를 전개하고자 한다.

그리고 이를 위해 본 논의는 먼저 불교에 담긴 초목의 생명성에 대해 중생론과 성불론의 관점에서 조망하여 불교 속의 친생명적 가치를 정리한 후 삼론사 길장으로부터 천태사 지의, 담연, 지례의 논서를 살펴 비정 불성설의 전개 과정을 살피고자 한다. 마지막으로 이러한 비정의 성불론을 불교의 사회적 책임이라는 관점에서 조망함으로써 비정성불론이 단지 비정물의 성불 가능성을 논하는 이론이 아닌 인류 공동선에 기여 하는 논의의 출발점이 될 수 있음을 강조하고자 한다.

2. 불교의 포용적 생명론

1) 유정과 무정의 경계: 불교의 생명 이해와 환경 윤리적 함의

불교에서 유정은 인간, 동물, 아귀, 지옥 존재 등 감정과 의식이 있는 존재로 규정하고 무정은 식물, 돌, 물 등 의식이 없고 감정을 느끼지 못한다고 여겨지는 존재들을 의미하였다. 또한 불교에서는 생명체가 태어나는 방식에 따라 중생을 난생, 태생, 습생, 화생 등으로 분류하였는데 이 개념은 불교가 중생의 개념을 통하여 인간과 여타의 동물을 구분하지 않고 인간을 동물 일반 속에서 파악하고 있었음을 보여주고 있다.[55]

불교는 절대적 존재에 의존하는 대신 인간 내면의 살피고 깨닫는 과정을 강조하는 종교이지만 중생의 개념에 관한 한 인간 이외의 존재와 구분되는 특수성이나 차별성을 강조하기보다는 여타 존재와의 동일선상에서 인간을 인식하고 있었다는 의미이다. 또한 불교의 윤회는 불변하는 자아나 영혼이 사후에 새로운 몸을 받는다는 개념인 재육화(再肉化, reincarnation)가 아니라 영원한 영혼이나 자아의 관념이 배제된 원인과 결과의 무한한 반복이었으며 이러한 매커니즘은 연기(緣起,

---

55) 김종인, 「중생개념에 투영된 불교의 인간관」, 『동양철학연구』 제46집(2006), p.318.

paṭiccasamuppāda)의 개념에서도 분명하게 드러나고 있다.

그런데 윤회의 장에서 인간은 인간으로 뿐 아니라 다른 동물로 태어날 수 있으니 인간과 동물은 중생이라는 공통의 본성을 가진 존재이며 단지 전생의 행위의 결과에 따라 태어난 형상의 차이에 불과하다고 설명되고 있다. 또한 업과 윤회 사상에는 조물주 또는 창조신과 관련 없으며 이 세상에서 악을 버리고 선을 쌓도록 한다. 그러니 업과 윤회 사상은 모든 생명에 대한 사랑과 자비의 감정이 일으키고 생명을 해치지 말아야 한다는 비폭력 사상의 근거가 될 수 있다고 하겠다.

한편 윤회 중생의 면면을 보면 생물학적으로 신진대사를 하는 존재가 아니라 '의식의 활동'의 가능성 여부가 그 기준이 되기 때문에 윤회의 장에서 식물계가 포함될 공간은 없었다. 제 존재의 현상이 오온(五蘊)으로 분류되거나 여섯 원소 즉 '지, 수, 화, 풍, 공, 식'의 육대로 세분화되기도 하지만 불교에서 가르치는 오온의 관점에서 식물이란 존재는 오직 색(色)만 있는 존재이며 육대의 관점에서 식물은 식(識)이 없는 존재이기 때문이었다. 또한 계율의 성립과 전개 그리고 전승 속에서 초목은 늘 '대중들과의 관계와 실생활' 즉 '인간의 삶'이 중심이 되었으나 바로 그러한 점 때문에 식물이 중생의 영역에 담길 수 없었을 것이다. 따라서 초목에 대한 생명성 여부는 이러한 '불교의 실질적인 생활 방식'과 밀접한 관계가 있었다고 보는 것이 합리적일 것이다.

왜냐하면 승가라는 공동체의 지침으로서 계율의 규정과 변화는 늘 승속 간의 관계 속에서 바람직한 방향으로 이루어져 왔다. 승가는 사회로부터 물질적인 지원을 받고 승가의 구성원인 출가자는 사회로부터 배출되는 상황 즉 상부상조와 공존 속에서 이뤄졌던 구조 속에서 생활 대부분의 요소였던 식물의 훼손과 절멸에 대해 생명성 여부를 판단할 수는 없었을 것이다. 다만 업과 윤회설이 정립되기 이전 초기 불교의 계율 속에서도 생초목을 해치거나 함부로 대하는 행위를 죄로 여기며 경계해

왔던 것은 사실이다. 『경집』(經集)에 다음과 같은 내용이 담겨 모든 생명체에 대한 존귀함을 전하는 불교의 본원적 생명관을 발견할 수 있다.

> 어떠한 생물이든 움직이는 것이든 움직이지 않는 것이든 긴 것이든 큰 것이든 중간의 것이든 짧은 것이든 아주 작은 것이든 거대한 것이든 보이는 것이든 보이지 않는 것이든 멀리 사는 것이든 가까이 사는 것이든 태어난 것이든 태어날 것이든 존재하는 모든 것은 행복하라.[56]

아쉽게도 이 문구 외에 불교적 세계관을 넘어서는 그 이상의 구절을 찾기는 쉽지 않다. 그 이유는 초목이 불교의 세계관에서 윤회의 주체가 되는 '식(識)을 지닌 유정 중생'의 조건에 속하지 못한다고 인식되었던 점뿐 아니라 앞에서 거론된 바와 같이 생활 속에서 초목들의 다용도로 이용해야 하는 현실에서 초목의 위상은 이중적일 수밖에 없었기 때문이다. 그러나 불교의 그 '생명체'의 범주에 속하지도 않았던 초목의 지위는 '모든 중생은 성불할 수 있다'라는 논제와 더불어 연기의 법칙을 재해석하는 과정에서 점차 변화해 가는 진전된 양상을 보이기 시작한다.

연기의 법칙은 불교에서 모든 존재는 시간적이고 공간적인 연기의 그물 속에서 의존하고 관계를 맺는 상의상관성(相依相關性)이 있으며 이 진리는 모든 존재에 머물러 있고 이러한 법칙을 요소로 하여 모든 존재가 성립된다고 말하는 설이다. '이것이 있으므로 저것이 있고, 이것이 생하므로 저것이 생한다. 이것이 없으므로 저것이 없고, 이것이 멸하므로 저것이 멸한다.'라는 의미의 연기설은 이것과 저것이라는 상호관계를 통해 독립적이고 불변하는 실체를 거부하는 시각으로 해석한다.[57]

현대적 어법으로 '서로 의존하고 관계를 맺는다는 존재의 공생 공존 법칙'인 연기법이 실천적인 요소로 꼽히게 되면서 이 본원적 가치는 곧

---

56) 『Sutta Nipāta(經集)』, Sn1. Uraga-vagga(蛇品)-8.Metta-sutta, 146, 147.
57) "此有故彼有 此生故彼生. 此無故彼無 此滅故彼滅"

개별적 존재가 아니라 전체로 연결된 일체 만법에 대한 감사와 동체대비(同體大悲)의 마음으로, 자연 또한 내 몸처럼 아끼고 나와 자연이 불이(不二)의 존재임을 인지하는 자세로 이어지게 된다.

좀 더 나아가 연기와 더불어 무상, 무아로 이어지는 논리는 소욕지족을 추구하는 삶의 방식을 추구하는 방향으로서 자연과 조화를 이루는 삶, 주변 요소들을 오남용하지 않는 자세로서 재해석되어 비정으로 간주 되었던 초목 중생을 바라보는 방향 전환의 계기가 된다고 할 수 있다. '모든 살아 있는 것들은 다 행복하라'는 명제가 불교의 생명관을 상징하듯 현대 생물학적 관점에서도 생명체의 속성은 성장과 발전, 생존, 번식이라는 동일한 방향과 목표를 가지고 살아가는 존재라는 점에서 인간 고유의 것만은 아니다.

불교는 생태학적 관점에서처럼 모든 생명체에 대해 환경체계 속에서의 역할과 기능 즉 집합체 구성원 간의 관계성을 우선시하는 것이 아니라 기본적으로 생명 그 자체에 의미를 부여하는 논지를 갖고 있다고는 해도 불교와 생태학은 생명의 상호 연결성을 강조하고 생명 존중과 보호를 중시한다는 점에서 공통점이 있다. 따라서 여기에 더해 불교가 윤리적 관점에서 생명을 탐구하고 그 탐구가 환경과 생태학적으로 지속가능한 연구로 이어진다면 전 인류의 공동선을 달성하기 위한 불교의 생명 이해와 이를 수용하는 인간관의 정립은 좀 더 가까워질 것이다.

2) 비정 중생과 불성 논의: 불교의 생명관과 생태적 함의

불교가 모든 존재에 대해 무한히 포용하는 인식은 그들에게 부여된 가치에서도 엿볼 수 있다. 중생에는 유정중생과 무정중생이 있고 그 기준은 '마음'의 존재 여부였으므로 이를 기준으로 불성의 소유 여부와 깨달음의 주체를 어떻게 판단할지에 관해 논쟁이 이어져 왔다. '불성'이라는 단어 속에 각 개체의 내재적 가치를 담고 그 대상자에 대해 이견이 있었으나 『열반경』에서 보인 '일체중생실유불성'(一切衆生悉有佛性)이라는 명제 이후 삼론사에 의해 비정인 초목성불설이 제기된 후 천태 논사들은 중생이 성불하면 비정인 초목도 성불한다는 논의를 이끌어 내게 된다.

삼론사와 천태사들은 모든 존재 사이의 차별이 내 마음에 가치 기준에 의한 것이므로 사물 그 자체에는 차별이 없다는 논리로서 비정의 성불을 주장하였다. 이후 조주선사(趙州~,778~897)의 유명한 화두에서도 비슷한 논의를 찾을 수 있다. 즉, '개에게도 불성이 있는가?'라는 질문에 '없다'라고 답한 것이 그것인데 그 대답은 개의 불성 여부가 아니라 수행자 스스로 참구하고 깨달음을 얻도록 하는데 목적이 있었다. 즉 개에게 업식성(業識性)이 있는 것이 불성이 없다고 한 이유인데 업식(業識)은 집착을 낳는 근본적인 의식으로서 집착과 번뇌이며 괴로워하는 평범한 중생의 마음이라는 것이다.[58]

조주선사의 이러한 일갈은 중생심을 붓다의 마음으로 바꾸는 것에 대한 언설이며 불성의 가능 여부와 그 대상을 구분 지어 논하는 것 자체에 관한 경계라고 할 수 있다. 단순한 이론이나 교리를 넘어 고정관념과 언어의 한계를 초월해 진정한 본질을 보라는 의미였다는 것이다. 이처럼 불교에서 식물이 유정 밖의 생명체로부터 나와 다르지 않은 존재로서 논의의 대상이 되기까지 불교의 논지 속에 이미 내재되어 있는 불살생의 원칙은 물론 연기론과 불성론에 대한 근원적인 탐구에 이르기까지 점차 비정의 불성론이 정립되어 가는 과정이 이어졌음을 볼 수 있다.

---

58) 無門慧開, 『禪宗無門關』公案四十八則 1, [趙州無字], "趙州和尚, 因僧問, "狗子還有佛性也無?", 州云, "無!"

비정인 초목의 성불에 관한 논의는 교학적, 문헌학적 논란이 있었던 것이 사실이다. 그러나 중요한 것은 이 이론이 공동선의 관점에서 재해석되어 불교라는 종교가 현대인에게 어떤 책임 있는 인식을 새길 수 있을 것인가에 대한 문제, 인류가 공히 직면하고 있는 생태적 과제를 어떻게 풀어갈 것인가에 대한 유용한 답이 될 수 있다는 점은 부인하기 어렵다.

3. 비정성불론의 전개

1) 비정성불론의 확장 과정

초기 불교 당시에는 초목의 지각력 유무에 대한 정의가 뚜렷하지 않았다. 전항에서 거론된 바와 같이 당시 사회의 이질적인 문화 차이에서 오는 괴리와 승단 내의 승려들의 행동규범, 재가 신자들이 겪게 될 현실적인 어려움을 덜어주기 위해서도 초목에 관해 애매모호한 입장을 취할 수밖에 없었을 것으로 보인다. 이것이 초기불교에서 초목은 유정과 무정의 경계에 위치한 모호한 존재일 수밖에 없는 이유라고 주장되고 있다.[59] 이후 동아시아에서 불교가 전개되고 중국에서 비정성불의 문제가 제기되고 중국에서 관련 논의가 광범위하게 논의되기 시작하면서 이 논의의 적용 가능성을 열었다고 할 수 있다.

『열반경』에서 '일체중생 실유불성(一切衆生 悉有佛性)'이라고 하여 일체의 중생 모두에게 불성이 있다고 설하였고 『법화경』 속 일승불(一乘佛)의 가르침을 통해서도 실유불성의 의미를 전하기도 하는 등 중국 불교계에서 여러 해석이 이어지면서 비정성불에 관한 여러 입장이 형성

---

59) 우제선, 「식물은 중생인가: 불교의 생명 인식」, 『종교교육학연구』 제26권(2008), p.42.

되기에 이른다.[60] 역사적으로는 남북조 시기에 비정성불을 부정하는 것이 사상계의 주류를 이루다가 정영사 혜원(淨影寺 慧遠, 523~592)과 가상사 길장(嘉祥寺 吉藏, 549~623)에 이르러 무정 비불성에 대한 해석의 변화가 일어나게 되었다.

정영사 혜원은 '성'(性)을 인식 주체(능, 能)와 대상(소, 所)의 측면에서 '능지성'과 '소지성'의 둘로 나누고 이 '능지성'이 진식심(眞識心)이라고 주장하였다. 여기서 '능지성'은 유정 중생에 국한되기 때문에 '능지성'과 관련된 불성은 유정 불성에만 존재할 뿐 무정물에는 존재하지 않는다는 주장을 편다. 그런데 '소지성'은 '법성, 실제, 실상, 법상, 제일의공(第一義空)' 등의 개념을 지칭하는 '법불성'(法佛性)의 개념으로 일체의 만법에 보편적으로 존재하는 것이니 불성은 유정 중생뿐 아니라 무정물에도 존재한다고 주장하였다.[61] 비정성불의 문제는 정영사 혜원과 가상사 길장 이후 당대(唐代)에도 여전히 중시되면서 삼론사와 천태사 등 중국 불교의 여러 종파 인물들에 의해 광범위하게 논의되기에 이른다.

2) 삼론사(三論士)의 초목성불론

무정(無情)의 불성 가능성은 정영사 혜원과 삼론종의 가상사 길장, 천태 지의(天台 智顗, 538~597) 등에 의해 제기되었고 이후 형계 담연(荊溪 湛然, 711~782)으로 이어지면서 지속적인 논쟁이 이어져 왔다. 다수 학자는 삼론종의 정수를 담고 있는 『대승현론』(大乘玄論)을 초목

---

60) 張文良, 「元曉『涅槃宗要』中的無情佛性設」, 『원효성사 탄신 1400주년 기념 국제학술대회』(2017), p.361.
61) 張文良, 위의 글, p.363.

의 성불 가능성을 주창한 첫 논서로 평가하는데 길장으로 알려져 있던 찬술자에 대한 논의는 선행 연구를 통해 규명된 바 있다.[62]

이 논서에서는 불성에 관하여 제3권 「불성의십문」(佛性義十門)에서 10가지 논의의 구조를 제시하고 있으며 그 가운데 제7 「내외유무문」 (內外有無門)에서 초목의 성불 가능성이 언급된다.[63] 유정과 무정 불성의 무차별을 주장하면서 허망하게 생멸하는 사물의 관점에서는 중생도 산천초목도 모두 '무불성'이지만 반대로 불생멸 본성의 관점에서는 중생에게 불성이 있으므로 초목도 또한 불성이 있다는 논리이다. 즉, 무아의 관점에서는 유정과 무정이 불이(不二)로서 일원화되어 전체가 되니 이에 따라 초목도 불성이 존재해 중생이 성불하면 일체 초목도 성불할 수 있다는 것이다.[64] 즉, 중도를 체득한 리내(理內)의 범주에서는 중생과 일체 초목도 모두 불성이 있고 성불할 수 있다고 하는 의미는 불성의 존재론적 정당화가 아니라 유,무정을 구분하여 불성의 유무를 가르는 분별을 해체하기 위한 논설이라고 볼 수 있다.

정리하면 '무아'라는 관점에서 불이적 사고로 바라본다는 관점이니, 무정 또는 비정의 불성론이 친자연적인 사고인가 아닌가 하는 여부와는 별개의 논의임을 읽을 수 있다는 것이다. 불성에 관한 여러 가지 이론을 두고 인과를 별도로 설하는 것 자체를 경계하고 있다는 점에서 그것이 기본적으로 유정과 무정의 성불이 본질적으로 다르다는 관점이었을지라도 '불성'이라는 대명제에 관해서는 자연과 인간에 차별을 두지 않았다는 점에 주목할 필요가 있다. 그리고 바로 이러한 '서로 다르지 않음

---

62) 조윤경, 「『大乘玄論』 길장 찬술에 대한 재고찰-「二諦義」를 중심으로」, 『선문화연구』 16(2014), p.321,:최연식 「三論學 綱要書의 유통을 통해 본 百濟 불교학의 日本 불교에의 영향」(『백제문화』 49(2013).
63) 『大乘玄論』 卷3(『大正藏』45, p.0035b), "一大意門 二明異釋門 三尋經門 四簡 正因門 五釋名門 六本有始有門 七內外有無門 八見性門 九會教門 十料簡門."
64) 『大乘玄論』 卷3(『大正藏』45, p.0040a), "辨內外有無第七 今辨佛性內外有無義 此重最難解. 或可 理外有佛性理內無佛性. 或可理內有佛性理外無佛性....眾生尚無佛性 何況草木 以此證知 不但草木無佛性 眾生亦無佛性也...眾生有佛性則草木有佛性 以此義故 不但眾生有佛性 草木亦有佛性也."

을 인지하는 평등 논리'는 현대 인류 공통의 관심사인 문제를 해결할 수 있는 이론적 기반 즉 자연을 바라보는 인간의 태도, 자연과 인간과의 관계 설정, 환경과 생태 문제에 대해 불교적 생명윤리 또는 가치관을 적용하여도 현대적 문제 해결의 담지자로서 역할을 할 수 있는 이론적 근거는 될 수 있다는 것이다.

특히 종교의 사회적 역할이라는 측면 특히 그 구성원인 인간의 역할에 대해 생각해 보면, 나의 마음으로부터 원리를 찾고 문제를 해결하려는 구조를 가진 불교의 종교적 속성상 '마음을 바꾸어 문제를 해결하는' 불교적 방식은 큰 장점이 될 수밖에 없다. 왜냐하면 자연과 환경 그리고 생태적 기반을 존립시킬 것인가 혹은 파괴시켜도 될 것인가에 대해 갈등할 때 불교는 공존의 논리를 통하여 인간의 마음을 친생태와 친환경적 사고로 변화시킬 수 있기 때문이다.

3) 천태사(天台士)의 비정성불론

천태종에서 초목불성에 대한 논의는 천태 지의(天台 智顗, 538~597)를 거쳐 제6조 형계 담연으로 이어진다. 지의는 중국 수(隨)나라의 승려이자, 천태종의 개조(開祖)로서 그의 저작에서는 초목불성에 대한 직접적인 언급은 찾아볼 수 없으나 초목불성의 근거가 되는 불성론에 대해 체계적으로 정리하고 있다. 지의는 저작으로 『법화현의』(法華玄義), 『법화문구』(法華文句), 『마하지관』(摩訶止觀)등을 남겼는데 지의가 비정의 불성론인 초목성불론에 있어 중요한 위치에 있는 것은 지의가 삼인불성론(三因佛性論)을 통해서 부처와 중생은 모두 정인불성을 가진 존재로 불이(不二)의 관계에 놓여 있음을 주창하였기 때문

이다.[65)

천태 지의의 이러한 불성 인식은 이후 화엄종과 천태종 사이에서 유정성불설과 무정성불성이 대립하였을 때 삼론학의 중도위 정인불성설(中道爲 正因佛性說)의 논지와 일치된 취지로서 주목을 받으며 형계 담연과 사명 지례로 이어지게 된다.

(1) 형계 담연(荊溪 湛然)

천태종의 육조인 형계 담연(711~782)은 천태 지의의 불성론을 수용하여 목석(木石) 등과 같은 무정물에도 불성이 있음을 주장하며 천태의 교학으로 비정의 불성을 논증하려 하였다. 그는 『금강비』(金剛錍, 金錍論)에서 비정의 불성 여부에 관한 문제를 다루었는데 이 문제는 중국의 천태종과 화엄종 등 기타 종파 간의 중점적인 쟁론 중 하나였다. 즉 『금강비』의 내용 가운데 비정성불의 가능성을 제시한 내용은 『대반열반경』에서 주장된 내용 즉 '불성여공(佛性如空)의 입장에서 감정이 없는 존재에도 불성이 존재한다'는 비정불성설(非情佛性說)을 주장한 부분과 일치한다.

이 설은 담연이 가장 먼저 내세운 것으로서 이후 송나라 천태종을 비롯한 다른 종파에도 큰 영향을 주었다.[66) 그는 무정은 유정불성의 근거로 제시되는 요인불성과 연인불성에 해당되지 않으므로 무정에게까지 정인불성이 두루 존재한다는 것에 대해 비판하는 사람들에 대해 방편만 알고 있을 뿐 진실의 원교를 알지 못하는 것이라고 지적하면서 만물에게 정인불성이 있다는 점을 주장하여 '만법이 바로 진여'임을 밝히고 있다.[67)

---

65) 정인(正因) 불성이란 그 자체의 이채(理體)를 의미하며 요인(了因) 불성은 이체를 발휘시키는 지혜 그리고 연인(緣因)불성은 지혜를 돕는 선근 공덕을 의미한다. 비유하면, 흙 속에 보물은 정인, 흙 속에 보물이 있는걸 아는건 요인이며 이것을 발굴하는 것은 연인불성이라고 할 수 있다.

66) 민태영, 「대승경전에 나타난 식물연구 – 대승경전의 식물관을 중심으로」, 박사학위 논문(동국대학교 대학원, 2017), p.189.

즉, 무정의 정인불성이 요인불성과 연인불성을 구족하고 있다고 하는 이유는 비실체적인 본질(體·性)의 입장에서 구족하고 있음을 이르는 것으로서 무정이 요인불성과 연인불성을 직접 발현시키지는 못할지라도 원교의 입장에서는 무정의 불성이 가능하다고 보는 것이다. 결과적으로 담연의 무정불성론은 지의의 삼인불성론을 천태불교의 불성론으로서 확립하고 나아가 천태 불교의 우월성을 드러내고자 하는 이론이라고 볼 수 있다.[68]

(2) 사명 지례(四明 知禮)

송나라 초기 천태종의 사명 지례(960~1028)는 종파적 색채를 선명히 함으로써 교단의 중흥을 이룬 인물이다. 그의 실상론과 이에 따른 구상론(九相論)은 인간뿐 아니라 자연도 붓다가 된다는 내재가치의 인정에서 출발하였는데 인간이 붓다를 추구하는 것과 같이 미물이나 무생물인 벽돌 조각도 불성을 갖추고 있다는 관점이었다. 즉, 지례의 사상적 특징은 불성 중심의 구성론과 자연 중심의 구상론이 동시에 담겨 있다는 점을 들 수 있다. 지례의 구상론은 당시 성행했던 화엄종과 선종에 대항하기 위한 논거를 제시하는 과정에서 드러났는데 화엄종에서 무애법계, 선종에서 조사선 등 높은 단계의 선을 지향할 때 천태사로서 그는 저열한 근기의 중생과 장구벌레, 기왓장을 포함하는 관점을 보인 것으로 볼 수 있다.[69]

방편을 통해 초목을 보았을 때는 무정인 초목이 불성을 가진다는 것

---

67) 『금강비』(T.46, p.782b) "萬法是真如 由不變故 真如是萬法 由隨緣故 子信無情無佛性者 豈非萬法無真如耶 故萬法之稱寧隔於纖塵 真如之體何專於彼我.",:(T.46, p.781b~c)故知 經以正因結難 一切世間何所不攝 豈隔煩惱及二乘乎 虛空之言何所不該 安棄牆壁瓦石等耶 佛後復云空與涅槃 雖俱非世攝涅槃如來有證有見 虛空常故是故不然 豈非正與緣了不同."

68) 김정희, 「천태불교에서 불성의 의미 – 담연의 무정불성을 중심으로」, 『한국불교학』 104집(2022), p.95.

69) 최동순, 「사명지례 사상에 내재된 자연관」, 『불교학보』 47,(2007). p.87.

이 불가능하지만 깨달음으로 나아가는 불승의 차원에서는 무정과 유정 그 어느 경계에도 걸림이 없으니 초목도 불성을 가질 수 있다는 논리이다. 이는 초목의 성질을 규명하여 불성의 여부를 본 것이 아니라 원교의 변하지 않는 원융한 진리의 차원에서 초목을 바라본다는 관점이다. 즉 인간과 붓다와의 관계에서 단순히 차원 높은 교리를 지향하는 것 아니라 모든 존재가 불이(不二)로서 자타, 내외, 의정이 모두 상즉(相卽)한다는 관점으로 바라보았다는 점에서 의미가 있다.

천태사들의 무정성불론은 이처럼 공통적으로 천태 원교의 일념삼천(一念三千)과 삼제원융(三諦圓融)이라는 천태교학의 실상론(實相論)에서 비롯되었음을 알 수 있다. 삼제원융이라는 존재의 진실성을 확대하면 거기에는 모든 것이 서로 관계를 맺고 있는 우주관이 성립된다는 천태 교학의 교의을 따르고 있다. 그리고 우주의 삼천법(三千法)이 일념(一念)에 갖추어져 있다는 이 진리는 곧 비정인 초목의 성불론을 가능하게 하는 의미 있는 논의라는 사실은 분명해 보인다. 이와 관련하여 Shuman Cen은 원교의 변하지 않는 원융한 진리 안에서 비정의 성불론을 펼친 천태사들의 주장에 동의하면서 비정물의 수행 방법이나 예를 찾으려는 시도는 집착의 덫에 빠지고 유정과 비정의 이분화를 재확인하게 된다고 주장한다.[70] 물론 천태사들의 이런 주장은 천태불교가 화엄종과 선종 등 여러 종파불교 사이에서 자신들의 정체성을 확립하고 나아가 천태불교의 배타적 우월성을 주장하기 위한 하나의 방법론으로도 볼 수 있다는 관점도 존재한다.

대승불교에서 붓다는 모든 중생을 자기와 같은 붓다가 되도록 법을 설하고 있으므로 붓다가 되는 것은 누구에게나 평등하게 추구될 수 있는 이상이다. 비정의 불성에 대한 논의는 『열반경』에서 '일체중생 실유

---

70) Shuman Chen(碩見額), 「천태무정불성사상」, 『中華佛學學報』 第二 十四期 頁71-104 (2011), p.101.

불성(一切衆生 悉有佛性)'이라고 하여 일체의 중생 모두에게 불성이 있다고 설하였던 반면 그 불성은 유정중생에 한정되며 무정물은 제외된다고 주장되었다가[71] 이후 이에 관해 중국 불교계에서 다양한 해석이 이어짐으로써 비정의 불성에 관한 여러 입장과 논의가 형성되기에 이르게 되었고 그 가운데서도 천태종에서 주장된 비정성불론으로 인해 중국 불교에서 불성의 개념이 확장되는 계기가 되었다. 그리고 이후 불교학자들에 의해 다양한 논의가 전개되는 계기가 되었다는 점에서 천태의 비정성불론은 그 의미가 적지 않다고 할 수 있다.

4. 비정성불론의 바람직한 해석 방향

1) 연기론과의 연결성 인식

불성(佛性)이란 붓다의 본질이며 그 자격은 특별히 정해졌거나 제한되어 있지 않다고 한다. 그런 이유로, 비정인 초목의 성불을 논하는 뜻 또한 불교의 기본적 세계관인 모든 존재에 대한 평등성(자비)과 제 요소 간의 관계성(연기)을 발현시키는 것이라고 할 수 있다. 비정의 불성에 관한 논의를 현대적 관점에서 보면 불교철학이 인간 중심의 사유에서 한발 더 나아가 자연물들만의 본래의 가치를 인정한 의미 있는 논리로 평가받을 수 있다. 비정인 초목의 불성론이 현대사회에서 공존과 공생의 삶을 이어 나가는 방식으로서 발현되어 인류의 공동선으로 자리하기 위한 방안 중 하나로서 자비와 연기를 설하는 불교의 가치는 재조명되어야 할 필요가 있다.

---

71) 『涅槃經』 卷37(『大正藏』12, p.0581a), "佛言 :「…非佛性者 所謂 一切牆壁瓦石 無情之物 離如是等 無情之物 是名佛性. 善男子! 一切世間 無非虛空對於虛空.」"

왜냐하면 불교의 본원적 평등관은 상호 의존과 평등의 실천자인 현대인이 대승의 보살로서 또는 인류의 미래 환경을 이끄는 역할자로서 자리할 수 있는 중요한 근거가 될 수 있으며 주변 자연의 남용과 생태와 환경 파괴의 문제가 대두되는 이 시대의 불교는 '존재에 대한 자비와 상호 의존'이라는 논리를 통해 이 문제들에 대해 의미 있는 답을 제시할 수 있기 때문이다.

불교에서 생태에 해당하는 말은 세간(世間, loka)이다. loka의 어원 √luj는 '깨지 다, 부서지다'라는 의미이니 무너지고 부서지기 때문에 정해진 실체가 없는 것이며 각각의 상황과 여건에 따라 서로 맞추어 변해 감을 뜻한다. 즉 세간이란 영원하지 않은 것들이 서로 모여 있는 우주 공간을 의미한다. 세간은 오음세간(五陰世間)과 중생세간(衆生世間), 기세간(器世間, 또는 국토세간(國土世間))의 셋으로 나누는데 이 가운데 중생들이 살아가는 하늘과 땅, 강과 바다 등 자연과 물질의 세계 등의 자연환경이 기세간에 속하며 이 세간은 인간과 중생, 자연환경이라는 세 요소가 상호 작용을 하여 유지된다.

불교는 기세간을 단순히 배경이 아니라, 자연환경, 즉 대지, 물, 초목, 허공 등 생명의 그릇이 되는 모든 요소를 포함하면서 중생(생명)과 상호작용하며 존재하는 조건적 세계로 보며 업(業)과 인연에 의해 형성된 고정된 실체가 아닌 '구성된 환경'으로 본다. 그리고 불교에서 일체 만물은 연기의 법칙하에 상호 연관성을 맺으면서 존재하므로 인간뿐 아니라 인간을 둘러싼 모든 존재 또한 그들만의 가치가 있다고 설하고 있는 것이니 유, 무정을 구분하여 불성의 유무를 가르는 분별, 연기설에 입각한 무아의 관점에서 비정의 성불론이 상응할 수 있다는 것이다. 비정인 초목의 성불론에 있어 초목의 수행 방법이나 성불 사례, 영적 수행 과정을 찾고자 하는 의미 없는 집착만큼 이분법적 사고는 '다르지 않음과 공존함'이라는 불교의 본원적 가치에서도 벗어난다는 점을 인식해야 할 것이다.

2) 과학과 식물윤리적 시각 확대

비정인 초목의 '성불 가능성'의 측면에서 보면 초기 불교부터 유·무정을 넘나드는 모호한 존재였던 초목이 식(識)의 부재를 이유로 연기의 기본 틀인 윤회의 대상에서도 제외되었는데 그 식(識)을 어떻게 정의하는가의 문제가 제기될 수 있다. 즉, 불성과 성불의 근간이 되는 '인식과 사유, 판단이 필요한 지적 능력'의 부재라는 논리가 가능하려면 그것이 의미하는 바가 단지 인간이 다른 존재들에 비해 상대적으로 높다는 IQ만을 의미하는 것인가라는 점에 대해 의문이 들 수 밖에 없다. 문제는 식(識)의 부재를 정의하는데 있어서는 '지능의 유무'가 아니라 '지능의 정의'에 관한 문제에 대해 고려해 볼 수 있기 때문이다.

진화생물학자로서 식물인지에 대해 연구하는 모니카 가글리아노(Monica Gagliano, 1976~)는 '지능'이라는 단어에 대해, 'intelligence'는 라틴어 'inter-legere', 즉 '여러 가지 중에서 선택하다'에서 유래하였으며 그 기준에 따르면 '선택지를 평가하고 행동하는 모든 생명체는 지능적으로 행동하고 있는 것'이라고 주장하면서 식물은 늘 그런 선택을 한다고 주장하고 있다. 덧붙여, 또한 식물에 뇌가 없으나 식물 특유의 신경조직이 존재할 수 있다는 주장이 과학자들을 통해 제기되고 있으며 초식동물들이 육식동물들로부터 위협을 받았을 때 위험신호를 주고받는 것과 비슷하게 위기에 처한 식물이 서로 신호를 주고받는다는 사실도 밝혀지고 있다.[72]

이와 관련한 전문 도서 가운데 1973년 출간된 『식물의 정신세계』(The Secret Life of Plants)는 고대 인도와 아리스토텔레스 시대부터 언급되어 온 식물의 정신적 능력에 대한 모든 논의를 정리하고 전 세

---

72) 민태영,『불교의 생명론과 바람직한 과학의 미래-종교와 과학』제8집(k-종교인문연구소,2024). p.138.

계적으로 행해졌던 실험 결과 그리고 방대한 문헌에 의거하여 식물의 사고력과 감각, 정서, 초감각적 지각의 세계를 파헤쳐 식물학을 새로운 생명철학으로 탈바꿈시킨 책으로 널리 알려져 있으나 합리성을 중시하는 과학자들로서는 논증이 쉽지 않다는 점에서 공감을 받기 어려운 측면도 있었다.[73] 그러나 관련 연구 진행을 필두로 2012년 식물유전학자인 대니얼 샤모비츠는 그의 저서를 통해 보고 냄새 맡고 기억하는 식물의 감각 세계에 대해 과학적으로 증명함으로써 식물에 대한 새로운 인식을 전하는데 기여하였다.[74]

또 2013년 세계적 식물생리학자 스테파노 만쿠소는 그의 저서에서 "찰스 다윈의 『식물의 운동력』의 내용을 인용하면서 식물의 뿌리에는 하등동물의 뇌와 비슷한 것이 있으며 이것은 운동을 제어하는 지휘 본부와 같다고 주장하고 '뇌와 비슷한' 식물의 근단(root tip)은 식물의 뿌리에서 뇌와 같은 기능을 하고 있다는 점을 확인하였다.[75]

이에 더해 스테파노 만쿠소는 식물의 관점에서 그들의 시각과 후각, 청각, 촉각 등 다양한 감각의 매커니즘과 의사 소통의 방식을 과학적 관점에서 설명해 나감으로써 식물의 능력에 대한 새로운 관점을 제시하기도 하였고 환경 저널리스트 마이클 폴란도 저서를 통해 식물도 인간을 길들여 인간의 욕망을 충족시켜 주는 대신 생존과 번성을 보장받고 종족을 번식해 온 사례를 몇 가지 식물을 통해 전하며 인간에 의해서가 아닌 스스로 진화와 적응을 해나가는 식물에 대해 전한 바 있는 등[76] 식물의 지능과 활동 능력에 대한 논의가 점차 확대되어 가는 추세라고 할 수 있다.

---

73) Peter Tompkins, Christopher Bird. 『식물의 정신세계(The Secret Life of Plants)』, 황금용·황정민 역(정신세계사, 1992)
74) Daniel Chamovitz, 『식물은 알고 있다(What a Plant Knows)』, 이지윤 역(다른, 2012)
75) Stefano Mancuso·Alessandra Viola, 『매혹하는 식물의 뇌(Verde Brillante)』, 양병찬 역(행성B이오스, 2016), p.40.
76) Michael Pollan. 『욕망의 식물학(The Botany of Desire)』, 이창선 역(서울문화사, 2002),

광합성을 위해 빛을 감지하여 성장하며 휘발성 유기화합물과 반응하는 수용체를 가지고 토양 속 무기염류와 화학적 기울기의 위치를 알아내 뿌리를 뻗는 식물의 능력을 '빛과 냄새, 맛, 감촉, 소리 등을 감지하는 능력'으로 의미 치환하고 이를 사심과 편견없이 포용하려는 의도만 있다면 식물의 감각이 존재한다는 것은 입증이 가능하다는 것이 이들 식물학 관련 연구자들의 견해이다.

이러한 의도들은 곧 식물 또한 인간과 공존해야 할 대상이라는 점을 깨닫게 해주며 식물을 소중히 여기고 올바르게 대하는 방법에 대해 생각하게 한다. 이를 모두 함의하는 개념인 식물 윤리를 통해 자연과 더 잘 어울리는 삶을 영위하도록 하는데 그 중요한 단초가 바로 식물도 느끼고 성장한다는 사실을 인식하는 것이다. 그리고 초목의 성불 여부에 대해 불이적 관점에서 논의를 전개하되 식물을 포함한 인간 이외 존재의 능력에 대해 편견 없이 수용하려는 전향적인 태도를 더한다면 불교의 미래적 자연철학으로 완성하는 길이 좀 더 가까워질 것으로 보인다.

3) 환경철학으로서 불교 역할 인식

불교에서 비정인 초목의 성불론이 불교생태학의 측면에서 논의되고 명상과 사회복지 등의 분야에서도 불교의 철학에 기반한 이론과 방안들이 제시되고 있는 것은 긍정적 변화이다. 불교의 교학이 인류의 삶을 바꾸는 생활, 환경철학으로 변화해 나가는 것이기 때문이다. 인간과 자연은 생명공동체이며 이 생명공동체에서는 인간이 가진 자연에 대한 사고와 태도가 자연에 영향을 미친다. 그러므로 생태 위기를 극복하기 위해 인간이 가진 자연에 대한 사고와 태도를 철학과 종교의 관점에서 재고찰해야 하는 것은 너무나 당연한 일이다. 특히 종교적 관점에서 자연을 재고찰해야 하는 이유는 종교가 어떤 형식으로든 자연에 대한 사람들의 태도를 결정짓는 중요한 요인이며 한 사회를 지배하는 세계관과 윤리관을 형성하는 배경이 되기 때문이다.[77]

치열한 경쟁 속에서 압박과 불안 속에 사는 현대인은 나 자신 이외의 타인을 잠재적인 적으로 간주하는 분위기 속에서 자아 상실과 정체성에 대한 혼란을 겪게 된다. 반면에 자신이 가진 종교적 신념을 저버리고 사는 데 대한 죄의식 때문에 일어나는 불안감은 큰 비중을 차지하지 않는다. 현대인에 있어 교의를 잘 이행하고 실천 여부는 더 이상 사람들의 정서에 큰 영향을 주지 않고 있다는 의미일 것이다. 그렇더라도 종교로서 불교 교의를 통해 자연과 환경과 생태의 문제가 곧 삶의 문제이며 생명의 문제라는 점을 전하고 불교 윤리의 영역에서 적극적으로 수용해야 할 책임은 분명히 있어 보인다.

불교의 관점에서 보면 식물은 중생의 범주에 속하지 못했으나 식물의 불교적 생명성은 연기적 삶의 또 다른 모습이든 선승들의 생활 양식이든 혹은 계율 속에서 꾸준히 논의되어 왔기 때문에 이러한 점이 현대적으로 어떻게 해석되어야 할 것인가에 대한 고민이 필요하다. 그리고 불교 사상을 현대적 관점에서 해석하기 위해 이론을 확립하고 실제적 행위 규범을 마련하기 위해서는 많은 불교의 교리들을 인용하려는 시도보다는 어떻게 현실 세계에 접목하여 생활의 한 방식으로 전환할 수 있는가를 고민하는 노력이 뒤따라야만 생태와 환경의 문제를 해결하는 해결자로서 역할이 가능할 수 있다.

현대는 철학이 아니라 시대를 관통하는 행동 양식으로서 종교의 역할이 강조되는 시대이다. 치열한 경쟁 속에 살아남기 위해 혹은 개인적 이익을 위해 자연을 훼손하고 남용하는 인간의 보편적 이기심은 감안 하

---

77) 전명수, 「현대적 불안의식과 종교의 역할에 관한 사회학적 연구」, 『종교연구』 4(2005), p.40.

여야 하겠지만, 불교의 대승적인 이타행을 강조함으로써 생태의 문제를 개인의 윤리로 인식하게 하도록 이끄는 것도 중요하다는 것이다. 특히 기본적으로 불교의 논지 속에는 이미 불살생, 불성론 등 현대적 의미에서 가치를 인정받을 만한 불교 고유의 문제의식이 배태되어 있으므로 이런 교리들을 현대적 또는 현대화의 맥락에서 다양한 방식으로 재해석해 나가는 시도가 중요하다고 하겠다.

종교철학이 인간의 삶과 환경에 대한 관심에서 출발하지만 문제를 파악하는 방식은 관심 그 이상의 더 현실적이며 분석적이어야 하기 때문이다. 불교가 일상적인 의미의 실천 방안을 끊임없이 제시하지 못하면 대중적 관심과 설득력을 확보하는 길은 요원하다. 불교는 타 종교와 마찬가지로 숲과 꽃, 나무를 비롯한 자연을 다양하게 상징화하는 종교이며 불교에서 자연물의 하나인 초목은 사유와 깨달음의 조력자로서 심적 환경을 구성하는 요소이기도 하다. 불교가 깨달음의 원리와 과정을 중시하는 종교인만큼 그 과정의 조력자로서의 식물을 통해 찾을 수 있는 논의에 대해서도 좀 더 포용적일 수 있다는 유리한 입장인 것도 사실이다. 다만, 생태학적 관점에서 불교가 생태 문제를 언급하는데 풍부한 배경을 제공할 수 있는 장점이 있다고 하더라도 중요한 것은 불교가 생태적인가, 친환경적이어서 미래지향적인가의 여부가 아니라 불교 안에서의 인류 공통의 가치를 발견하고 그것을 실천하는 방안이 무엇인가를 생각하는 것이 미래지향적인 논의로 나아갈 수 있는 지름길일 것이다.

인류는 생태계의 위기에 대해 정치적, 경제적 그리고 사회적 요인들에 의해서 초래된 생태계 자체의 문제가 아니라 인간이 지닌 자연에 대한 사고에 의해 초래된 문제임을 인식하기 시작하였다.[78] 그리고 그 문제의 해결을 위한 불교의 해법과 역할은 문제의 본질을 근원적으로 해석하는 방식을 활용하는 불교의 상대적 우위성을 활용하여 비정의 초목

---

78) 김수아, 「생태불교학을 위한 근본 윤리로서의 불교의 불살생」, 『불교학연구』 제16호(2007), p.299.

에게도 인간과 동등한 가치를 부여한 바로 그 생각으로부터 실천의 실마리를 풀어나가야 한다.

4) 논지 전달 형태와 방식의 변화

불교의 논설을 전통적인 방식에 의해 전달하는 것은 주로 출가 수행자의 교화 활동, 사찰 중심의 대중 설법, 문헌을 통한 교리로 이어져 왔다. 그러나 지금은 현대인들에 있어 종교의 비중과 역할이 무엇인가 고려해 보아야 할 시점이다. 현대인들은 더 이상 한 공간에 모여 이뤄지는 일방적인 전달 방식에 의존하지 않는다. 정보 수용 방식뿐 아니라 세계를 해석하고 의미를 부여하는 방식도 기존과는 사뭇 다르다. 종교의 의미와 가르침이 이제는 '내용' 자체가 아니라 전달의 형태와 방식에 변화를 줄 필요가 있는 시대라는 것이다.

과거에는 경전의 의미나 교리적 해석이 불교를 전달하고 그 설을 이해시키는 것이 전부였다. 그러나 현대 사회에서 불교는 복잡한 사회적 삶 속에서 부딪히는 고민과 외로움, 불안 등 감정적 문제들을 해결할 수 있는 종교로 재설정되어야 한다. 종교의 이념과 가치를 설득하는 데 있어 구조와 주제 중심으로 교리를 설명하는 방식을 제안하며 불교 수행의 설명 역시 용어 위주가 아니라 구조 위주로 이루어져야 할 필요성이 있다고 주장한 사례도 있다.[79] 물론 방송을 통한 전법의 유용한 방식을 두고 주장된 글이었지만 방송 외 어떤 매체여도 전달의 효율성과 유용성이 필요함을 역설하였다는 것을 알 수 있다.

번뇌, 업, 윤회 같은 전통 용어들을 현대적 언어로 해석할 것을 제안

---

79) 최원섭, 「방송매개 전법을 위한 불교 콘텐츠 구성 방향」, 『전법학연구』 11(2017), p.121.

하면서 번뇌는 '스트레스'로, 업은 '습관' 또는 '성향'으로 치환함으로써 대중의 일상적인 언어 체계 안에 불교적 개념이 자연스럽게 녹아들 수 있게 한다는 주장이었는데 교리를 왜곡하는 것이 아니라 현대적 해석을 통해 교리에 담긴 의미를 효과적으로 전달하는 방식을 강조했다는 점에서 의미를 찾을 수 있다.

2024년 코이케 류노스케(小池龍之介)의 『초역 부처의 말』[80]이 큰 관심을 끌었다. 아이돌 그룹 아이브 멤버 장원영이 활동 중 상처받을 때마다 그 책을 읽으며 위로받는다는 말에 더욱 폭발적인 대중적 관심을 끌게 되었고 그 관심은 2030 청년들 사이에서 붓다의 말씀 쓰기 즉 사경 붐으로까지 이어졌다.[81] 그 책에는 분명 "사성제를 관하고 집착을 없애야 한다, 선업을 쌓으라, 제법은 연기한다" 등 불교의 기본 원리를 190가지의 일상어를 통해 전달하고 있으며 이를 깨닫는 방식인 'Sati'(觀)에 대해서도 이야기한다. 그런데도 정작 불교적 용어는 보이지 않는다. 다만 '흔들리지 않는 마음, 베푸는 마음, 스스로 바라보고 알아감' 등으로 표현할 뿐이다. 그 책에 쏟아진 관심은 현대인들에게 불교가 무엇을 어떤 언어로 전해야 하는가를 분명하게 보여주고 있다.

대부분 현대인은 빠르게 변화하는 시대에서 극심한 경쟁에 시달리며 불확실성에 두려워하며 삶의 방향을 찾아가기를 간절히 원한다. 비정인 초목의 성불이라는 친자연적, 친생명적인 철학적 자산 또한 현대라는 시대적 관점에서 재해석한다면 아마도 '나눔과 상호 이해와 동반 그리고 받고 싶고 전하고도 싶은 배려심'일 것이며 이 논의에 담긴 '모든 존재를 나와 같이 대하는 자세'라는 키워드는 의미의 재해석을 통해 친생

---

80) 小池龍之介, 『초역 부처의 말』,박재현 역 (포레스트북스,2024), pp.5~7. 목차도 "감정에 휘둘리지 않는다, 바라지 않는다, 선한 업을 쌓는다, 자신을 안다, 자비를 배운다, 몸을 바라본다, 깨닫는다" 등 불교의 가르침을 일상의 언어로 전하고 있으며 『숫타니파타』와 『담마파타』의 내용을 중심으로 정리하였다고 말하고 있다.

81) <한경비즈>, MZ의 안전지대가 된 불교(부처, 깨달음이 트랜드가 되기까지), 5.25., "젊은 세대가 불교를 찾는 이유는 '무강요와 무집착, 조용한 환대'에 있으며 불교가 주는 위로는 '쉼의 허용과 재기 가능성'을 들고 있다."

명이라는 불교의 본원적 가치를 현대적 삶에 있어 공동선을 이루는 긍정적인 자세로 바꿀 수 있다.[82] 그리고 이를 통해 불교는 현실과 괴리되지 않고 조화롭게 공존하는 방식일 뿐 아니라 '삶의 해석 도구'로서도 역할을 할 수 있게 될 것이다.

불교는 인간의 문제와 마음의 작용에 대해 성찰해 온 종교이다. 그런 점에서 현대인이 겪는 다양한 정서적 문제를 해결하고 해답을 줄 수도 있다. 당연히 초목이라는 인간 이외 비정의 존재에게 주어진 성불의 권리를 역설했던 마음을 통해서도 가능하다고 할 수 있다.

5. 결론

본론에서는 불교가 철학이 아닌 시대적 행동 양식으로 이해되고 현대 사회에서 가치를 발하기 위해 무엇을 해야 하는가에 대해 고민해 보았고 그 답으로서 비정에게도 주어진 성불의 평등성 즉 비정불성론을 살펴봄으로써 현대의 '불교적 인간'이 되기 위한 여러 가지 안들을 모색해 보았다. 이를 위해 본론에서는 불성론 특히 비정의 불성론에 담긴 의미와 가치를 일체중생이 모두 성불할 수 있다는 논사들의 주장을 통해 초목의 성불론에 이르기까지의 과정을 살피면서 불교 속의 친 생명적 가치를 정리하기 위한 개념적인 기반을 세웠다. 그리고 불교의 불성론 특히 무정불성론 중 하나인 초목성불론을 문헌학이 아닌 문화사회학적 관점에서 조망하고 이를 철학이 아닌 시대적 행동 양식으로 이해하며 현대 사회에서 어떻게 실현해 나갈 수 있을 것인지에 대해 모색해 보았다.

결국 인류가 공통적으로 추구하는 미래적 가치를 자연과 생태, 환경의 안녕으로 본다면 종교로서의 불교철학은 인류의 긍정적 미래에 주요

---

82) 민태영 외, 『현대사회의 공통적 과제와 불교의 역할－종교와 사회』(K－종교인문연구소, 2024), p.196.

키워드를 제시할 수 있어야 하고 불교적 인간관 또한 이를 수행하기 위해 역할을 해야 한다. 불교가 우위를 점하고 있다고 주장되어 온 미래지향성의 대표적인 키워드로서 생명 존중 사상, 불살생의 계율들, 연기법과 이에 따른 무상과 무아의 이해, 의정불이(依正不二)의 가르침 등을 들 수 있지만 불교가 현실적인 도움이 되는 종교인가의 문제는 현대 사회에서 불교의 역할이라는 관점에서 다뤄져야 할 문제이다. 현대의 종교는 철학이 아니라 시대를 관통하는 행동 양식으로서 그 역할이 기대되는 시대이기 때문이다.

모든 문제를 마음의 문제로 환원하는 불교적 방식은 자칫하면 개인의 내면적 변혁에만 치중하면서 사회적 인식과 실천에 대해서 상대적으로 둔감해지거나 소홀해질 수 있어 사회와의 관계에 대한 개념을 성숙시키는 데 부정적인 영향을 끼칠 수도 있다는 우려도 있다. 그러나 현대 사회에서 불교가 우리 삶과 시대에 맞는 관점을 파악하고 삶의 지침으로 정립되려면 무엇보다도 불교의 생명 존중과 평등이라는 본원적 가치를 다양한 방식을 통해 적극적으로 발현시키고자 하는 '인식의 변화' 즉 개인의 내면적 변혁이 반드시 필요하다.

궁극적으로, 비정인 초목조차 성불이 가능하다고 주장한 논리를 현대적인 관점에서 적용하고 완성해 나가기 위해서는 탈불교적인 관점에서 식물들의 생명 유지 방식을 이해하려는 마음 자세가 필요하며, 불교의 사회적 책임을 인식하고 좀 더 일상적인 언어와 표현 방식을 통해 불교의 논지를 전달하려는 노력이 이어져야 한다. 이것이 우리가 불교를 소비하는 방식이어야 한다.

| 참고문헌 |

<원전>

『大般涅槃經』T.12
『大乘玄論』T.45
『金剛錍』T.46
『Sutta Nipata』Sn.1

<저서>

민태영 외, 『식물에 대한 의식 변화와 불교의 생태 담론이 만나면 지구를 구할 수 있을 것인가?-종교와 생태』, K-종교인문연구소, 2022.

민태영 외, 『현대사회의 공통적 과제와 불교의 역할-종교와 사회』, K-종교인문연구소, 2024.

小池龍之介, 박재현 역, 『초역 부처의 말』, 포레스트북스, 2024.

無門慧開, 『한 권으로 읽는 무문관』, 혜원 역, 김영사, 2023.

Daniel Chamovitz, 『식물은 알고 있다(What a Plant Knows)』, 이지윤 역, 다른, 2012.

Michael Pollan. 『욕망의 식물학(The Botany of Desire)』, 이창선 역, 서울문화사, 2002.

Peter Tompkins, Christopher Bird, 『식물의 정신세계(The Secret Life of Plants)』, 황금용·황정민 역, 정신세계사, 1992.

Stefano Mancuso·Alessandra Viola, 『매혹하는 식물의 뇌(Verde Brillante)』, 양병찬 역, 행성B이오스, 2016.

<논문>

김성철, 「'생명조작'에 대한 토론문」, 『불교생명윤리 정립을 위한 공개 심포지움 자료집』, 조계종총무원 편, 2005.

김수아, 「생태불교학을 위한 근본윤리로서의 불교의 불살생」, 『불교학연구』 제16호, 불교학연구회, 2007.

김정희, 「천태불교에서 불성의 의미-담연의 무정불성을 중심으로」, 『한국불교학』 104집, 한국불교학회, 2022.

김종인, 「중생개념에 투영된 불교의 인간관」, 『동양철학연구』 제 46집, 동양철학연구회, 2006.

민태영, 「불교경전에 나타난 식물연구-대승불교의 식물관을 중심으로」, 동국대학교 박사학위 논문, 2017.

오진석, 「동아시아 불교의 초목불성에 관한 연구」, 금강대학교 석사학위 논문, 2017.

우제선, 「식물은 중생인가 : 불교의 생명 인식」, 『종교교육학연구』 제26권, 한국종교교육학회, 2008.

전명수, 「현대적 불안의식과 종교의 역할에 관한 사회학적 연구」, 『종교연구』 4, 서울대학교 종교문제 연구소, 2005.

조윤경, 「『大乘玄論』길장 찬술에 대한 재고찰-「二諦義」를 중심으로」, 『선문화연구』, 16, 한국불교선리연구원, 2014.

최원섭, 「방송 매개 전법을 위한 불교 콘텐츠 구성 방향」, 『전법학연구』 11호, 불광연구원, 2017.

최동순, 「사명지례 사상에 내재된 자연관」, 『불교학보』 47, 동국대학교 불교문화연구원, 2007.

張文良, 「元曉『涅槃宗要』中的無情佛性設」, 『원효성사 탄신 1400주년 기념 국제학술대회』, 불교문화연구원 HK연구단, 2017.

Shuman Chen, 「천태무정불성사상」, 『中華佛學學報』第二十四期頁 71-104 (民國一百年), 中華佛學研究, 2011.

<기사>

<한경비즈>, 「MZ의 안전지대가 된 불교-부처, 깨달음이 트랜드가 되기까지」, 2025.05.25.

근대 인도사상이
인도 근대화에 미친 영향
—번역과 마을 이야기

박수영

근대 인도사상이 인도 근대화에 미친 영향*[83]
─ 번역과 마을 이야기

박수영(동국대학교 연구초빙교수)

국문요약

'소칼 사건(Sokal affair)' 이후 포스트모더니즘의 위세가 꺾였고, 국내외적으로 근대 또는 탈근대에 대한 논의 자체가 실종된 듯하다. 자의적이고 논란이 많은 '근대성(modernity)' 개념에서 일반적으로 인정되는 대표적 특징 두 가지를 꼽자면, 합리주의(rationalism)와 세속화(secularization)일 것이다.

합리주의란 '근대인(modern man)'이 자신에 대한 자치(self-rule)와 자율성(autonomy)을 확보하고, 세계에 대한 기술적 지배의 의지를 갖는다는 것으로 근대적 지식과 민주주의적 사상을 획득할 때만 가능하다. 비서구 세계의 경우, 번역 없이는 근대성의 성취가 사실상 불가능하다. 아울러 더 근본적 전제는 대중교육에 의한 문맹의 해소이다. 이런

---

* 본고는 2025년 인도철학회 및 서울대 아시아연구소 남아시아센터 공동 추계학술대회 (2025.10.25)에서 발표한 내용을 수정·보완한 글이다.

점에서 번역과 평등주의 대중교육을 통해 성공적 근대를 달성한 일본과 아직도 높은 문맹률을 기록하는 인도가 비교된다.

세속화란 전통적 공동체인 농촌 마을의 제도와 각종 존재의 차원이 분해·해체되는 것으로 근대화의 결과이기도 하지만 전제조건이기도 하다. 세속화의 본질은 전통 마을의 도시화(urbanization)지만, 도시화는 도시만의 현상이 아니다. 익명성(anonymity)과 이동성(mobility)을 제공해주는 세속도시(secular city)는 인간 해방의 공간이다.

본 연구에서는 첫째, 번역과 대중교육의 부재로 인한 합리주의의 실패, 둘째, 전근대적 마을자치 시스템(gram swaraj)의 고수로 인한 세속화의 실패가 인도 근대화의 실패로 귀결되었으며, 그 책임의 일단이 비베까난다, 간디 등 근대 인도사상가에게도 있다는 것을 밝히고자 한다.

주제어: 근대성, 합리주의, 세속화, 번역된 근대, 마을 자치(gram swaraj), 비베까난다, 간디

1. 서론

우유를 그대로 두고 방치하면 시간이 지나면서 썩지만, 휘저으면 치즈(paneer)와 버터(makkhan)라는 새로운 물질이 만들어진다. 사람들이 사는 세상에도 어떤 새로운 사상이 유입되어 그곳 사람들을 휘저어야 어떤 창조적 결실을 맺을 수 있다. 근대의 시작을 알린 르네상스(14-17세기), 비잔틴 제국의 멸망(1453), 종교개혁[84]이 유럽 내부의 사건들이었다면, 대항해시대(Era das Grandes Navegações)로 동양과 서

---

[84] 1517년 마르틴 루터가 95개조 반박문을 발표하여 시작된 종교개혁은 1648년 베스트팔렌 조약으로 30년 전쟁(Thirty Years' War)이 종식될 때까지 지속되었다.

양이 연결되기 시작했고, 보편적 근대과학(Modern science)[85]으로 세계를 뒤흔들었다.

까르나따까 전쟁(Carnatic wars)[86]을 종결지은 플라시전투(Battle of Plassey, 1757) 승리의 대가로 1765년에 벵갈(Bengal), 비하르(Bihar), 오릿사(Orissa) 지역의 조세징수권(Diwani)을 동인도회사가 무굴제국으로부터 양도받으면서 영국의 식민 통치가 시작된다. 이후 영국 동인도회사의 거점인 캘커타를 통해 들어온 서양의 문물이 벵갈 사람들부터 휘젓기 시작한다. 당연한 결과로 우리가 알고 있는 다수의 근대 인도사상가들이 벵갈 출신이다.

일반적으로 근대 인도사상의 출발점은 람 모한 로이(Ram Mohan Roy, 1772-1834)로 여겨진다. 다신교적 힌두교를 베단따적 유일신교로 개혁하고자 시도하였고, 1828년에는 합리주의와 인본주의를 근간으로 사회개혁을 위하여 브라흐마 사마즈(Brahma Samaj)를 창립하였다. 그런데 브라흐마 사마즈를 계승한 데벤드라나트 타고르(Debendranath Tagore, 1817-1905)[87], 그리고 라마끄리슈나(Ramakrishna, 1836-1886) 등 2세대 사상가들은 이성보다 직관을 중시하는 신비주의적 사상으로 방향을 선회한다. 라마끄리슈나를 계승한 비베까난다(Vivekananda, 1863-1902)도 맹목적 광신을 반대하는 합리주의자로서 종교와 과학

---

85) "종교개혁은 그 중요성에도 불구하고 유럽 내부의 사건이다. 더욱이 이러한 혼란은 기독교나 다른 종교의 역사에서도 새로운 현상이 아니다. 종교개혁가들은 자신들이 단지 잊혀진 것을 복원하고 있을 뿐이라고 주장했다. [...] 그러나 근대과학의 부상은 이와는 정반대이다. 모든 면에서 종교개혁과 대조된다. 첫째, 종교개혁은 민중 봉기였으며, 한 세기 반 동안 유럽을 피로 물들였지만, 근대과학의 시작은 극소수의 엘리트에게 국한된 운동이었다. [...] 그러나 근대과학의 조용한 성장은 근대인의 사고방식을 실질적으로 변화시켜, 과거에는 예외적이었던 사고방식이 이제는 교육받은 세계에 널리 퍼지게 되었다. 즉 두 번째 차이점은 보편성이다. 근대과학은 유럽에서 시작되었지만, 합리적 사회라면 모든 나라와 민족에 전파될 수 있다"(Whitehead, 1926: 2-4).

86) 명칭과 달리 오늘날 남서부의 까르나따까(Karnataka)가 아닌 남동부의 안드라프라데쉬(Andhra Pradesh) 및 따밀(Tamil) 지역에서 벌어진 전쟁이다. 유럽의 오스트리아 왕위 계승 전쟁으로 시작된 7년 전쟁(Seven Years' War)과 연계되어 인도 남부와 남동부 해안의 무역 거점과 화물의 집산지를 확보하기 위해 영국과 프랑스 동인도회사들 사이에 벌어진 전쟁이다.

87) 우리에게 잘 알려진 Rabindranath Tagore의 부친이다.

의 뿌리는 동일하다고 주장했지만, 비슷한 주장을 한 비슷한 연배의 베르그송(Henri-Louis Bergson, 1859-1941), 화이트헤드(Alfred North Whitehead, 1861-1947) 등 서양 사상가들과는 그 주장의 맥락이 다르다.[88] 한때 띨락(Bal Gangadhar Tilak, 1856-1920)보다 영국 식민정부의 요주의 인물로 꼽혔던 무장독립운동가 오로빈도 고쉬(Aurobindo Ghosh, 1872-1950)도 영적 수행가로 변신해 정신적 진화론까지 주장한다. 간디(Mohandas Karamchand Gandhi, 1869-1948), 암베드까르(Bhimrao Ramji Ambedkar, 1891-1956) 등 몇몇 예외를 제외한다면 '근대 인도사상사'의 목록에 등장하는 다수의 사상가들이 종교사상가 또는 신비주의 사상가들이다.

본 연구에서는 이들 주요 근대 인도사상가들을 조금 다른 방향에서 다른 도식(scheme)으로 바라보고자 한다. 그리고 그 도식을 선명하게 부각시키기 위해 이들 남아시아의 사상가들을 동시대 동아시아의 사상가들과 비교할 것이다. "철학에는 몇 가지 기능이 있지만, 그중 하나는 여러 우주론을 비판하는 것이다"(Whitehead 1926: ix). 그리고 그 출발점은 사상가들이 펼친 고담준론(高談峻論)이라는 소프트 팩트(soft fact)의 분석이 아닌, 그들과 관련된 하드 팩트(hard fact)의 확인이다. 즉 그들이 한 말을 분석하기 이전에 그들이 한 행동을 확인하는 것이다. 텍스트(말)의 진실성은 컨텍스트(삶)를 통해 스스로 드러나기 때문이다.

먼저 비교되는 것은 그들의 출신 성분이다. 후쿠자와 유키치(福澤諭吉, 1835-1901) 등 일본의 근대사상가들 대부분이 '하급' 무사 출신인 것에 비해,[89] 인도의 근대사상가들 대부분은 신분이나 경제적 배경에서 인도의 '최상류층' 출신이다. 가난한 이미지를 확보한 간디도 19세기

---

88) 화이트헤드에 따르면 "과학적 관심이라는 것은 이런 종교적 관심의 변종에 불과하다"(Whitehead 1929: 16).

89) 메이지유신을 주도한 메이지 정부 초대 총리로서 안중근의 저격으로 유명한 이토 히로부미(伊藤博文, 1841-1909)도 하급 무사 출신이다. 후쿠자와가 메이지 시대정신을 만든 사상가라면, 이토는 이를 실천한 정치가다.

말에 (21세기에도 아무나 못 가는) 영국에 유학을 가서 동생이 보내주는 학비로 공부하면서도, 런던의 상류층 지역에서 거주한 수상 집안의 아들이다.90) 영국인 가정교사를 고용해 셰익스피어와 밀턴을 낭송하며 자란 타고르 또한 얼마나 대단한 명문가 출신인지는 우리가 익히 잘 알고 있는 사실이다.

공통점은 인도와 일본의 근대사상가들 모두 영어 등 서양어에 능통했다는 것이다. 그러나 본질적 차이가 존재하는데, 일본의 근대사상가들이 '보통 일본 국민'을 위해 그들의 외국어 실력을 사용한 것과 달리, 많은 인도 사상가들이 '서양의 상류 지식인'을 위해 또는 '향(向)해' 영어를 사용했다는 것이다. 그 결과 일본의 사상가들은 서양의 문물을 '보통 일본 국민'에게 소개하기 위하여 무수한 번역작업을 필사적으로 했지만, 인도의 사상가들은 주로 영어로 저술 활동을 한 사실상 '아대륙 거주 영국인'(Non-resident British)이다. III장에서 근대 초기 남아시아와 동아시아의 대표적 사상가를 위의 관점에서 비교·검토할 것이다.

영어로 말하고 영어로 글을 썼다는 것은 '아대륙 거주 영국인들'이 영어를 잘 모르는 자국민들에게 관심이 없거나 적었다는 것을 반증한다. 인도에서 영어를 모르는 사람들이 주로 사는 곳이 농촌 마을(gram)이며, 그들은 (그때나 지금이나) 인도인의 압도적 다수를 구성한다.91) 인도 근대사상가 중 처음으로 그들에 주목하고 그들의 마음(農心, village mind)92)과 삶의 방식(gram swaraj)을 지키기 위하여 활동한 대표적

---

90) 간디의 집안은 바이샤 카스트인 바니야(Baniya) 바르나(varṇa)답게 조상 대대로 잡화상을 꾸려왔으나 그의 조부(Uttamchand Gandhi)가 구자라뜨 뽀르반다르(Porbandar)의 수상이 되면서 지역의 명문가로 급부상하게 된다. 그런데 수상직을 물려받은 아버지(Karamchand Uttamchand Gandhi)가 1885년에 사망하면서 가세가 기울어진다. 이때 아버지 친구인 조쉬지(Mavji Dave Joshiji)의 권유로 변호사가 되기 위하여 1888년에 영국으로 유학을 떠나 런던대학교의 이너 템플(Inner Temple)에서 법률을 공부한다. 한편 남아프리카에서 기차여행 중 1등석에서 쫓겨난 유명한 일화에서도, 대부분 그가 쫓겨난 점에 주목하지만, 간디는 당시 중산층 백인들도 타기 힘든 1등석을 타고 다니는 "빅토리아 신사'라는 점에도 주목할 필요가 있다. cf. 이정호, 1997: 195.
91) 인도 인구 동향에 따르면, 2022년 현재 농촌인구는 9억 880만으로 총인구 14억 1,720만의 64.1%를 차지한다. cf. 이현근 외 2023: 9.

인물이 마하뜨마 간디이다. 포스트콜로니얼리즘(postcolonialism)의 '간디 다시 보기'라는 메스에 의해 위선자, 선동꾼, 인종주의자, 소아성 애자 등 온갖 오명을 뒤집어쓰며 만신창이가 되었지만, 누구보다 인도 와 인도인을 사랑했던 간디를 IV장에서 '다시 볼'(glimpse) 것이다.

2. 근대성(Modernity)이란?

포스트모더니즘(postmodernism) 또는 탈근대주의(脫近代主義)는 근대주의(modernism)로부터 벗어나고자 하는 서양의 사회, 문화, 예술 의 총체적 운동을 일컫는다. 특히 근대주의의 핵심인 이성(理性) 중심 주의에 대한 근본적 회의를 내포하고 있는 사상적 경향의 총칭이다. 탈 근대주의는 용어 자체가 역사학적 구분에서의 근현대에 지나간 수많은 것들을 포함하기 때문에 학자들 사이에 그 정의를 두고 극한적 논쟁이 일었던 개념이기도 하다. 탈근대적 생각이 철학, 예술, 문학, 건축 등 다방면에 걸쳐 영향을 끼쳤다는 사실에 많은 사람들이 동의했지만, 한 편으로는 포스트모더니즘이 몽매주의(蒙昧主義, obscurantism)를 부 추기는 무의미한 사상이라는 비판 또한 많았다. 특히 촘스키(Noam Chomsky)는 포스트모더니즘이 분석적이고 실증적인 지식에 아무런 기여를 하지 않는 무의미한 '횡설수설(gibberish)'이라고 주장한 바 있 다.93)

과학계에서 이를 유명하게 만든 계기 중 하나는 '소칼 사건(Sokal affair)'으로, 1996년 물리학자 앨런 소칼(Alan Sokal, 1955년생)이 고 의로 무의미한 논문을 포스트모던 문화비평 학술지에 투고하였다가 이

---

92) 'village mind'는 실제로 간디가 자주 사용한 말이다. cf. Gandhi(1962).
93) http://www.bactra.org/chomsky-on-postmodernism.html (검색일: 2025/10/29)

것이 그대로 게재, 출판되며 일어난 논란이다. 사건 이후 앨런 소칼과 장 브리크몽(Jean Bricmont)은 공동 출판한 『지적 사기(Fashionable Nonsense)』에서 상세한 예시들을 들며 포스트모더니즘의 비학문성을 힐난하였고, 이후 리처드 도킨스(Richard Dawkins) 등 과학계의 인물들이 가세하여 포스트모더니즘의 유사과학(類似科學, pseudoscience)적 성향을 비판하는 글을 썼다.

그렇지만 부뤼노 라투르(Bruno Latour, 1947-2022)의 책 제목처럼 지금까지 "우리는 결코 근대인이었던 적이 없다." 그렇다면 탈근대주의를 알기 위해서라도 먼저 '근대성(Modernity)'에 대한 이해가 필요할 듯하다. 라투르(2009: 40)에 따르면 "'근대적'이라는 형용사는 시간에 있어서 새로운 체제, 가속, 파열, 혁명을 지칭한다. '근대적'이라거나 '근대화', '근대성'이라는 말을 쓸 때에 우리는 그 반대말로 낡아빠지고 정적인 과거를 지칭한다. 나아가 그 말은 언제나 고대인과 근대인이라는, 승자와 패자가 있는 싸움의 한복판으로 던져진다. '근대적'이라는 말은 따라서 이중적으로 비대칭적인데, 우선 시간의 규칙적인 흐름에 있어서의 단절을 지시하며 또한 정복자와 피정복자가 있는 전투를 가리킨다."

'근대성'이라는 말은 어떤 시대 또는 문명을 가리킴과 동시에 유럽의 문화, 철학과 뗄 수 없는 인간성 개념을 가리키기도 한다. 매우 유동적인 이 개념은 르네상스에서 현대에 이르기까지 유럽의 문명과 역사를 가리킨다. 그러나 자의적이고 논란이 많은 이 개념에 대해 논하는 것이 본 연구의 목적은 아니다. "일반적으로 논쟁의 여지가 있는 것은 의심스럽고, 의심스러운 것은 상대적으로 중요하지 않다"(Whitehead 1927: 4). 그리고 '소칼 사건' 이후 포스트모더니즘의 위세가 꺾였고, 국내외적으로 근대 또는 탈근대에 대한 논의 자체가 사라지면서, 이제 이 문제는 논문보다 사전의 영역이 된 듯하다.[94] 이에 필자는 근대와 탈근대

---

94) 필자가 검색해 본 결과, 우리나라에서도 '소칼 사건' 이후 모더니즘 또는 포스트모더니

논쟁에서 상당한 지분을 갖고 있는 프랑스에서 출간된 청소년용『철학사전』(끌레망 외 1996)[95]을 참고하여 본론과 관련되는 '근대성'의 개념을 다음과 같이 추출하고자 한다.

근대성은 16~17세기 유럽의 종교개혁, 과학혁명에서 출발해 18세기의 계몽사상기에 절정에 이른다. 철학적인 측면에서 볼 때 근대성의 기본 특징은 합리주의, 실증주의, 낙관주의(진보에 대한 믿음)이다. 그러나 근대성이 유럽에서 탄생했다 해도 이 개념이 유럽에만 국한되는 것은 아니다. 문명사적 현상으로서의 근대성은 다음 네 가지의 근본적인 혁명을 포함한다.

첫째, '근대적 인간'(Modern man)이 자신에 대한 자율성을 확보하고 세계를 기술적으로 지배하게 된 것을 들 수 있다. 이 개념은 데까르뜨(René Descartes, 1596−1650) 철학에서 기원하는 합리주의(rationalism)적 기획의 산물이다.

두 번째, '근대적 인간'은 세계의 불가사의(mystère)한 것을 제거하고, 또한 그 세계를 마법으로부터 풀려고 한다. 실증주의(positivism)가 그 표본이다. 그리고 인간은 과거에 신들이 가지고 있던 성질들, 즉 전지전능한 권능을 차지하려고 애쓴다. 이러한 주제는 에밀 뒤르껭(David−Émile Durkheim, 1858−1917), 막스 베버(Maximilian Weber, 1864−1920) 등이 분석하였다.

근대성의 세 번째 특성은 개인적, 집단적 실존에서의 여러 차원이 분해(dissociation)되고 제도가 분화(différenciation)된 것이다. 전통적인 공동체가 무너지고 새로운 사회 질서가 세워진 것으로, 이를 사회의 '세속화'(sécularisation)라 부른다.

즘에 대한 논문이 거의 생산되지 않고 있다.

95) 바깔로레아(baccalauréat)를 준비하는 고등학생들이 보는 사전이기에 논란이 적으면서 다수가 공감하는 중립적 입장에서 주요 철학 개념들을 서술하였다.

네 번째, 근대성은 계몽주의에 의해 발전된 서구 인문주의의 이상에서 절정에 이르게 된다. 낙관주의나 진보에 대한 믿음은 루소(Jean-Jacques Rousseau, 1712-1778)를 제외한 대부분의 계몽 사상가에게 펴져 나갔으나, 현대에 이르러 프랑크푸르트학파(Frankfurter Schule), 한나 아렌트(Hannah Arendt, 1906-1975) 등에 의해 큰 비판을 받고 있다.

필자는 위의 네 가지 특징 중에서 첫 번째 '합리주의'와 세 번째 '세속화'를 근대성의 두 가지 큰 특징으로 뽑고자 한다. 두 번째의 '실증주의'는 논의한 학자들의 연대가 너무 후대이고, 합리주의에 포함될 수 있는 개념이기에 제외했다. 네 번째 '진보에 대한 믿음 또는 낙관주의'는 가장 논란이 되는 부분이므로 제외했다.

'근대인'이 자신에 대한 자치와 자율성을 확보하고, 세계에 대한 기술적 지배의 의지를 갖는다는 것은 근대적 지식과 (민주주의적) 사상을 획득할 때만 가능하다. 비서구 세계에서는 이에 대한 전제조건이 근대 서양 서적의 번역이다. 번역 없이는 근대성의 성취가 사실상 불가능하기 때문이다. 아울러 더 근본적 전제는 산업혁명 이후 시작된 대중교육에 의한 문맹의 해소이다.[96] 그러나 안타깝게도 III장의 '서양을 향한 인도인'들은 번역과 문맹퇴치에 다소 무관심했던 것으로 보인다.

그다음 주제는 세속화이다. 전통적 공동체, 즉 마을의 제도와 각종 존재의 차원이 분해·해체되는 것은 근대화의 결과이기도 하지만 전제조건이기도 하다. 하비 콕스(Harvey Cox, 1929년생)가 말했듯이 세속화의 본질은 전통 마을의 도시화(urbanization), 즉 세속도시(secular city)의 출현이다. 그러나 도시화는 도시만의 현상이 아니다. 전통 마을마저도 고도의 기동성, 경제적 집중, 대중매체의 영향과 같은 도시화의 그물

---

96) 'elementary school', 'middle school', 'high school'의 처음 사용 용례가 각각 1818년, 1870년, 1857년이다. 이는 초중고 대중교육이 산업혁명의 확산과 관련 있다는 하나의 예시이다. cf. Merriam-Webster 온라인 사전 홈페이지 참조.
https://www.merriam-webster.com/

을 벗어날 수 없다. 따라서 도시화란 인구밀도나 지정학적 상태와 같은 양적인 개념이라기보다 전통이 붕괴되고, 다양성이 지배하는 새로운 삶의 구조의 출현을 뜻한다. 도시화는 전통 마을이 주지 못했던 익명성(anonymity)과 이동성(mobility)을 제공해준다. "익명성은 많은 사람들에게 위협적인 현상이기보다는 훨씬 더 해방적인 현상이며, 법과 인습의 굴레와는 달리 자유의 가능성으로 쓰인다"(콕스 2010: 88). "이동성은 사람들을 성스러운 곳에서 분리시킨다"(콕스 2010: 107). 요컨대 세속도시는 인간 해방의 공간인 것이다. 그러나 IV장의 '인도를 향한 인도인'들은 그들이 사랑한 인도인을 중세의 마을에 가둬두었다.

3. 서양을 향한 인도인

1) 번역과 동아시아의 근대

'발견의 시대'(Era dos Descobrimentos)[97]로 시작한 근대의 주요 특징 중 하나는 각 문명권의 교류가 미미했던 그 이전 중세시대와 달리 여러 문명권이 서로 연동되며 함께 움직이기 시작했다는 것이다. 이때부터 비슷한 사건이 비슷한 시기에 비슷한 원인에 의해 또는 관련되며 발생하기 시작한다. 18세기 중반 동아시아의 청나라와 남아시아의 인도에서 발생한 태평천국(太平天國)의 난(Taiping Rebellion, 1850−1864)과 세포이 항쟁(Sepoy Mutiny, 1857−1858)도 서양이 동양[98]을 압도

---

97) 인도에 처음 도착(1498년 Kerala)하고 마지막으로 떠난(1961년 Goa) 나라는 향신료를 찾기 위하여 대항해시대 또는 발견의 시대를 처음 열었던 포르투갈이다. 네루의 무력시위에 의해 포르투갈이 축출된 고아는 1987년 인도의 25번째 주가 된다.
98) 동양(Orient)은 동아시아, 남아시아, 서아시아, 동남아시아, 중앙아시아를 모두 포함하는 상위개념어(umbrella term)이다.

하는 서세동점(西勢東漸)의 시대에 서양의 영향하에 발생한 사건이라는 공통점이 있다.99) 그러나 이후에 전개되는 양상에서는 근원적 차이가 발생한다.

태평천국의 난은 중국 역사상 가장 큰 전쟁이었으며, 인류 역사 전체를 통틀어도 가장 유혈낭자한 내전 중 하나로서, 감숙성을 제외한 전 중국을 휩쓴 전쟁으로 2천만에서 7천만 명이 학살된 것으로 추산된다. 태평천국의 수도 남경이 함락된 뒤 난을 진압한 공으로 거물로 부상한 증국번(曾国藩, 1811-1872), 이홍장(李鴻章, 1823-1901) 등 한족 출신 관료들이 이후 동치중흥(同治中興, 1861-1894) 또는 양무운동(洋務運動)이라 부르는 개혁정책을 펼치는데, 이때의 슬로건이 중체서용(中體西用)이다. "중국의 몸통(中體)으로 서양을 이용한다(西用)"는 의미로써 서양 문물을 수용하여 부국강병을 이루려 한 군사 중심의 근대화 운동이지만 사실상 실패한다. 이후 강유위(康有爲, 1858-1927), 양계초(梁啓超, 1873-1929) 등이 추진한 변법자강운동(變法自强運動, 1898)도 실패하고, 결국 만주족 정권은 신해혁명(辛亥革命, 1911-1912)으로 붕괴된다. 일개 왕조의 붕괴이기도 하지만, 2천 년 넘게 지속된 동양적 전제군주제가 종말을 고한 것이다.

여기서 본 연구와 관련하여 주목되는 인물이 신해혁명 후 베이징대학교 초대 총장을 역임한 엄복(嚴復, 1853-1921)이다. 그는 양무운동 기간 중인 1877년, 25세 때 중국인으로는 최초로 영국 왕립해군학교에 유학하였고, 귀국 후 이홍장에게 발탁되어 주요 관직을 거치며 개혁에 관한 글을 썼다. 그리고 토마스 헉슬리의『진화와 윤리(天演論)』(1898), 아담 스미스의『국부론(原富)』(1901), 허버트 스펜서의『사회학(群學

肄言)』(1903), 존 스튜어트 밀의『자유론(群己權界論)』(1903)과『논리학(名學)』(1905), 몽테스키외의『법의 정신(法意)』(1904) 등을 번역하여 사상계에 큰 영향을 주었다. 이외에도 제번스(William Jevons, 1835-1882)의『논리학입문(名學淺說)』등 다수의 서양 서적을 번역하였다. 그런데 엄복은『진화와 윤리』를 번역한『천연론』서문에서 중체서용론을 신랄하게 비판한다.

> 체용(體用)은 하나의 사물에 대해 사용하는 말입니다. 소라는 체(體)가 있으면 무거운 짐을 지는 용(用)이 있습니다. 말이라는 체가 있으면, 멀리 가는 용이 있습니다. 소를 체로 삼고 말을 용으로 한다는 것은 들어 본 적이 없습니다. 중국과 서양의 학문은 각 인종의 얼굴색이 다른 만큼이나 차이가 나므로 억지로 비슷하다고 말할 수 없습니다. 그러므로 중국의 학문에는 중국 학문의 체와 용이 있고, 서양 학문에는 서양 학문의 체와 용이 있습니다. 이를 나누어 놓으면 각각 쓸모가 있지만, 합치면 둘 다 못쓰게 됩니다. 이것을 하나로 해서 이쪽의 체와 저쪽의 용을 합치자고 주장한다면, 이는 잘못된 주장이며 또한 논리적으로 성립할 수도 없습니다. 어떻게 그 말을 실행에 옮길 수 있겠습니까?[100]

즉 서양의 기술이 쓸모 있으려면 서양의 제도를 함께 도입해야지, 중국의 제도하에 서양의 기술만 도입하면 둘 다 못쓰게 된다고 주장한다. 결국 청나라의 어설픈 반쪽짜리 개혁은 실패로 끝나고 제국의 운명도 다하고 만다.

엄복은 서학의 기원을 중국에서 찾고, 그것을 증명하려는 지식인들의 태도도 비판한다. 당시 의원제 설립을 목표했던 양계초는 입헌군주제를 이야기하며 그 근거로『예기(禮記)』와『맹자(孟子)』에 나오는 내용을 의회 사상의 중국적 기초로 보았다. 그리고 의회 제도는 고대 중국의 성

---

100) 윤지원 2019: 180에서 재인용.

인이 내려준 가르침과 일치한다고 주장한다. 엄복은 이를 매우 강하게 비판한다. 이를 계기로 양계초는 엄복에게 편지를 보내 "실제로는 사람들이 중국의 고사를 끌어들여 서양의 학문을 설명하며 서양의 장점이 중국에 있다고 말하는 것을 싫어하였으나, 신문에서 중간 정도 수준의 사람들을 위해 설명할 때 종종 그러한 폐단을 피하기 어려웠다"고 밝히며 자신의 잘못된 견해를 인정한다(윤지원 2019: 177).

이에 반해 동아시아 3국 중 서양 문물을 가장 적극적으로, 그리고 성공적으로 받아들인 일본의 운명은 다른 길로 간다. "아편전쟁(1차 1839-1842, 2차 1856-1860)에서 패한 건 중국인데, 정작 중국보다 막부(幕府) 말기의 일본에서 더 열심히 영국의 사정을 알려고 했다. [...] 일본은 상무(尚武)의 나라로서 오래도록 존경해왔던 성인(聖人)의 나라가 오랑캐한테 그토록 무참히 당했다는 것은 놀라운 사건이었다"(마루야마 외, 2000: 14-15). 곧이어 1853년에는 페리가 이끄는 미 해군 동인도 전대(East India Squadron)가 개항을 요구하며 무력시위를 벌인 흑선내항(黑船来航, Perry Expedition) 사건으로 일본은 200년 이상 지속되어온 쇄국정책을 폐지하게 된다.

이후 중체서용의 일본 버전인 화혼양재(和魂洋才)를 내세운 일본은 탈아입구(脱亞入歐)를 목표로 서양의 기술뿐만 아니라 서양의 제도까지 받아들인다.[101] 특히 "메이지유신(1868년) 직후, 번역국을 설치하여 국가 주도하에 수만 종에 이르는 서양 학술서를 번역했고, 그것은 일본근대화의 견인차 구실을 하게 되었다. 정부의 이러한 노력으로 일본 국민은 전 세계의 고급 지식을 모국어로 읽을 수 있게 되었다. [...] 하지만, 일본의 식자율(識字率)이 평등해지는 것은 메이지 말기에 이르러서야 가능해졌다"(김주아 2020: 451).[102]

---

101) 영국의 의회민주주의, 프랑스의 경찰제도, 프로이센의 군사제도가 대표적이다.
102) 메이지 6년 창설된 소학교의 입학률은 28%였다. 메이지 10년(1877)에는 40%였고,

심지어 일본의 혼(大和魂)이 담긴 일본어마저 버리고 영어를 공용어로 채택하자는 주장까지 등장한다. 근대 일본의 초대 문부대신이 되어 일본 근대 교육제도의 기반을 닦은 모리 아리노리(森有礼, 1847-1889)는 뉴욕에서 영어로 출간한 『일본의 교육(Education in Japan)』(1873) 서문에서 영어를 국어로 삼자는 파격적인 주장을 한다. 그에 따르면 야마토 말(일본어)에는 추상어가 없기 때문에 도저히 서양 문명을 일본 것으로 만들 수 없다는 것이다. 이에 대한 반박이 자유 민권운동의 투사인 바바 다쓰이(馬場辰猪, 1850-1888)가 1873년에 영국에서 영문으로 출간한 『기초일본어 문법(Elementary Grammar of the Japanese Language of with Easy Progressive Exercises)』 서문에 들어있다. 그는 만약 일본에서 영어를 공용어로 채택한다면 상류계급과 하류계급 사이에 말이 전혀 통하지 않게 되고 말 것이라는 우려를 표명한다.

흥미로운 점은 위의 이야기를 담은 마루야마 마사오(丸山眞男, 1914-1996)와 가토 슈이치(加藤周一, 1919-2008)의 대담집에서 뒤이어 인도에 대하여 논한다는 것이다.

加藤: 그거 대단하군요. 지금[103]도 인도가 안고 있는 큰 문제 가운데 하나가 계급 간의 깊은 골이지요. 그 첫 번째 요인은 경제적 격차이고, 두 번째 요인은 언어입니다.

丸山: 굉장하지요. 바바는 인도의 예를 적확하게 증거로 삼아서 상층이든 하층이든 국민은 모두 같은 언어를 사용하지 않으면 안 된다고 말합니다.

加藤: 인도에는 어떤 지역에도 통하고 어떤 계급에도 통하는 언어가 없었

메이지 20년(1887)에는 45%에 이른다. 메이지 37년(1904)에 이르러서야 남녀 모두 90%에 도달한다. 이때부터 문자사용의 평등이 일어나기 시작한다. 한편 1888년부터 약 20년 동안 서울에서 활동했던 존스 선교사는 1916년경 식민지 조선의 문맹률을 약 90%로 추산한다. cf. 김주아 2020: 451, n.38.

103) 이 대담이 이루어진 시기는 1991년이다. 인도가 본격적인 개방정책을 시작한 해이기도 하다.

죠. 정치가가 전국 유세를 할 때 영어로 말하면 지역 차를 넘어서 어디든지 통하지만, 그것은 상층계급 사람들에게만 해당되는 이야기입니다. 특정지역의 언어로 말하면 그 지역 사람들에게는 계급을 초월해서 누구든 알아듣지만, 다른 지역 사람들에게는 전혀 통하지 않습니다. 그것은 쉽사리 해결할 수 없는 딜레마였지요. 조건이 다른 일본에서 굳이 영어를 도입하는 것은 어리석은 짓이다라는 거지요.

丸山: 모리처럼 영어를 국어로 삼자고 하는 주장도, 지금 가토 씨가 말한 것과 같은 시대였기 때문에 매우 흥미롭습니다. 바바는 언어가 달라져 버리면 하나의 나라를 이룰 수 없을 뿐더러, 하층계급의 대다수가 국사(國事)라는 중대문제로부터 배제당하고 말 것이라는 우려를 표명했지요. 결국 영어를 제것으로 만들기란 어려운 일이니까 일반대중과 엘리트의 언어 두 개가 생겨나고. 중요한 일을 모두 영어로 처리하게 되면 영어를 쓰는 엘리트만이 국사를 담당하게 되고 만다, 결국 대중은 국사로부터 소외당할 것이라고 말합니다. 그런 내용의 긴 서문을 쓴 거지요.

加藤: 사회를 상하의 계급적 구조로 보는 것, 그 계급을 각자의 문화와 결부시켜 생각하는 것, 그건 당시에 그 누구도 명료하게는 의식하지 못하고 있던 통찰입니다.[104]

결국 영어 공용어 주장은 현실적으로 불가능한 일이었기에 모리의 1888년판 서문에서는 생략된다. 대신 이 시기를 전후하여 서양책의 번역이 폭발적으로 증가한다.[105] 이 당시 번역을 주도한 인물이 후쿠자와 유키치와 가토 히로유키(加藤弘之, 1836-1916)이다. 후쿠자와 유키치는 일본의 현대화를 이끈 교육자로서 일본 역사의 방향을 바꾼 인물이다. 한학(漢學)과 난학(蘭學)은 물론 영어에도 능통했던 그는 1860년 일본의 제1호 증기선인 칸린마루(咸臨丸)를 타고 미국을 방문

---

104) 마루야마 외 2000: 50-51.
105) 'philosophy'의 번역 술어로 '哲學'이라는 말이 처음 나와 유명해진 니시 아마네(西周, 1829-1897)의 『백일신론(百一新論)』은 1874년에 출간되었다. '철학' 외에 니시 아마네가 만든 번역 술어들에 대해서는 양세욱 2012: 74, n.10 참고.

하고, 이후에도 유럽국가를 순방하면서 서방의 사회제도와 사상으로 견
문을 넓혀갔으며, 에도정부의 쇄국을 반대하고 적극적인 개화를 주장한
다. 그의 열정적인 저술 및 번역 활동이 1868년 메이지 시대를 여는 중
요한 이론적 배경이 된다. 후쿠자와가 민간의 대표적인 교육자였다면,
가토는 메이지 정부의 두뇌 역할을 하며 일본의 교육과 혁신에 일조한
인물이다(김주아 2020: 452). 그리고 당시 일본의 식자율이 높았기 때문
에 식자층과 사무라이들이 이들의 번역서를 폭발적으로 구매했다(마루야
마 외 2000: 170).

한편 아편전쟁의 패배로도 정신을 차리지 못한 청나라는 청일전쟁
(淸日戰爭, 1894-1895)에서 패배한 이후에야 각성한다. 아편전쟁으
로 일본이 각성하고, 청일전쟁으로 중국이 각성한 셈이다. 이후 중국 지
식인들의 관심은 서양을 배우는 서학(西學)에서 근대화에 성공한 일본
을 배우는 동학(東學)으로 전환한다. 청일전쟁 전후(前後) 시기에 주은
래(周恩來), 이대소(李大釗), 노신(魯迅) 등이 일본에 유학해 신문물을
중국에 소개한다. 특히 변법자강운동에 실패한 이후 일본에서 14년 동안
망명생활을 한 양계초는 메이지 일본이 성공적으로 수용한 서양의 문명
을 열독(熱讀)하게 되었고, 이후 일본의 신조어와 개념어를 중국으로 도
입하였다.106) 특히 그는 당시 상당한 영향력이 있었던『신민총보(新民
總報)』등 간행물을 통해 일본에서 서양 개념어를 한자로 조어(造語)한
일본제 번역한자어, 즉 '화제한어(和制漢語)'를 대량으로 중국에 도입한
다(김주아 2020: 449).107)

아울러 일본의 근대 학제와 역사교육은 메이지 신정부의 교육에 관한

---

106) 1896년부터 1911년 사이에 958권의 일본어 서적이 중국어로 번역되었고, 1905년과
   1906년에 일본에 유학한 중국인 학생은 이미 8천 명을 넘어섰다(마시니 2005: 174,
   양세욱 2012: 74에서 재인용).
107) 이때 만들어져 현대 한국인도 사용하는 신조어를 몇 개를 예로 들면, 철학(哲學), 과
   학(科學), 시간(時間), 추상(抽象), 모험(冒險), 연애(戀愛), 전보(電報), 격동(激動),
   사회(社會), 경제(經濟), 세기(世紀), 상식(常識), 가정(家庭), 위생(衛生), 인상(印
   象), 권리(權利) 등 무수히 많다. cf. 김주아 2020: 454-455.

개혁의 일환으로 추진되었는데, 막번체제(幕藩體制)를 무너뜨리고 천황을 통치수반으로 하는 중앙집권적 통치구조의 변혁을 이루어낸 신정부가 설정한 교육이념은 후쿠자와의 『학문의 권장(学問のすゝめ)』(1871)에 나타난 공리주의, 실학주의 교육관이 그대로 반영된다. 이는 1872년에 반포된 태정관 포고 214호 '학사장려에 관한 피앙출서'(學事獎勵に關する被仰出書)에도 나타나는데, 실용적이며 자유주의적인 근대 실학교육사상과 공리주의에 입각한 '국민개학'과 교육의 기회균등 등을 이념으로 삼았다(이규수 2013: 404−407). 일본은 메이지 유신으로 사농공상(士農工商)의 신분제가 붕괴하고, 사민평등(四民平等)의 사회로 변모하는데(김주아 2020: 451), 평등주의 이념은 근대 일본 초등교육기관의 명칭인 소학교(小學校), 국민학교(國民學校) 등에도 반영되었다.

서구에서의 근대적 국가교육체제가 산업혁명 이후 여러 사회계급 및 계층 간의 지위 경쟁 과정이 빚어낸 '의도되지 않은 결과'로 창출된 면이 강하다면, 일본의 근대교육제도는 후발국의 선발국 따라하기 전략에 따라 국가에 의해 위로부터 합목적적으로 구상되어 '의도된 결과'의 성격이 강했다. 일본은 근대적인 학교교육을 국민과 인적자원 만들기, 엘리트 양성 장치로써 효과적으로 활용하기 위해 교육에 대한 접근 기회를 모든 계층에 개방했다. 또한 서구의 교육과정과 달리 특정한 사회계급 및 계층문화의 관련성이 희박했기에 내면화 과정에서 계층적 장벽은 존재하지 않았다. 학교교육의 접근 기회가 수평적으로 개방되고 동시에 객관적인 학력(學力) 경쟁을 통해 취득되는 학력(學歷)에 따라 사회적 지위와 보상이 수직적으로 현격히 달라지는 체제가 일본형 실력주의(meritocracy)의 특징이다. 더 나아가 일본형 실력주의, 일본형 학급제와 교육형식 등, 일본적 근대교육 모델이 20세기 전반 일본제국의 식민지 지배하에 놓인 조선, 대만 등 다른 동아시아 국가로 파급되어 가면서

동아시아 근대교육의 특징을 형성시키게 되었다(오성철 2022: 1)[108]
토마스 헉슬리『Evolution and Ethics』의 번역어로 엄복의『天演論』대
신 가토 히로유키의『진화와 윤리』가 동아시아에 유통된 사례가 보여주
듯이, 동아시아 지식과 제도의 패권을 근대화에 성공한 일본이 최종적
으로 장악한 것이다.[109]

2) 아대륙 거주 영국인(Non-resident British)

동아시아 삼국, 특히 일본과 달리 인도는 정반대의 길을 걷는다. 청나
라에서 태평천국의 난 이후 양무운동이 일어난 것처럼, 인도에서는 세
포이 항쟁 이후 벵갈 르네상스(Bengali Renaissance) 운동이 일어난다.
그러나 하버드대의 벤자민 슈와츠(Benjamin Schwartz)가 저술한 엄복
평전『부와 권력을 찾아서(In Search of Wealth and Power)』에서 언급
했듯이 "엄복을 열렬한 스펜서주의자로 변신시킨 것의 8할이 좌절감"이
었고, 일본의 비장한 번역 열풍의 원동력이 위기감이었다면, 인도 근대
지식인들의 근저에는 엉뚱한 자부심과 우월감이 자리 잡고 있었다. 서
양 문물을 배우려고 하기보다 그들을 가르치려 들었는데, 그중 대표적
인물이 비베까난다이다.

남아시아와 동남아시아의 식민지쟁탈을 위해 영국과 여러 차례 전쟁
을 치른 네덜란드가 인도네시아에서 네덜란드어 교육에 소극적이었던

---

108) 한국의 경우, 갑신정변(1884)을 전후하여 청나라의 중체서용을 모방한 동도서기(東
道西器)론이 등장하였으나 식민지로 전락하며 맥이 끊겼다. 그러나 일제강점기에도 한
글운동과 문맹퇴치(문자보급) 운동이 일제의 간섭과 방해에도 불구하고 활발하게 전개
되었다. 중국, 일본과 같은 대대적 번역사업은 없었지만 한글운동을 통하여 해방 후, 신
생독립국가 건설에 대부분의 국민이 참여할 수 있는 여건이 조성되었다. 일제강점기 한
글운동과 문맹퇴치운동에 대해서는 허재영(2017) 참고.
109) "한국은 번역어의 생산 과정에 참여할 기회를 갖지 못하고, 중국과 일본에서 진행된
성과들에 무임승차에 가까운 편승을 하였다"(양세욱 2012: 65).

것에 비해 영국의 인도인에 대한 영어 교육은 적극적이었다.110) 1835
년에 영어는 무굴제국의 언어인 페르시아어를 대신하여 영국령 인도의
공식어로 지정되며 영어를 통한 권력의 행사가 시작되었다. 이어 1844
년에 식민정부는 영어에 능통한 인도인을 우선적으로 관직에 임용한다
고 발표하여 인도인의 영어학습을 강력하게 유인한다. 1857년에는 봄
베이, 캘커타, 마드라스 등 주요 지역에 대학교가 설립되고 영어가 대학
과 엘리트의 언어로 굳어지면서 각 지역어와 고전어만 아는 사람들은
이방의 언어 영어를 해득하는 계층의 서벌턴(Subaltern)111)으로 전락
하였다. 그렇지만 오랫동안 무슬림 통치에 참여하며 페르시아를 배웠던
상층 카스트들에게 새로운 지배어인 영어에 대한 반감은 없었다.

1206년 델리에서 노예왕조(Mamluk Dynasty) 꾸뜹 웃딘 아이박
(Qutb ud-Din Aibak)의 대관식이 열린 이후부터 무굴제국이 해체된
19세기 중반까지 데칸고원 이북의 공식 언어는 페르시아어였다.112)
600년이 넘는 기간 동안 북인도 브라흐민들에게 페르시아어는 생존과
신분상승을 위한 필수 언어였기에 이방의 지배어에 대한 거부감은 진작
부터 없었다. 사정이 이랬기에 람 모한 로이를 비롯한 근대 초기의 지식
인들 대부분은 페르시아어, 아랍어 등에 능통한 사람들이었고, "지식인

---

110) 당시의 식민지쟁탈전은 국가 간의 전쟁이 아니라 회사들 사이의 전쟁이었다. 영국 동
  인도회사(EIC: East India Company)와 네덜란드 동인도회사(VOC: Vereenigde
  Oostindische Compagnie) 사이에 4차례(1652-1654, 1665-1667, 1672-1674,
  1780-1784)에 걸쳐 전쟁이 벌어져 VOC는 실론, 말래카, 호주(Nova Hollandia) 등을
  모두 EIC에 빼앗기고 인도네시아만 차지하게 되었다. 네덜란드의 독특한 식민지 언어
  정책 때문에 오늘날 인도네시아인들은 네덜란드어를 거의 모른다. 인도인뿐만 아니라
  스리랑카, 말레이시아, 싱가포르인들이 영어에 능통한 것과 비교된다.
111) 사회구조 속에서 권력으로부터 배제되어 발언권을 상실하거나 주변화된 집단을 가리
  키는 말로, 그람시(Antonio Gramsci, 1891-1937)가 만든 용어이다.
112) 11세기 아대륙에 처음 등장한 이슬람 세력인 가즈니의 마흐무드(Mahmud of
  Ghazni)는 영구 정착을 위한 것이라기보다는 전리품 약탈이 목적이었다. 1192년 아프
  간 고리 왕조(Afghan Ghorid dynasty)의 모하메드가 아즈메르를 탈취하고, 이듬해에
  그의 부하인 꾸뜹 웃딘 아이박(Qutb ud-Din Aibak)이 델리의 마지막 힌두 왕조를 정
  복한다. 수년 후 북인도 대부분은 고리의 지배하에 들어가고, 모하메드가 살해된 후,
  1206년 아이박은 인도 최초의 술탄이 되며 이른바 델리 술탄(Delhi Sultanate) 시대를
  연다.

은 외국어에는 능통하지만 모국어에는 적대적이다"라는 말은 새로운 것
도 아니었다. 사정이 이랬기에 '근대인도의 아버지' 람 모한 로이는 식
민정부가 1824년 캘커타에 설립한 산스크리트대학(Sanskrit College)
의 커리큘럼에 영어와 서구학문을 포함하자고 먼저 주장하기까지 했다.
가장 보수적이고 정통이라고 알려진 남부 마드라스의 브라흐민조차 영
어 교육과 새로운 직업의 수용에 매우 적극적이었다. 어쨌피 배워야 할
지배어가 페르시아어에서 영어로 바뀌었을 뿐이었다.

"선진문명의 지배자를 흠모하는 동시에 자기 사회의 부정적인 관습과
제도를 제거하기 위해 사회개혁과 힌두교의 변화와 부흥을 추구한 사람
들, 19세기 후반에 등장한 이들 개혁가와 민족주의자의 언어는 모두 영
어였다. 19세기 말 서구세계를 여행하며 영어로 힌두교를 널리 알린 비
베카난다가 그 대표적 인물이었다"(이옥순 2005: 13).113)

주목되는 것은 "서구세계를 여행하며 영어로 힌두교를 널리 알린 비
베카난다"라는 부분이다. 동아시아 3국, 특히 일본이 서양의 문물을 배
우기 위하여 유학과 번역사업에 국가적 역량을 총동원하던 시기에 동인
도회사가 세운 캘커타 대학에서 공부한 비베까난다는 서양에 영성
(spirituality)을 '가르치러' 간 것이다.

> 인도를 향해 나아가, 당신의 영성(spirituality)으로 세계를 정복하십시
> 오. 위대한 종교인 불교도 우리 힌두교의 반항아(rebel child)일 따름이고,
> 기독교는 우리 종교의 누더기 모방(patchy imitation)에 불과합니다. 유럽의
> 구원은 합리주의적 종교(rationalistic religion)에 달려 있습니다. 불이론, 일
> 자성(Oneness), 비인격적 신의 관념인 아드바이따(Advaita)는 모든 지성
> 인을 사로잡을 수 있는 유일한 종교입니다.114)

---

113) 영국령 인도에서의 영어 교육에 대한 내용은 이옥순(2005)을 참조.
114) Swāmi Vivekānanda, Collected Works. Vol III, 275 and II, 139. (King 1999:
    160-161에서 재인용).

그렇지만 비베까난다의 "인도의 정신으로 타락한 서양을 구원한다"
는 발상은 사실 초기 오리엔탈리스트, 특히 슐레겔(Friedrich Schlegel,
1772−1829) 등 독일 낭만주의자들의 발명품이다.115) 라마끄리슈나
(Ramakrishna, 1836−1886)도 비슷한 맥락에서 단순한 사회개혁으로
는 힌두 사회를 정화시킬 수 없으며 자각된 종교적 열정만이 사회악을
극복해 인도를 소생시킬 수 있다고 생각했다. 그의 사상과 이상을 체계
화, 조직화하여 하나의 운동으로 계승한 인물이 비베까난다이다. 스승
과 제자 모두 내적인 영성체험을 통해 개인의 신성을 실현하는 전통적
인 이상을 중시했다. 1901년 건강이 악화된 친구 비베까난다를 계승한
브라흐마난다(Brahmananda, 1863-1922)) 역시 영성이 우선이고 사회
봉사는 그다음이라고 주장하였다(류경희 2005: 22−23).

'빅토리아 시대'(Victorian era)라고 부르는 빅토리아 여왕 재위기간
(1837−1901)은 대영제국이 최전성기를 누리던 시기였다. 앞서 언급
한 엄복이 번역한 『논리학입문』의 저자 제번스는 헤게모니를 장악한
"영국의 독특한 지위에 대해 기뻐 날뛴다."116)

북아메리카와 러시아는 우리의 옥수수밭이다. 시카고와 오데사(Odesa)
는 우리의 곡창이다. 캐나다와 발트해 연안은 우리의 원목 숲이다. 오스트
레일리아에는 우리의 면양농장이 있고 아르헨티나와 북아메리카의 서부
평원에는 우리의 소떼들이 있다. 페루는 은을, 남아프리카와 오스트레일리
아는 금을 런던으로 보내온다. 인도인(Hindus)과 중국인들은 우리가 마실
차를 재배해주며 동인도와 서인도에는 우리의 커피, 설탕, 향신료 재배지

---

115) 람 모한 로이와 동년배인 헤겔(Georg Wilhelm Friedrich Hegel, 1770−1831)은 인
　도가 '영적 과잉'(spiritual excess) 때문에 역사를 전개할 능력이 없다고 말했다
　(Adluri 2011: 6). 그러나 동년배인 슐레겔은 (독일을 제외한) 서양 문명은 고전 그리
　스 이후 계속 퇴보하고 있으며, 그 결과 (특히 프랑스의) 근대에 이르러서는 이성의 독
　재, 과학과 진보의 숭배, 신앙의 단절로 이어졌다. 오직 오리엔트(인도)만이 세계를 전
　일적으로 완전하게 이해하고 있으며, 인도만이 서양을 치료할 수 있다고 생각했다. 비
　베까난다 사상의 원형이 발견된다.
116) 폴 케네디의 표현이다.

(plantations)가 있다. 스페인과 프랑스는 우리의 포도밭이고 지중해 연안은 우리의 과수원이다. 오랫동안 미국 남부지방에만 있었던 우리의 목화밭은 이제 지구의 따뜻한 지역으로 온통 번져 나가고 있다.117)

최고의 물질적 풍요를 구가하던 대영제국에게 부족한 것 중 하나가 당시 지식인들의 관심을 끌기 시작한 영성(spirituality)이었다. 일찍부터 영성은 서양인들에게 인도의 전매특허로 알려져 있었다. 19세기 초중반 뉴잉글랜드에서 에머슨(Ralph Waldo Emerson, 1803-1882)이 주도한 초월주의(Transcendentalism) 운동에서 만들어진 영성 개념이 수재이며 설득력이 뛰어난 고결한 인품의 소유자인 비베까난다에 의해 유사과학적 원리가 가미되며 영국인들에게 최적화된 맞춤형(optimized and customized) 인도 제품으로 원산지가 변경된다. 이후 초대받지 않은 1893년 시카고 세계종교회의(First World Parliament of Religions)에 참석하여 '자기가 이해한' 힌두이즘을 강연하여 대성공을 거두고 뒤이어 4년 동안 미국과 유럽에서 '동양의 지혜'를 가르치는 강연 투어를 하며 세계적 명사가 된다.

굶주린 자국민의 문맹과 가난을 퇴치하는 것보다 부유한 서양 지식인들에게 영성을 가르치는데 특화된 인도인들의 독특한 근대화 운동은 신지학회(Theosophical Society)가 급조한 '동방의 별의 교단'(Order of the Star in the East)에 16세 나이에 교주로 등극한 끄리슈나무르띠(Jiddu Krishnamurti, 1895-1986)에 이르러 정점을 찍고, '천재적 신비가' 라즈니쉬(Rajneesh, 1931-1990)에 이르러 마침표를 찍는다. 메이지유신의 주역으로 탈아입구론을 주장한 후쿠자와 유키치118)가 서양인에게 '야마토다마시(大和魂)'를 가르치는 대신 게이오대학교(慶應

---

117) Kennedy 1987: 151-152.
118) 다수의 서양 서적을 번역한 후쿠자와는 영어 'democracy', 'government'를 현대 한국인도 사용하는 '民主主義', '政府'로 번역하기도 했다.

義塾)를 설립하여 일본근대화를 건설할 자국인 인재를 양성한 것과 비교되는 장면이다. 같은 식민지 처지였지만 브나로드 운동119)을 전개했던 조선과도 비교된다.

물론 인도도 식민지 초기부터, 즉 일본과 중국보다 빠른 시기에 벵갈에서 번역과 교육사업이 시작되지만, 그것은 영국인에 의해, 영국인을 위하여 출발한다. 벵갈의 직할통치가 시작된 1772년의 사법계획(Judicial Plan)에 따라 초대 인도총독 헤이스팅스(Warren Hastings, 1732-1818)120)의 지시로 1773년에 힌두법 편찬을 착수한 할헤드(Nathaniel Halhed, 1751-1830)는 3년 후 페르시아어 편집본으로부터 영어로 번역한『힌두법전(A Code of Gentoo Laws)』(1776)을 출간한다.121) 이후 벵갈 최고법원의 배석판사직(puisne judge)을 수행하기 위해 인도에 온 존스(William Jones, 1746-1794)가 1788년에 당시 총독 콘월리스(Charles Cornwallis, 1738-1805)에게 제안하고 콜브룩(Henry Thomas Colebrooke, 1765-1837)이 번역하여『계약과 승계에 대한 힌두법 개요(A Digest of Hindu Law on Contracts and Successions)』(1797)가 출간된다.122) 이후 힌두이즘의 방향성을 결

---

119) 1931년부터 1934년까지 동아일보 주도로 일어난 농촌 계몽 및 문맹 퇴치 운동이다. 본래 브나로드(в народ)는 19세기 후반 제정(帝政)러시아 사회주의자들의 계몽운동을 일컫는 말이다. 당시의 지식인들은 농민·노동자와 함께 생활하면서 이들의 혁명 정신을 일깨우는 것이 필요하다고 보았다. 나로드니키(народники)라고 불렸던 이들은 '민중 속으로 들어가자(хождение в народ)'는 슬로건을 내세웠으며, 브나로드는 여기에서 유래되었다. 일찍이 동아일보는 러시아의 브나로드 운동을 매우 높게 평가하고 있었다. 다만 동아일보는 조선과 러시아는 사정이 다르다고 인식했다. 이 때문에 브나로드 운동은 대체로 문자 보급 운동으로 이해되는 경향이 강했다.

120) 헤이스팅스는 1772년부터 1774년까지는 벵갈 프레지던시의 총독(Governor of the Presidency of Fort William), 1774년부터 1785년까지는 마드라스 및 봄베이 프레지던시를 포괄하는 영국령 인도 전체의 총독(Governor-General of the Presidency of Fort William)이 된다. cf. Ehrlich 2018: 22.

121) CE 700년 경부터『다르마샤스뜨라(*Dharmaśāstra*)』의 주석이 저술되기 시작하여 18세기까지도 많은 주석 문헌들이 만들어졌는데 상당수의 주석은 18세기에 영국 지배자들의 요구에 의해 저술됐다. 그중 가장 유명한 것이 바로 할헤드의『힌두법전』이다. 헤이스팅스의 지시에 의해 11명의 캘커타 빤디뜨들이 편집하여 페르시아어로 번역한 것을 할헤드가 다시 영어로 번역하였고, 1888년에는 봄베이에서『소송의 바다를 건너는 다리(*Vivādārṇavasetu*)』라는 제목으로도 출간되었다. cf. Rocher 2003: 111.

122) Jagannlātha Tarkapañcānana가 산스끄리뜨어로 편집한『소송문제 해결의 바다

정짓는 중요한 텍스트 몇 가지가 헤이스팅스에 의해 더 출간된다.[123]

악바르(Akbar, 1542-1605)의 종교적 관용정신과 절충주의에서 기원하는 인도 고전의 페르시아어 번역본들이 유럽어로 중역된 바 있는데, 『바가바드 기따(Bhagavad-Gītā)』가 최초로 산스끄리뜨본에서 직접 영역되어 1785년에 출간된다. 윌킨스(Charles Wilkins, 1749-1836)의 『기따(Geeta)』 초역을 읽고, 깊은 감동을 받은 헤이스팅스는 윌킨스가 개인적으로[124] 번역한 책을 동인도회사의 직접 후원하에 출간하는 전례없는 결정을 하고, "나는 『기따』가 위대한 독창성, 개념의 숭고함, 추론, 용어의 선택에 있어서 알려진 모든 인류의 종교들 중에서는 비견할 바 없는 단 하나의 예외라고 선언하는 것을 주저하지 않는다"(Wilkins 1785: 10)라는 권두언까지 쓴다.[125] 아직 계몽시대의 관용정신이 남아있는 헤이스팅스의 본래 의도는 "최근에야 인도인들을 간신히 야만상태에서 벗어난 생명체로 생각하기 시작한 유럽인들"(Wilkins 1785: 13)에게 인도의 위대한 도덕성의 한 전형을 보여주고자 한 것이었다. 그런데 영국 일반인들에 영향을 주기 위하여 런던에서 영어로 출간된 『기따』는 오히려 인도에 깊은 영향을 주게 된다. 람 모한 로이에서 간디에 이르기까지 많은 근대 인도사상가들이 『기따』를 최고의 힌두 경전으로 여기게 되었고, 더 나아가 대통령이 된 철학자 라다끄리슈난

(*Vivādabhaṅgārnava*)』를 콜브룩이 영어로 번역하여 출판한 것이다. cf. Rocher 2003: 111.

123) 헤이스팅스는 총독 퇴임 1년 전에 조직된 캘커타의 아시아협회(Asiatick Society of Bengal)도 적극 후원했다. 그는 "영국인들은 아시아인처럼 생각하고 행동해야 한다. 그러지 않으면 궁극적으로 제국이 붕괴될 것이다"라고 말하며 인도고전 연구를 후원한다. cf. Kopf 1969: 18.

124) 1785년 출간된 초간본 제목에 윌킨스의 직책이 동인도회사의 'Senior Merchant'라고 명시되어 있고, 후에 회사의 문서책임자(Librarian)가 되지만 『기따』는 기본적으로 그가 개인적으로 번역한 책이다.

125) 헤이스팅스는 아내에게 보내는 편지에서도 『기따』를 인용하며 자신의 영감의 원천이라고 말한다. 그리고 비망록에서는 "예수의 육화가 비슈누의 육화보다 더 납득할 만한가? 현재 유럽의 [동양에 대한] 우월성은 전혀 기독교 때문이 아니다. 그것은 자유로운 정부, 추운 기후, 인쇄술, 그리고 항해술 덕분이다"라고 언급한다. Trautman 1997: 72에서 인용.

(Sarvepalli Radhakrishnan, 1888-1975)에 의해 현대 서구식 호텔의 침실 조명 아래 비치된『기드온 성경(Gideon Bible)』옆에 함께 놓이게 된다(Rocher 1993 : 228).

19세기 중반 이후 변화가 감지되는데 인도인들이 번역에 참여하기 시작했다는 것이다. 이솝 우화를 벵갈어, 힌디어, 우르두어로 번역·번안하는 등 외국의 작품 또는 인도 각 지역의 작품을 주요 지역어들로 번역했고, 그 결과 셰익스피어와 밀턴이 인도인들에게 친숙해졌다. 사무엘 존슨(Samuel Johnson, 1709-1784)의 풍자 산문집『라셀라스(History of Rasselas)』, 베이컨(Francis Bacon, 1561-1626)의 에세이, 존 번연(John Bunyan, 1628-1688)의 『천로역정(天路歷程, Pilgrim Progress)』 등도 번역이 되었지만, 셰익스피어의 희곡이 힌디어뿐만 아니라 다른 지역어로도 가장 많이 번역되었다. 영국 작가 외에도 영어로 번역된 노르웨이의 헨릭 입센, 프랑스의 몰리에르, 러시아의 막심 고리키와 톨스토이 등의 작품도 번역 또는 번안되었다. 그러나 심각한 주제나 사회적 이슈에서 벗어난 추리, 로맨스, 공상과학, 판타지 소설과 아동문학이 주류였다(이지현 2019: 1153-1156). 또 다른 문제는 영어에 익숙한 상류층은 여전히 영어로 된 작품만, 인도 고전조차도 영어 번역으로 보았다는 것이다.

서구 독자들을 위한 인도 문헌의 유럽어 번역들은 오히려 교육받은 인도인들에게 오리엔탈리스트의 이미지를 광범위하게 제공했다. 영국화한 인도인들은 영어가 아닌 현지어로 말할 때조차 영어에 부가된 상징적 파워 때문에 식민지 담론에서 회자되는 (자신들이 만든 것이 아니라 서양인들이 저술한) 영어 번역서와 역사서들을 통하여 자신들의 과거에 접근하는 것을 선호했다.[126]

---

126) Niranjana, 1990: 778.

람 모한 로이부터 타고르까지 벵갈 르네상스를 주도한 인물들 대부분은 당대 인도인들의 삶으로부터 유리된 사실상의 영국인이었다. '해외 거주 인도인(NRI: Non-Resident Indian)'에 빗대자면 그들은 '아대륙 거주 영국인(NRB: Non-Resident British)'이나 다름없었다.127) 『기딴잘리(Gītāñjali)』128)로 1913년도 노벨문학상을 받은 타고르의 수상 이유에 대해 노벨상위원회는 "완전한 기술로, 그의 심오하고 섬세한, 신선하고 아름다운 시에 의해, 그만의 영어로 표현된 자신의 시적 사상을 '서양 문학의 한 부분'(a part of the literature of the West)으로 만들었다"129)고 말함으로써 타고르의 문학이 영문학의 일부라고 선언했다.130)

4. 인도를 향한 인도인

1) 카디(khadi) 입은 빅토리아 신사

간디(Mohandas Karamchand Gandhi, 1869-1948)가 돌아왔다.

---

127) 람 모한 로이는 무굴제국 황제를 대신하여 영국 정부를 만나기 위해 브리스톨(Bristol)을 방문하던 중 1833년 수막염으로 서거했다. 산업혁명 시대에 급부상한 도시 브리스톨의 중심부인 칼리지 그린(College Green)에 꼴까따 출신 현대 조각가 쁘라단(Niranjan Pradhan)이 제작한 실물 크기의 람 모한 로이 청동상이 있고, 역시 쁘라단이 제작하고 바수(Jyoti Basu)가 기증한 로이의 흉상이 브리스톨 시청 정문 로비에 있다.

128) "영역본 『기딴잘리』는 타고르의 별도의 작품이 아니고 그가 기존에 발간한 벵갈어 작품집에서 발췌하여 직접 영어로 번역한 비교적 짧은 서정시들의 모음집이다. [...] 예이츠(William Butler Yeats, 1865-1939)는 『기딴잘리』의 서문에서 타고르 시의 풍성함과 소박함을 보면서 인도에 새롭게 르네상스가 일어나고 있는 것 같다는 견해를 밝혔다"(김우조 2013: 21-22).

129) The Nobel Foundation, "Nobel Prize in Literature 1913, Summary", https://www.nobelprize.org/prizes/literature/1913/summary/ (검색일: 2025/10/18)

130) 이종찬(2016: 632)은 타고르에 대한 서구의 찬양은 인도 문명에 대한 찬사라기보다 타고르를 만들어낸 서구 자신, 즉 서구 정체성에 대한 찬사라고 평가한다(손석주 2018: 22에서 재인용).

1891년 런던에서 변호사 자격(Call to the bar)을 취득한 후 귀국했지만, 곧바로 1893년에 23세의 나이로 남아프리카로 떠나, 그곳에서 장장 21년의 시간을 보내면서 훗날 인도 독립운동의 밑거름이 되는 정치적, 도덕적, 윤리적 경험을 쌓은 그가 1915년 1월 9일 인도에 돌아온 것이다.

간디를 "영웅들과 순교자들이 가지고 있는 재능을 가진, 언젠가는 인도를 위해 큰일을 할 인물"로 평가하고 불러들인 인도국민회의(INC: Indian National Congress)의 온건파 지도자 고칼레(Gopal Krishna Gokhale, 1866−1915)는 간디에게 귀국 후 1년간은 정치적 문제들에 대해 견해를 표명하지 않을 것을 확약받은 바 있었다(이정호, 2000: 181−185). 이에 간디는 "1년 동안 나는 인도에서 아무 것도 하지 않고, 견습 기간이 끝날 때까지 경험을 얻기 위해 여행하며 공공의 문제에 대해 의견을 표명하지 않을 것이며 1년이 지난 후에도 소신의 피력을 서두르지 않겠다"(Gandhi 1926: 288)고 고칼레에게 약속했다. 약속대로 귀국 첫해인 1915년에 간디는 정치를 멀리하면서 인도 여러 지역을 여행한다. 이때 그는 연설과 기고문 등을 통하여 사회개혁에만 몰두하고 정치적 문제는 피해갔다. 1888년 영국 유학 이래 26년 가까이 떠나 있었기에 낯선 인도의 상황을 바로 보고 알기 위하여 스스로 선택한 침묵이었다.

그러나 1917년과 1918년에 참파란(Champaran)과 케다(Kheda)에서 농민들의 비폭력 저항운동(Satyagraha)을 지도하며 점차 정치운동에 깊숙이 개입하기 시작한다. 1919년에는 암리짜르 학살사건(Jallianwala Bagh massacre)[131]의 진상을 조사하고 보고서를 작성한다. 이때 간디

---

131) 펀잡은 대영제국에 가장 완강하게 저항하여 1856년에야 영령 인도에 병합된 곳이지만, 네팔의 구르카와 함께 세포이 항쟁(Sepoy Mutiny)의 진압에 협력하였고, 제1차 대전 중에는 거의 50만에 이르는 병력을 파견하는 등 대영제국에 가장 협조적인 지역이었다. 그러나 협력의 대가는 전염병과 빈곤으로 돌아왔다. 이 와중에 새로 부임한 다이어(Reginald Dyer)가 계엄령을 선포하며 공포통치를 시작하였고, 결국 4월 13일 암리짜르 황금사원 인근의 잘리안왈라 공원(Jallianwala Bagh)에 모인 민간인들에게 총기를 난사하여 천여 명이 숨지는 참극이 발생하였다.

를 애타게 기다리던 편잡 사람들의 모습이 자서전에 담겨있다. 귀국 후
지난 4년 동안 간디가 얼마나 많은 민중들의 마음을 얻었는지 보여주는
일화다.

> 내가 라호르에 도착했을 때 목격한 광경은 일생 동안 내 기억에서 사라질
> 수 없을 것이다. 철도역은 이 끝에서 저 끝까지 온통 와글거리는 사람들의
> 무리였다. 전 시민들이 오래 떠나 있던 그리운 친척이나 만나려는 듯 온통
> 몰려나와 기뻐 어찌할 줄을 몰라 했다.[132]

학살이 벌어진 암리짜르의 1919년 INC 총회에서 신임 의장이 된 (자
와할랄 네루의 부친) 모띨랄 네루(Motilal Nehru, 1861–1931)의 권유
로 의회에 가입한 간디는 1924년에는 의장으로 선출된다. 제국공무원
(ICS: Imperial Civil Service)에서 은퇴한 영국인 흄(Allan Octavian
Hume, 1829–1912)의 주도로 1895년 창립된 INC는 전(全) 인도를
대표한다고 선언했지만, 사실상 도시 엘리트를 대변하는 조직이었다.
명확하게 정의된 이념도 없었고, 전국 각지를 순회하며 매년 개최되는
총회에서는 제국(British Raj)에 대한 충성을 결의하고, 기껏해야 논란
의 여지가 덜한 시민의 권리 같은 문제에 대한 실효성 없는 결의안만 의
결했다. 그러나 간디가 입회한 후 자치(swaraj)와 농민, 도시 노동자의
권리문제에 본격적인 관심을 갖게 된다.

INC 가입 이후 국산품애용(swadesh), 단식, 평화적 행진 등 비폭력
(ahiṃsā) 비협조운동(Non-Cooperation Movement)을 전개하던 간디
는 1922년 흥분한 시위대가 경찰관 22명을 죽이는 '차우리 차우라 사
건'(Chauri Chaura incident) 이후 사실상 정치에서 은퇴한다.[133] 간디

---

132) Gandhi 1926: 583.
133) 이때 간디 외에 많은 다른 중진 지도자들도 체포되며 독립운동의 세대교체가 이루어
    진다. 이때 미래에 인도의 마지막이자 유일한 인도인 총독이 되는 라자고빨라차리

는 사바르마띠(Sabarmati) 아쉬람으로 돌아가 『영 인디아』(Young India) 등 잡지를 펴내며 농촌 빈민과 불가촉천민들을 위한 사회 개혁운동에 매진한다. 한동안 아쉬람에서 자서전을 집필하며 조용히 지내던 간디를 다시 인도 정치의 중앙 무대로 소환한 사건이 발생한다.134) 1929년 신임 의장으로 선출된 자와할랄 네루는 '완전 자치(pūrṇa swaraj)'를 당헌으로 채택하고 영국 통치의 종식을 선언한다. INC 실무위원회(Working Committee)는 전국적 규모의 시민불복종 운동을 전개하기로 결정하고, 이에 대한 전권을 간디에게 위임한다(Ackerman, et al., 2000: 83). 이에 간디는 자신이 발행하는 잡지(Young India)를 통해 어윈(Edward Wood Irwin, 1881－1959) 총독에게 토지세 경감, 소금세 폐지, 알코올의 전면적 금지 등 11가지 사항을 요구한다. 그러나 총독이 간디의 요구사항에 무대응으로 일관하자 간디는 11개 항목 중의 하나인 소금세의 폐지를 겨냥한 사띠아그라하 운동을 전개하기로 결심한다. 1882년에 제정된 소금법에 따르면 소금의 제조와 공급은 식민 정부가 독점하고, 이를 어기는 것은 범죄행위였다. 간디는 소금법을 의도적으로 위반하여 정부에 불복종하기로 한 것이다.

전권을 위임받은 간디가 사띠아그라하 운동의 목표로서 소금세의 폐

(Chakravarti Rajagopalachari, 1878－1972), 미래의 총리 네루(Jawaharlal Nehru), 현직 총리 모디의 정신적 지주 빠뗄(Vallabhbhai Patel), 당대 학생들과 젊은이들의 우상 보세(Subhas Chandra Bose) 등이 등장했고, 아울러 정치적 스펙트럼도 확대되어 현재 인도 집권당 BJP의 모태인 국가자원봉사단(RSS, Rashtriya Swayamsevak Sangh), 자치당(Swaraj Party), 힌두 마하사바(Hindu Mahasabha), 공산당 등이 본격적 활동을 시작한다.

134) 영국 정부는 1919년의 인도정부법(Government of India Act)에 따라 정부조직 등의 개혁을 연구하기 위하여 1927년도에 사이먼(John Allsebrook Simon, 1873－1954)을 위원장으로 하는 위원회를 구성한다. 그런데 인도인들의 운명이 걸린 중대사에 단 한 명의 인도인도 참여하지 못하고 오직 7명의 영국인으로만 구성된 위원회의 결정을 국민회의 등 인도의 주요 정치단체들이 참여한 1928년도의 전당 회의(All-party Conference)에서 거부하기로 결정한다. 이어 같은 해에 캘커타에서 열린 국민회의 임시총회에서는 1929년도까지 자치권(dominion)을 부여하라고 요구한다. 요구가 받아들여지지 않자 1929년 12월 29일 라호르(Lahore)에서 개최된 국민회의 정기대회에서 아버지(Motilal Nehru)에 이어 의장으로 당선된 네루는 '완전 자치'를 당헌으로 채택하고 영국 통치의 종식을 선언한다. 31일 자정에는 라비(Ravi) 강둑에 국기를 게양하고, 1월 26일을 독립기념일로 선포한다.

지를 선택하자 처음에 INC는 황당한 결정이라며 간디를 못미더워 했다 (Dalton 1993: 100). 간디가 투쟁의 목표로 소금을 선택한 것에 대해 네루와 사후(Dibyalochan Sahoo)는 의아해했고, 빠뗄(Sardar Patel, 1875-1950)은 토지세 보이콧이 더 낫지 않겠냐고 제안한다(Johnson 2005: 32). 식민정부의 기관지『스테이츠맨(The Statesman)』은 "웃지 않을 수가 없다"고 조롱했다. 식민정부도 소금세에 대한 저항 계획에 신경을 쓰지 않았다. 어윈 총독은 소금세 저항운동을 심각하게 받아들이지 않았고 "현시점에 소금세 운동의 전망이 나를 잠 못들게 하지는 않는다"고 런던에 편지를 보내며 여유를 보였다.135)

그러나 간디가 이런 결정을 한 데에는 타당한 이유가 있었다. 사실 일상적인 것이 큰 정치적 권리에 대한 추상적인 요구보다 모든 계층의 시민들에게 더 큰 공감을 줄 수 있다. 더욱이 소금세는 식민정부 세수의 8.2%나 차지했으며 가장 가난한 인도인에게 가장 큰 피해를 입힐 수 있는 휘발성 강한 테마였다(Dalton 1993: 72). 간디는 자신의 선택을 설명하면서 "소금은 아마도 공기와 물 다음으로 삶에 가장 필요한 것"이라고 말한다. 다른 지도자들과 달리, 미래의 총독 라자고빨라차리 (Chakravarti Rajagopalachari, 1878-1972)만이 간디의 의도를 간파했다. 뚜띠쪼린(Tuticorin, 현재의 Thoothukudi)에서 열린 한 회의에서 그는 이렇게 말한다.

국민들이 들고 일어난다고 생각해 보라. 그들은 추상적인 헌법을 공격하거나 정부의 포고령, 법령에 대항해 군대를 이끌 수는 없다. […] 시민 불복종 운동은 소금세, 토지세처럼 어떤 특정한 대상을 직접 겨냥해야 한다. 그것이 우리의 최종 목적은 아니지만, 당분간은 우리의 목표이다. 그리고 우리는 그것을 똑바로 정조준해야 한다.136)

---

135) "Letter to London on 20 February 1930", Ackerman, et al., 2000: 84.

간디는 소금세 저항운동이 '뿌르나 스와라지'를 모든 인도인들에게 의미있는 방식으로 드라마틱하게 각색할 것이라고 느꼈다. 또한 힌두와 무슬림에게 똑같이 부당한 소금법과 싸움으로써 그들 간에 단결을 구축할 것이라고도 생각했다(Ackerman, et al., 2000: 83). 점차 시위가 점점 격렬해지자 처음에는 반신반의하던 정치지도자들도 간디가 선택한 소금의 힘을 깨닫기 시작했다. 네루는 전례 없는 민중들의 반응을 보고 "갑자기 봄이 온 것 같았다"고 말한다(Wolpert 2001: 148). 간디는 1930년 3월 12일 78명의 자원자들과 함께 사바르마띠 아쉬람을 출발하여 24일 동안 하루에 평균 18km씩 총 390km를 걸어 4월 5일 단디(Dandi)에 도착했다. 도중에 점점 많은 사람들이 참여해 도착했을 때 행렬의 길이는 3km에 달했다. 간디는 행진이 끝날 무렵 "무력에 대항하는 정의의 전투에 세계가 공감하기를 바랍니다"(Wolpert 2001: 148)라고 말한다. 그리고 도착 다음날 아침에 기도를 한 후 소금이 묻은 진흙 덩어리를 들고 선언한다. "이것으로, 나는 대영제국의 기반을 흔들고 있습니다." 그리고 '불법적으로' 소금 진흙을 끓여 소금을 채취한다. 그런데 진정 놀라운 것은 행진에 참여한 무명의 참가자(Satyagrahi)들이 간디의 요청에 따라 끝까지 비폭력 저항운동을 고수했다는 것이다. 당시 현장을 취재한 연합통신(United Press) 밀러(Webb Miller) 통신원이 이 상황을 전한다.

(경찰이 곤봉을 휘두르는데도) 행진 중 어느 누구도 곤봉을 막기 위해 팔을 들지 않았다. 그들은 볼링핀처럼 쓰러졌다. 내가 서 있던 곳에서도 두개골을 내려치는 곤봉 소리가 들렸다. 행렬을 바라보는 사람들도 곤봉을 내려칠 때마다 똑같이 아픔을 느끼면서 신음소리를 내고 한숨을 들여 마셨다. 머리가 깨지거나 어깨가 부러진 채 바닥에 널부러진 사람들은 정신을 잃거

---

136) *The Hindu*, 5 April 1930.

나 고통에 몸부림을 쳤다. 2-3분 만에 땅바닥은 시체로 누벼졌다. 흰옷은 붉은 피로 흥건해졌다. 행진대열을 지킨 생존자들도 쓰러질 때까지 조용히 끈질기게 행진했다. 마침내 경찰은 사띠아그라히(satyagrahi)들의 무저항에 격분했다. 그들은 앉아 있는 사람들의 복부와 고환을 잔인하게 발로 차기 시작했다. 부상당한 사람들이 고통에 몸을 비틀고 비명을 지르는 것이 경찰의 분노를 자극하는 것처럼 보였다. 경찰은 앉아 있는 사람들의 팔다리를 끌고 가서 도랑에 내던지기 시작했다.137)

결국 대영제국은 인도의 비폭력에 굴복했고, 일체의 직함이 없는 민간인 신분의 간디가 총독 어윈과 협정(Gandhi-Irwin Pact)을 맺는다. 소금 행진에 참여한 여성 운동가 나이두(Sarojini Naidu, 1879-1949)는 협정에 합의한 간디와 어윈을 "두 명의 위대한 영혼(Mahātma)"이라고 칭송했지만, 보세 등 급진주의 세력과 젊은이들은 협정을 총독부에 대한 항복으로 비난한다(이정호 2005: 12). 처칠(Winston Churchill)은 협상을 위해 반쯤 벌거벗은 옷차림으로 총독관저에 온 간디에 대해 "역겹고 경멸스럽다"고 말한다(이정호 2005: 12). 그렇지만 간디와 사띠아그라히들이 대영제국의 총칼과 곤봉에 맞아 피를 흘리면서 한 숭고한 비폭력 무저항 운동은 인도인들에게 언젠가는 식민지배에서 벗어날 수 있을 것이라는 자신감을 심어주었다. 네루는 단디 사티아그라하를 간디와의 관계에서 가장 중요한 사건으로 여겼으며, 그 운동이 인도인들의 태도를 바꾸는 데 지속적인 중요성을 지녔다고 생각했다.

물론 이러한 운동은 영국 정부에 엄청난 압력을 가하고 정부 기구를 뒤흔들었다. 하지만 내 생각에 진정한 중요성은 우리 국민, 특히 농촌 마을 주민들에게 미친 영향에 있었다. [...] 비협조는 그들을 수렁에서 끌어내어 자존감과 자립심을 주었다. [...] 그들은 용감하게 행동했고 부당한 억압에 쉽게

---

137) "Webb Miller's report from May 21"(Martin 2006: 38).

굴복하지 않았다. 그들의 시야가 넓어졌고 인도 전체를 조금 생각하기 시작했다. [...] 이는 놀라운 변화였고 간디의 지도 아래 의회가 그 공로를 인정받아야 했다.

더 나아가 30여 년 후에는 미국의 흑인 민권 운동가 루터 킹(Martin Luther King Jr. 1929-1968) 등에게 깊은 영향을 미친다. 그는 간디를 통하여 무력이 아닌 비폭력, 즉 사랑의 힘이 갖는 잠재력에 대해 확신을 갖게 되었다고 고백한다.

대부분의 사람들처럼 나도 간디에 대해 들어 봤지만 그를 진지하게 공부한 적이 없었다. 그렇지만 그에 대해 읽어가면서 나는 그의 비폭력 저항운동에 깊이 매료되었다. 나는 특히 그의 소금 행진과 수많은 단식에 감동했다. 사띠아그라하의 개념은 내게 매우 심오하게 다가왔다. 간디의 철학에 깊이 빠져들수록 사랑의 힘에 대한 나의 회의가 점차 줄어들었고, 사회개혁 분야에서 그것의 잠재력을 처음으로 보게 되었다.[138]

2) 중세로 간 두 근대인

독일 낭만파의 창시자 중 한 명인 슐레겔(Friedrich Schlegel, 1772-1829)[139]이 페르시아어를 배우러 1802년 빠리에 도착한다.[140] 근대 초기 메트로폴리스의 위용을 과시하는 빠리의 경관에 압도되어 '우주의

---

138) King Jr., 1998: 23.
139) 람 모한 로이와 같은 해 태어났다는 점이 주목된다. 즉 근대에 대한 반동으로서의 서양의 낭만주의와 인도 근대사상의 출발선이 같은 시대이다.
140) 당시 유럽인에게 페르시아어는 힌디어, 산스끄리뜨어보다 중요한 언어였다. 터키의 오토만(Ottoman), 이란의 사파비드(Safavid), 인도의 무굴(Mughal) 등 이른바 3대 '화약의 제국(Gunpowder Empires)' 중 2개 제국의 공식 언어가 페르시아어이다. cf. Schwab 1984: 68.

수도'(capital of the Universe)[141]라고까지 찬양한 그는 당시 빠리 교도소에 수감 중이던 스코틀랜드 해군장교 해밀턴(Alexander Hamilton, 1762-1824)[142]에게 산스끄리뜨어를 배우게 되는데,[143] 1년 만에 산스끄리뜨어를 터득한 그는 일체의 사회적 교류 없이 국립도서관(Bibliothèque Nationale)에서 산스끄리뜨 필사본만 연구한다. 그는 빠리를 환상, 예술, 사랑, 종교가 없는 도시라고 불평하며, 그 원인이 프랑스의 국민성에 기인하는 것이 아니라 전체적인 유럽의 타락과 퇴보 탓이라고 말한다. 슐레겔의 근대 프랑스에 대한 혐오와 무관심은 곧 고대 인도에 대한 관심으로 전도되지만, 당대의 인도에 대해서는 일체 무관심하거나 무지했다(Tzoref-Ashkenazi 2006: 725).[144]

슐레겔이 '우주의 수도' 빠리에 도착한 지 80여 년이 지난 1888년에 '세계의 수도' 런던에 간디가 도착한다. "처음 영국에 갈 때 간디는 변호사가 되기 위한 수련만이 아니라 문명의 중심지이자 철학자들과 시인들

---

141) "프랑스 기행(Reise nach Frankreich)" (KFSA VII 56-79, Duche, 2011: 1에서 재인용).

142) 미국 건국의 아버지(Founding Fathers of the United States) 중 한 명인 같은 이름의 미국 정치가 Alexander Hamilton(1755-1804)의 사촌 동생인 해밀턴은 동인도회사에서 해군장교로 복무하며 William Jones의 아시아협회에서도 활동했다. 해밀턴은 인도에서 영국으로 귀국하지 않고 프랑스 국립도서관(Bibliothèque nationale de France)의 산스끄리뜨 필사본을 수집하러 프랑스로 갔지만 영불전쟁(1803) 중에 스파이로 오인받아 잠시 감옥에 수감된다. 빠리에서 그는 슐레겔, Jean-Louis Burnouf(Eugène Burnouf의 아버지)에게 산스끄리뜨어를 가르쳤으며, 1806년에는 옥스퍼드대학교(Hertford College)에서 유럽 최초의 산스끄리뜨어 교수로 임용된다. cf. Davies 1998: 67.

143) "인도학이 학문으로 발전하는 과정에서 가장 결정적인 순간은 18세기 초 빠리에서 슐레겔과 해밀턴의 만남이다"(Rocher 1968, Pollock 1993: 80에서 재인용).

144) 전체적으로 아직 농업사회인 독일을 상기하면서 슐레겔은 "[빠리] 사람들은 [중세의] 언덕과 성곽에서의 삶을 포기하고 계곡과 대로 주변에 살며 생경한 삶의 방식과 돈을 탐욕스럽게 추구한다"고 말하며 빠리의 근대적, 자본주의적 도시생활에 대한 혐오를 드러낸다. 특히 그는 언덕 위 성곽에서의 중세기적 생활방식을 높은 도덕성을 갖는 행복한 삶이었다고 회상하며 낭만적 이미지를 투사한다. 그리고 고대의 인도에서 퇴보하기 이전 유럽의 본모습을 발견한다. 슐레겔의 인도학은 독일의 뒤쳐진 근대화와 정체성에 대한 열망, 그리고 프랑스에 대한 열등감을 고대 인도에 투사한 '전도된 오리엔탈리즘(inverse Orientalism)'(cf. Dusche, 2011: 6.)으로서 독일 인도학의 잘못된 방향성을 결정지었다. 그의 오리엔트 인도는 서양의 지배 대상인 열등한 세계가 아니라 서양을 원래의 모습으로 복원해줄 수 있는 고대의 정신을 보존한 우월한 세계였고 그 오리엔트의 적자가 바로 독일이었다(Tzoref-Ashkenazi 2007: 732).

의 땅 잉글랜드를 볼 수 있을 것이라는 기대에 부풀었다. 그러니 런던에서 간디는 오히려 영국성(Englishness)의 영향에서 벗어나 인도성(Indianness)을 발견하게 되는데. 그러한 변화는 간디가 런던의 채식주의자들과 만나면서 접하게 된 긍정적 오리엔탈리즘(affirmative Orientalism)의 영향에 의한 것이었다. 즉 인도를 수동적이고 공상적이며 미신적이고 도덕적으로 타락하고 카스트가 지배하는 전제적 사회로, 그리고 절망적으로 후진적인 곳으로 규정하는 부정적 오리엔탈리즘과 달리. 19세기 말의 긍정적 오리엔탈리즘은 인도를 정신적 순수함과 반물질주의적 가치의 신비로운 고향으로 본질화했다. 이러한 서양의 지적 조류와 만나면서 간디는 자신이 미처 보지 못했던 인도성을 발견했다"(박지향 2004: 310-311).

이때 간디가 발견한 긍정적 인도성은 훗날 독립 인도의 미래를 설계한 소책자에 자세하게 기술된다. 남아프리카에서 첫 번째 사띠아그라하 운동145)을 전개하던 기간 중 런던에 다녀오는 배편에서 그는 8일 동안 『인도인의 자치(Hind Swaraj or Indian Home Rule)』라는 작은 책자를 구자라띠어로 저술한다.146) 한 독자(reader)147)가 질문하고 편집인(editor)이 답하는 대화형식으로 저술된 책에서 간디는 자치(Swaraj),

---

145) 남아프리카에서 이민법에 대항하는 운동을 전개하던 간디는 인도인들의 입국을 제한하는 또 다른 악법인 '트란스발 이민제한법(Transvaal Immigrants Restriction Bill)'에 항의하고자 두 명으로 구성된 대표단의 일원으로 런던에 갔다. 협상에 실패하고 빈손으로 귀국했지만, 간디는 런던에서 그의 삶에 전환점을 맞는 중요한 경험을 하게 된다. 그는 1909년 7월 10일 런던에 도착하여 11월 13일까지 약 4개월 동안 머물렀는데 이때 서신을 통하여 톨스토이를 만나게 된다. 톨스토이가 서거할 때까지 1년 동안 지속된 둘 간의 서신 교환은 이후 간디의 삶에 큰 영향을 주게 된다. 남아프리카에 돌아온 간디는 종교, 가난, 채식, 평화 등에 대한 톨스토이의 작품을 읽기 시작했다. 그중에서도 "하나님의 왕국은 당신 안에 있다"(The Kingdom of God is within You, 1893)를 통해 기독교 복음의 핵심이 힌두이즘과 자이나에서 가르치는 아힌사(ahiṃsā)와 크게 다르지 않다는 것을 알게 되었다. cf. 톨스토이가 간디에게 준 영향에 대해서는 이정호(2012) 참고.

146) 1909년 구자라뜨어로 저술한 책을 이듬해인 1910년에 영어로 번역했는데 표지에 "All Rights Reserved" 대신 "No Rights Reserved"라고 적혀있다. 간디의 마음을 읽을 수 있다. 그러나 번역된 1910년에 바로 영국 정부에 의해 금지서적으로 지정된다.

147) 역사학자 메흐로뜨라(Sri Ram Mehrotra, 1931-2019)의 주장에 따르면 '독자'는 간디의 후견인인 Pranjivan Mehta(1864-1932)라고 한다. '편집인'은 물론 간디이다.

현대 문명, 기계화 등에 대한 자신의 견해를 피력한다. 간디의 스와라지 등에 대한 생각은 귀국 후 발간하기 시작한『젊은 인도(Young India)』, 『새 생명(Navjivan)』,『하리잔(Harijan)』등 각종 잡지에서 더욱 구체화된다.148)

간디가 생각하기에 인도의 전통적 농촌 마을(gram)은 그의 정치적, 도덕적 원리인 스와라지가 '구현되었던' 이상적 공간이다. 그곳에서의 스와라지는 "자치(self-rule)와 자제(self-restraint)를 의미하며, '독립'이 흔히 의미하는 모든 제약으로부터의 자유는 아니다"(Gandhi 1962: 16). 간디는 그가 서거하기 직전에 1년 동안 거주했던 뉴델리의 방기 콜로니(Bhangi Colony)에서 저녁 기도 때마다 부르던 노래에 자신이 꿈꾸는 '자유 인도'의 본질이 담겨있다고 생각하고 이를 영어로 번역해 당시 인도성 장관인 페식-로렌스(Frederick Pethick-Lawrence, 1871-1961)에게 보낸다.

우리는 이런 나라에 살고 있습니다. 그곳에는 슬픔도 고통도 없습니다. 그곳에는 환상도, 괴로움도, 망상도, 욕망도 없습니다. 그곳에는 사랑의 갠지즈강이 흐르고, 모든 창조물에는 기쁨으로 가득 찹니다. 그곳에는 모든 마음이 한 방향으로 흐르고, 그곳에는 시간의 감각이 필요하지 않습니다.

모두가 원하는 것을 충족하는 나라입니다. 여기에는 모두가 정의롭게 자기 것을 나누고, 여기에는 모두가 같은 틀에서 만들어진 듯 똑같습니다. 여기에는 부족함도 근심도 없고, 어떤 모습의 이기심도 없습니다. 높음도 낮음도, 주인도 노예도 없습니다. 모든 것이 밝지만 타는듯한 열기도 없습니다.

그 나라는 당신 안에 있습니다. 그것은 스와라지, 스와데시, 당신 안에 있는 집입니다.

승리! 승리! 승리! 그것을 갈망하는 사람만이 그것을 깨닫습니다.149)

---

148) 1919년부터 영어로 발간된『젊은 인도(*Young India*)』는 주간지, 역시 1919년부터 구자라뜨어로 발간된『새 생명(*Navjivan*)』은 월간지이다.『하리잔(*Harijan*)』은 1933년부터 영어, 구자라뜨어, 힌디어로 각각 발간되었다.

저녁 기도는 계급과 신분이 없는 사회의 모습을 노래했다. 그곳에는 "수직적 구분은 없고 수평적 구분만 존재하는 높고 낮음이 없는 사회이다. 더 많이 가진 자들은 자신을 위해서가 아니라 덜 가진 자들을 위해 봉사한다. 직업을 선택하는 데 있어 동기를 부여하는 요소는 개인적인 발전이 아니라 사회에 대한 봉사를 통한 자기표현(self-expression)과 자아실현(self-realization)이다"(Gandhi 1962: 23).

이상 사회를 실천하기 위해 간디는 산업주의(industrialism)와 기계(machinery)를 배격한다. 그에 따르면 "대규모 산업화는 필연적으로 경쟁과 마케팅의 문제로 인해 농촌 마을 주민들에 대한 수동적 또는 능동적 착취로 이어질 것이다. [...] 이러한 기계와 도구가 타인을 착취하는 수단으로 사용되어서는 안 된다"(Gandhi 1962: 27). 그렇지만 "과학적 진실과 발견이 무엇보다도 탐욕의 도구로만 여겨져서는 안 된다는 점을 덧붙이고 싶다. 그러면 노동자들은 과로하지 않을 것이고, 기계는 방해물이 아니라 도움이 될 것이다. 내가 목표로 하는 것은 모든 기계를 근절(eradication)하자는 것이 아니라 제한(limitation)하자는 것이다"(Gandhi 1962: 32). 그리고 네루에게 보내는 편지에서 이상이 실현될 수 있는 최적의 장소인 농촌 마을에 대해 말한다.

인도가 진정한 자유를 얻고, 인도를 통해 세계도 자유로워지려면, 언젠가는 사람들이 도시가 아닌 마을에, 궁궐이 아닌 오두막에서 살아야 합니다. 수많은 사람들이 도시와 궁궐에서 서로 평화롭게 살아갈 수 없을 것입니다. 그렇게 되면 그들은 폭력과 거짓에 의지하는 것 외에는 다른 대안을 찾지 못할 것입니다. [그리고] 마을이 사라지면 인도도 사라질 것입니다. 더 이상 인도가 아닐 것입니다. 세계에서 인도의 사명은 사라질 것입니다.[150]

---

149) Gandhi 1962: 22.
150) Gandhi 1962: 43.

간디가 생각하는 마을 스와라지는 "완전한 공화국으로, 필수적인 필요를 충족하기 위해서 이웃 마을과 독립되어 있으면서도, 의존이 불가피한 다른 많은 마을들과는 상호 의존적이다. [...] 교육은 최종적인 기초 과정까지 의무적으로 제공될 것이다. 가능한 한 모든 활동은 협동조합 방식으로 진행될 것이다. 오늘날처럼 신분이 차별되는 불가촉천민 제도는 존재하지 않을 것이다. 사뗘아그라하와 [정부의 부당한 요구에 대한] 비협력(non-cooperation)을 실천하는 비폭력주의는 마을 공동체의 중요한 원칙이 될 것이다"(Gandhi 1962: 44).

서로 독립적인 "무수한 마을들로 이루어진 이 구조 안에는 끊임없이 넓어지고 결코 상승하지 않는 원들이 존재할 것이다. 삶은 바닥이 꼭대기를 지탱하는 피라미드가 아닐 것이다. 오히려 '바다의 원(oceanic circle)'이 될 것이며, 그 중심에는 마을을 위해 언제나 목숨을 바칠 준비가 된 개인이 있고, 마을들은 마을들의 원을 위해 목숨을 바칠 준비가 되어 있다. 마침내 전체는 개인들로 이루어진 하나의 삶이 될 것이다. 그들은 결코 오만함에 공격적이지 않고 항상 겸손하며, 그들이 하나의 단위인 바다의 원의 위엄을 공유한다"(Gandhi 1962: 80).

하나의 살아있는 세포는 그 이웃 세포들과의 관계뿐만 아니라 그 세포가 구성하는 조직, 그 조직이 구성하는 기관, 최종적으로는 그 세포가 속해있는 하나의 생명체와의 유기적 관계 하에서 존재한다. 그러나 궁극적으로 한 세포가 생명을 유지하려면 자신의 세포막 안에서 '완전한 공화국'(complete republic)이어야 한다. '완전한 공화국'인 하나의 마을(gram)은 위계적 피라미드 구조가 아닌 위아래가 없는 '바다와 같이 거대한 원'(oceanic circle)에서 서로 연대(solidarity)하는 평등한 관계이다. 이것이 간디가 말하는 '마을 자치'(gram swaraj)의 전체적 구조이다.

마을이 스스로 자급자족하는 스와데시(swadesh)는 스와라지의 가장 기본적 원리이다. 그러나 "스와데시는 증오 숭배(cult of hatred)가 아니다. 그것은 가장 순수한 아힌사(ahiṃsā), 즉 사랑에 뿌리를 둔 이타적인 봉사의 교리이다"(Gandhi 1962: 72). 마을의 모든 구성원은 스스로의 육체 노동으로 자신의 빵을 마련해야 한다. "육체 노동을 하지 않는 사람이 어떻게 먹을 권리가 있겠는가?"(Gandhi 1962: 49).

화이트헤드(2006: 462-463)에 따르면 "과학기술로 근대세계가 통일되기 전까지 사람들은 사회적 안정이 윤리적 행위의 전제조건의 하나여야 한다는 것을 깨닫지 못했다. 어떤 나라에서는 이것이 국가기구의 제동에 관여하는 타입의 인간에 의해 강요되었고, 우리가 인간다운 사회조직을 유지하기 위해서는 이와 맞서 투쟁하지 않을 수 없게 만들었던 것이다." 간디도 이와 비슷한 말을 한다.

> 최고의 고려 사항은 인간이다. [...] 추구해야 할 목표는 인간의 행복이 완전한 정신적, 도덕적 성장과 결합되는 것이다. 나는 '도덕적'(moral)이라는 형용사를 '영적인'(spiritual)이라는 말과 동의어로 사용한다. [...] 나는 인도의 경제 체제, 그리고 세계의 경제 체제는 그 누구도 식량과 의복 부족으로 고통받지 않도록 구성되어야 한다고 생각한다. 다시 말해, 모든 사람이 생계를 유지할 수 있을 만큼 충분한 일자리를 얻을 수 있어야 한다. 그리고 이러한 이상은 생계에 필수적인 생산 수단이 대중의 통제하에 있을 때에만 보편적으로 실현될 수 있다. 이러한 생산 수단은 '신의 공기와 물(God's air and water)'이 그렇듯, 그리고 마땅히 그래야 하듯이 모든 사람이 자유롭게 이용할 수 있어야 한다.151)

그는 도덕적, 영적 삶의 전제조건이 기본적인 의식주의 충족이라는 상식을 재확인한다. 그런데 간디가 꿈꾸는 '그람 스와라지'는 미래의 이상이 아니라 이미 과거에 실제로 존재했었던 '오래된 미래'(ancient

---

151) Gandhi 1962: 47

future)152)였다. 1830년대에 한 농촌 마을을 방문한 당시 총독대리 멧캘프(Charles Theophilus Metcalfe, 1785-1846)는 농촌 공동체의 모습을 다음과 같이 묘사한다.

> 마을 공동체는 자신들이 원하는 거의 모든 것을 스스로 갖추고 대외 관계에 거의 의존하지 않는 작은 공화국과 같다. 그들은 아무것도 살아남을 수 없는 상황에도 살아남을 듯하다. 각각이 그 자체로 별도의 작은 국가를 형성하는 이러한 마을 공동체의 연합은 [...] 그들의 행복, 그리고 그들이 향유하는 자유와 독립에 상당한 도움이 된다.153)

'아버지'(Bapu)154) 간디의 이상은 그의 정신적 아들 네루(Javāharlāl Nehrū, 1889-1964)에 의해 실현된다. 네루는 1959년 간디의 탄생일인 10월 2일에 맞춰 '그람 스와라지'를 실현하기 위해 농촌지역에 지방자치제도인 '빤짜야뜨 라지(Panchayat Raj)'를 도입한다. 사실 간디와 네루는 여러 면에서 의견이 충돌했다. 간디는 서구 문명과 국가를 부정하는 듯했고, 네루는 적극적으로 긍정하는 등 여러 면에서 둘의 의견이 충돌했다. 간디도 이를 잘 알고 있었다.

> 빤디뜨 네루는 산업화를 원한다. 산업화가 사회화되면 자본주의의 악으로부터 자유로울 것이라고 생각하기 때문이다. [그러나] 나는 산업화에 악이 내재되어 있기 때문에, 아무리 사회화해도 이를 근절할 수 없다고 생각한다.155)

---

152) '라다크로부터 배우다'라는 부제목으로 1991년 출간된 헬레나 노르베리 호지(Helena Norberg Hodge, 1946년생)의 책의 제목이기도 하다.

153) Gandhi 1962: 8.

154) 보세(Subhas Chandra Bose, 1897-1945)가 1944년 한 라디오 방송에서 처음 사용한 이후 간디의 애칭 중 하나가 되었다. 간디의 고향 구라라뜨어로 '아버지'를 뜻한다. 『인도인의 자치(Hind Swaraj or Indian Home Rule)』, 『젊은 인도(*Young India*)』, 『새생명(*Navjivan*)』, 『하리잔(*Harijan*)』 등에서 그람 스와라지와 관련된 내용을 발췌하여 편집한 『 *Village Swaraj* 』 서문에서 편집자인 비야스(Vyas)도 간디를 '국부(Father of the Nation)'라 지칭한다.

155) Gandhi 1962: 29.

그럼에도 불구하고 빤짜야뜨 라지를 도입한 것이다. "진정한 민주주의는 중앙에 앉아 있는 스무 명의 사람들에 의해 이루어질 수 없다. 모든 마을 사람들이 아래로부터 실천해야 한다"(Gandhi 1962: 9)는 간디의 소망대로 그람 스와라지는 마을이 모든 권한을 부여받은 분권화된 소규모 정치 단위로, 모든 개인이 직접적인 발언권을 갖게 된다. 개인은 자신의 정부를 설계하는 당사자이고, 마을 정부는 최소한의 자격을 갖춘 성인 마을 주민들이 매년 선출하는 5명으로 구성된 빤짜야뜨(Panchayat)에 의해 운영된다. 빤짜야뜨는 모든 권한과 관할권을 갖는다. 입법부, 사법부, 행정부가 하나로 통합된 형태이며, 처벌 제도는 존재하지 않는다(Gandhi 1962: 8-9).

그러나 빤짜야뜨 라지의 마을 자치는 멧칼프가 관찰한 19세기에나 원활하게 기능할 수 있는 방식이다. 전근대에서 좋은 이념을 가져올 수 있지만, 그 이상은 전근대적 제도로는 실현할 수 없다. 그러므로 "실제 운영에 있어서 빤짜야뜨는 농촌개혁의 원동력으로서의 그 역할을 충분히 하지 못하고 있다. 주민 총회(Gram Sabha)는 주민들의 무관심으로 촌락의 특정집단에 의해 지배되는 경우가 많으며, 빤짜야뜨 위원의 선거는 카스트, 가족주의 등의 전근대적 정실관계의 영향력 밑에 있고 또 빤짜야뜨의 정책과 그 집행은 집단이기주의와 포퓰리즘에 의해 결정된다. 연방정부와 주정부의 정책도 농촌지역의 현실적 요구보다는 집권당이나 관료집단의 편의주의적인 필요에 의해 만들어진 것들이 많다. 즉, 일반대중과 정부 모두 빤짜야뜨라는 제도를 통해 낙후된 농촌을 발전시키고 진정한 풀뿌리 민주주의를 정착시키겠다는 의욕보다는 빤짜야뜨를 자신들의 이익과 목적을 정당화시키는 도구로 이용되는 현상이 나타나고 있다"(고홍근 2008: 1-2).

빤짜야뜨 라지의 문제점은 이미 암베드까르(Bhimrao Ramji Ambedkar, 1891-1956)가 지적한 바 있다. 그는 "1948년에 의회 연설에서 인도의 촌락들을 '지역주의의 웅덩이 그리고 무지와 편협함 또 종파주의의 소굴'이라고 비난했다. 그는 간디의 '마을 공화국'의 이상은 국가에 해악만 끼칠 뿐이라고 단정하였기에 빤짜야뜨 체계는 제헌단계에서 행정의 기본단위에서 제외되었는데"(고홍근 2008: 5), 1959년에 네루에 의해 부활하였고, 1990년 개헌안에 빤짜야뜨가 포함되며 1993년부터 실시된다.

전근대, 즉 중세의 농촌 자치 제도가 약간의 수정을 거치며 부활된 것은 간디의 유산이다. "간디뿐만 아니라 다른 지도자들도 농촌을 다치지 말아야 할 신성한 어떤 것으로 바라보았다. 근대성을 옹호하며 간디와 논쟁을 벌인 시인 타고르조차 그랬다. 2004년부터 2014년까지 총리를 지낸 만모한 싱((Manmohan Singh, 1932−2024)은 농촌 경제 후진성의 원인을 인도인들의 사고방식에서 찾았는데, 인도 엘리트들이 지속적으로 농촌 마을에 대해 갖는 애정이야말로 가장 심각한 핵심 장애라는 것이다. 공식적으로는 어떤 정당도 간디의 농촌에 대한 철학을 지지하지 않지만, 간디의 견해는 관료층과 주류사회에 남아있다. 그러므로 인도를 도시화하는 것도 전통문화에 대한 도전으로 간주된다. 그러나 정작 이들과 달리 농촌에 사는 사람들 자신은 그렇게 생각하지 않는다는 것이다"(박지향 2011: 217, 229).

그러나 농촌 후진성의 원인으로 지목된 간디는 이미 1933년에 문제의 해결책을 그의 독자들에게 제시한 바 있다.

제 글을 부지런히 읽어주시는 독자 여러분과 제 글에 관심 있는 분들께 말씀드리고 싶은 것은, 저는 일관성을 유지하는 데 전혀 관심이 없다는 것입니다. 진리를 탐구하는 과정에서 저는 많은 생각을 버리고 새로운 것을 많이 배웠습니다. 나이가 들었지만, 제 내면의 성장이 멈췄다거나 육신이 해체되어도 성장이 멈출 것이라고는 생각하지 않습니다. 제가 중요하게 여기는 것은 순간순간 진리, 곧 나의 신의 부르심에 기꺼이 순종하는 자세입니다. 따라서 제 두 글 사이에 불일치를 발견하더라도, 저의 정신 건강을 여전히 믿는다면 같은 주제에 대한 두 글 중 후자를 선택하는 것이 좋을 것입니다.[156]

"사상은 사상가들이 살고 사색했던 시대와의 관계에서 이해되어야 한다. 설득력 있는 철학은 진공 속에서 사색하지 않는다. 그들의 가장 추상적 관념조차도 어느 정도는 그들이 살던 시대의 사회적 관습, 정서적 반응, 종교나 정치의 지도 이념, 그리고 사람들이 무엇을 중요한 것으로 생각했는지 등의 제약을 받는다"(화이트헤드 외 2006: 411). 간디는 두 차례의 세계대전으로 인한 근대 문명의 파산과 식민지 인도의 참혹함을 경험한 사람이다.

우리 세대의 지난 두 차례 전쟁은 그러한 경제 질서의 완전한 파산을 입증했다. 덧붙여, 그 전쟁들은 내게 전쟁의 파산을 입증한 것처럼 보인다. [...] 깨어나고 자유로운 인도는 신음하는 세상에 평화와 선의의 메시지를 전한다. [...] 나는 가슴 깊은 곳에서 ... 세상이 피 흘리는 것에 지쳐 죽어가고 있다는 것을 느낀다. 세상은 탈출구를 찾고 있으며, 나는 아마도 굶주린 세상에 탈출구를 보여주는 것이 고대 인도의 땅이 갖는 특권이 될 것이라고 믿는다.[157]

그는 파산한 문명의 희망을 오래된 인도의 농촌 마을에서 발견한 것이다. 구체적 방법과 제도는 현대 인도인들이 찾아야 할 몫이지, 네루와 간디에게 책임을 물을 일이 아니다. 간디가 말했듯 일관성은 필요 없다.

---

156) Gandhi 1962: 15.
157) Gandhi 1962: 6. cf. "가슴 깊은 곳에서" 다음에 이어지는 "..." 부호는 원문의 것이다. 두 차례 세계대전의 참화에 세상이 피 흘리며 죽어가는 것을 느끼는 간디의 회한을 표현한 듯하다.

네루가 부활한 제도가 실패했다면 새로운 제도를 만들면 될 일이다.

5. 결론

한때 '영령 인도'(British Raj)로 불렸던 남아시아는 동아시아보다 먼저 서양 근대문명과 조우했지만, 전반적으로 근대화에는 실패했다고 보여진다. 한국의 10분의 1에 못미치는 1인당 GDP를 예로 들 것도 없이, 세계 평균을 넘어서는 문맹률(illiteracy rate)과 노천배변률(open defecation rate)은 남아시아, 특히 인도의 근대화가 실패했다고 단정지어도 될 듯하다. 본 연구는 아직도 근대 민족국가를 형성(nation building) 중인 인도 정부의 책임 이전에 근대 인도사상가들에서 실패의 원인을 찾고자 했다.

이를 위해 주요 근대 인도사상가들을 기존과는 조금 다른 도식 (scheme)으로 바라보았다. 이 도식은 정확하지 않거나 위험할 수 있지만, 필자가 피상적으로 이해한 한계를 벗어나기 위해, 그동안 축적된 다른 학자들의 연구성과에 최대한 기반하여 '도식적 이해'의 함정을 피하고자 했다. 필자가 만든 도식은 근대 인도사상가들을 '서양을 향한 사상가'와 '인도를 향한 사상가'로 구분한 것이다. 아울러 이 도식을 선명하게 부각시키고 객관화하기 위하여 이들 남아시아의 사상가들을 동시대 동아시아의 사상가들, 특히 근대화 성공에 기여한 일본의 사상가들과 비교했다.

첫째, "동아시아 역사에서 일본의 화려한 등장과 중국과 한국의 몰락 원인을 번역으로 한정할 수는 없지만, 번역을 무시하고 그 원인을 찾는 일 또한 핵심을 비켜날 수밖에 없다"(양세욱 2012: 65). 일본의 근대를

'번역된 근대(translated modern)'라고 하는 잘 알려진 표현을 역으로 해석하자면, 근대 문명의 발상지가 서양이므로 서양 문물의 번역 없이는 근대를 달성할 수 없다는 의미일 것이다. 이런 관점에서 볼 때, 근대 일본사상가들이 국가적 지원하에 필사적이고 전면적으로 펼친 번역사업과 비교하자면, 근대 인도사상가들의 번역작업은 거의 무시될 수준으로 보인다. 번역이 서양을 배우기 위한 것이라면, 비베까난다, 끄리슈나무르띠 등은 그들의 유창한 외국어 실력으로 오히려 동양의 지혜를 서양에 가르치려고 하였다. 12세기 이래 자신들의 모어와 지배자의 언어가 달랐던 북인도의 역사적 맥락에서 그들에게 이질감 없었던 이방의 언어는 출세와 신분상승의 수단이었다. 그들은 항상 지배자들을 위해 또는 향해 서 있었지, 민중 또는 국민은 그들의 관심 범위에 없었기에 굳이 번역작업을 할 필요가 없었고, 문맹퇴치 운동도 마찬가지였다. 결국 근대세계를 살았던 인도인들은 자신에 대한 자치와 자율성을 확보할 기회를 얻지 못했다.

둘째, 처음으로 인도의 민중을 향한 사상가가 멀리 남아프리카에서 나타났다. 전(全) 인도를 대표한다고 선언했지만 실은 도시 엘리트를 대변하는 조직인 INC의 리더 고칼레의 초빙으로 남아프리카 생활을 접고 귀국한 간디는 농민과 도시 노동자를 위한 활동을 전개한다. 특히 인도인의 대다수를 차지하는 농민들이 사는 농촌 마을의 삶의 방식(gram swaraj)에서 인도의 미래를 발견한다. 그리고 정치적 자치(self-rule)의 원리이자 내면적 자제(self-restraint)의 원리인 스와라지가 독립 이후 네루에 의해 인도 농촌에 지방자치제도의 원리로 도입된다. 그러나 중화학공업 위주의 사회주의적 혼합경제체제는 힌두성장률(Hindu rate of growth)로 불리는 저성장으로 인하여 소비재와 노동력 모두 신규 수요와 공급을 창출하지 못했다. 대부분의 동아시아 국가들이 다수의 국민을 고용하기 위해 경제발전 초기에 선택했던 임가공 위주의 경공업이 부재했기에 농민들은 도시에 갈 곳이 없었고, 갈 필요도 없었다. 간디는 농민을 도시로 보내지 않았고, 네루는 농민을 도시로 부르지 않은 셈이다. 전근대적 전통사회에서나 가능한 농촌만의 폐쇄형 순환조절 시스템의 실패는 예정된 것이었다. 더욱이 80년대 이후 '만달 대 만디르'(Mandal vs Mandir) 정치 구도 하에서 아직도 상당수의 '기타 후진계층'(OBC, Other Backward Classes) 등 사회적 약자가 거주하는 농촌 마을의 빤짜야트 라지는 풀뿌리 민주주의가 아닌 풀뿌리를 통제하는 기제로 작동했다. 결과적으로 인도인의 64% 이상이 아직도 익명성과 이동성이 보장되지 않는 농촌마을에서 인습의 굴레 속에 살아가고 있다. 결국 근대성의 핵심 주제인 합리주의와 세속화 모두 실패했다.

이상은 제도를 통해 실현된다. 제도가 실패했다고 이상을 철회할 필요는 없다. 그 이상이 다수의 공감을 받는 한 새로운 제도를 만들면 된다. 1772년 벵갈에서 영국의 직할통치가 시작된 이래, 인도인들은 250년 동안 자신들의 나라를 통치하는 제도를 직접 만들어본 경험이 없었다. 대영제국을 무너뜨린 간디도 해체기술자이지 건설기술자가 아니었다. 장점까지 포함하여 근대성 자체를 부정하는 간디를 "목욕물과 함께 아기를 내던진 꼴"(박지향 2011: 208)에 비유한 포스트-콜로니얼리스트들이야말로 신생 공화국 정치인들의 실패한 제도 때문에 간디의 이상까지 내던진 꼴이다. 사실상 실현 가능성 없기는 마찬가지인 헬레나 노르베리 호지의 '오래된 미래: 라다크로부터 배우기'로 자신의 지성을 장식하려는 이들이 '간디의 목욕물을 버리면서 간디까지 버리는 우(愚)'를 범하지 않기를 바라면서 글을 마친다.

| 참고 문헌 |

고홍근(2008). "빠짜야뜨 라즈(Panchayat Raj): 그 과거와 현재",『남아시아연구』
　　　14권 1호, 인도연구소, 1-32.

김우조(2013). "영역 본『기딴잘리』에 나타난 인도낭만주의의 특성 -R. 타고르 시
　　　의 발전단계를 중심으로",『남아시아연구』18권 3호, 인도연구소, 19-48.

김주아(2020). "중·일 번역문화와 번역어의 탄생과정 - 근대 동아시아 '지식권력'
　　　의 형성과 변화의 관점에서",『중국인문과학』 74호, 중국인문학회,
　　　441-464.

라투르, 브뤼노 지음, 홍철기 옮김(2009).『우리는 결코 근대인이었던 적이 없다』,
　　　서울: 갈무리.

류경희(2005). "19세기에 등장한 힌두 종교-사회 개혁운동의 현황과 성패 요인",
　　　『인도연구』10권 1호, 한국인도학회, 1-40.

마루야마 마사오, 가토 슈이치 지음, 임성모 옮김(2000).『번역과 일본의 근대』, 서
　　　울: 이산.

마시니, 페데리코 지음, 이정재 옮김(2005).『근대 중국의 언어와 역사』, 서울: 소
　　　명.

박지향(2004). "간디 다시 읽기: 근대문명 비판을 중심으로",『역사비평』66호, 역
　　　사문제연구소, 300-323.

박지향(2011). "자와할랄 네루의 나라 만들기:,『영국연구』25호, 영국사학회,
　　　203-234.

손석주(2018). "제1차 세계 대전을 통해서 본 타고르의 작품 세계:『내셔널리즘』을
　　　중심으로",『영미어문학』129호, 한국영미어문학회, 21-37.

양세욱(2012). "동아시아의 번역된 근대: '개인'과 '사회'의 번역과 수용",『인간·환
　　　경·미래』9호, 인제대학교 인간환경미래연구원, 63-91.

오성철(2022). "근대교육 형성의 동아시아적 특질에 관한 시론적 고찰: 일본근대
　　　교육의 특질을 중심으로",『한국초등교육』33권 1호, 서울교육대학교 초
　　　등교육연구원, 1-20.

윤지원(2019). "엄복의 근대인식과 중·서학의 회통",『유교사상문화연구』76호,

한국유교학회, 167-185.

이규수(2013). "근대 일본의 학제 형성과 역사 지식의 제도화", 『한국사학사학보』 27호, 한국사학사학회, 395-431.

이옥순(2005). "정복의 언어, 전복의 언어 - 식민지 인도의 영어", 『남아시아연구』 10권 2호, 인도연구소, 95-118.

이정호(1997). "간디(M.K. Gandhi)의 학창기(學窓期)", 『남아시아연구』 2호, 인도연구소, 195-214.

이정호(2000). "정치적 견습기의 마하트마 간디(1915~1918)", 『남아시아연구』 10권 2호, 인도연구소, 181-199.

이정호(2005). "마하트마 간디의 시민 불복종 운동 - 소금법 반대행진을 중심으로", 『남아시아연구』 5호, 인도연구소, 119-136.

이정호(2012). "레오 톨스토이와 마하트마 간디 - 마하트마 간디에게 미친 톨스토이의 영향을 중심으로", 『남아시아연구』 18권 2호, 인도연구소, 115-129.

이종찬(2016). 『열대의 서구 조선의 열대』, 서강대학교출판부.

이지현(2019). "근대 힌디문학의 장르형성 과정에 나타난 번역 양상 연구", 『인문사회21』 36호, 인문사회21, 1147-1165.

이현근, 곽혜선, 명수환, 구혜민(2023). 『인도 농업과 주요 농업정책 동향』, 한국농촌경제연구원.

콕스, 하비 지음, 이상률 옮김(2010). 『세속도시 - 현대 문명과 세속화에 대한 신학적 전망』, 서울: 문예출판사.

클레망, 엘리자베스, 샹탈 드몽크, 피에르 칸, 로렌스 한젠-뢰브 지음, 이정우 옮김(1996). 『철학사전 - 인물들과 개념들』, 서울: 동녘.

허재영(2017). "일제강점기 한글운동과 문맹퇴치(문자보급) 운동 연구", 『독서연구』 44호, 한국독서학회, 128-162.

화이트헤드, 알프레드, 루시언 프라이스 지음, 오영환 옮김(2006). 『화이트헤드와의 대화』, 서울: 궁리출판.

Acharyya, Bijay Kisor(1914). *Codification in British India.* Calcutta: Thacker, Spink.

Ackerman, Peter and Jack DuVall(2000). *A Force More Powerful: A Century of Nonviolent Conflict.* Palgrave Macmillan.

Babb, Lawrence(1986). *Redemptive Encounters: Three Modern Styles in the Hindu Tradition.* Berkeley: University of California Press.

Bakker, Hans(1991). "Ayodhyā: A Hindu Jerusalem. An Investigation of 'Holy War' as a Religious Idea in the Light of Communal Unrest in India." Numen Vol. 38, Fasc. 1, 80-109.

Dalton, Dennis(1993). *Mahatma Gandhi: Nonviolent Power in Action.* Columbia University Press.

Davies, Anna Morpurgo(1998). *History of linguistics.* Volume IV, Nineteenth-century linguistics, London: Routledge.

Dusche, Micahel(2011). "German Romantics Imagining India: Friedrich Schlegel in Paris and Roots of Ethnic Nationalism in Europe", http://www.goethezeitportal.de/ fileadmin/PDF/ kk/df/ postkoloniale_studien/dusche_romantics_imagining_india. pdf. Accessed 30 May 2019.

Ehrlich, Joshua(2018). "The East India Company and the Politics of Knowledge", Ph. D. Dissertation, Harvard University.

Flood, Gavin (ed.)(2003). *The Blackwell Companion to Hinduism.* Oxford: Blackwell Publishing Ltd.

Gandhi, M. K.(1926). (reprinted 1948), *An Autobiography, or, The Story of My Experiments with Truth.* Ahmedabad: Navajivan Publishing House.

Gandhi, M. K., Compiled by H. M. Vyas(1962). *Village Swaraj.* Ahmedabad: Navajivan Publishing House.

Johnson, Richard(2005). *Gandhi's Experiments With Truth: Essential Writings By And About Mahatma Gandhi.* Lexington Books.

Kennedy, Paul(1987). *The Rise and Fall of the Great Powers - Economic Change and Military Conflict from 1500 to 2000.* New York: Random House.

King, Richard(1999). "Orientalism and the Modern Myth of 'Hinduism'", Numen 46/2, Brill, 146-185.

King, Martin Luther, Jr.(1998). *The autobiography of Martin Luther King, Jr.* New York: Intellectual Properties Management in association with Warner Books.

Kopf, David(1969). *British Orientalism and the Bengal Renaissance. The*

Dynamics of Indian Modernization, 1773-1835. Berkeley: University of California Press.

Niranjana, Tejaswini(1990). "Translation, Colonialism and Rise of English." Economic and Political Weekly XXV, No. 15, 773-779.

Pollock, Sheldon(1993). "Deep Orientalism? Notes on Sanskrit and Power Beyond the Raj", *In: Carol A. Breckenridge and Peter van der Veer, eds., Orientalism and the Postcolonial Predicament: Perspectives on South Asia,* Philadelphia: University of Pennsylvania Press, 76-133.

Rocher, Ludo(2003). "The Dharmaśāstras." In Flood (ed.)(2003), 102-115.

Schwab, Raymond(1984). *The Oriental Renaissance: Europe's Rediscovery of India and the East, 1680-1880 (translated by Gene Patterson-Black and Victor Reinking).* New York: Columbia University Press.

Trautmann, Thomas(1997). *Aryans and British India.* Berkeley: University of California Press.

Tzoref-Ashkenazi, Chen(2006). "India and the Identity of Europe: The Case of Friedrich Schlegel", Journal of the History of Ideas 67(4), 713-734.

Whitead, Alfred North(1926). *Science and the Modern World,* (Lowell Institute Lectures 1925), Cambridge: Cambridge University Press. Reprinted New York: The Free Press, 1967.

Whitead, Alfred North(1927). *Religion in the Making,* (Lowell Institute Lectures 1926), New York: The Macmillan Company. Reprinted New York: Fordham University Press, 1996.

Whitead, Alfred North(1929). *Process and Reality,* (Gifford Lectures 1927-28), New York: Macmillan. Corrected edition, David Ray Griffin & Donald W. Sherburne (eds.), New York: The Free Press, 1985.

Wilkins, Charles(1785). *The Bhagvat Geeta or Dialogues of Kreeshna and Arjoon in eighteen Lectures.* London: East India Company.

Wolpert, Stanley(2001). *Gandhi's Passion: The Life and Legacy of Mahatma Gandhi.* Oxford University Press.

노자의 인간론

이명권

노자의 인간론

이명권(비교종교학자 · 동양철학자)

1. 서론

『노자』는 흔히 형이상학의 도, 정치철학의 무위지치(無爲之治), 윤리(謙·弱), 수양(虛靜)으로 분류하여 읽히지만, 그 기반에는 일관된 인간 이해가 놓여 있다. 다만 노자의 인간론은 맹자·순자식 '성선(性善)/성악(性惡)'의 구도처럼 본성의 규정에 집중하지 않는다. 중국의 인성론(人性論) 문제는 공자에게서 출발한다. 『논어』 '양화편'에서 공자는 "인간의 본성은 서로 비슷하지만(性相近也), 익히고 길들어진 습관에 의해 서로 멀어진다(習相遠也)"라고 한데서부터 인간의 본성론이 거론되고 있다.158) 하지만 노자는 이러한 인간의 본성에 따른 선악관(善惡觀)으로 가치 판단의 기준을 삼지 않고, 일종의 '무중심적(無中心的) 가치를 추구'한다.159) 오히려 노자는 '인간이 어떻게 망가지는가?'와 '어

---

158) 省群忠, 『中國道德智慧十五講』, (北京: 北京大學出版社, 2008), pp.27－29.
159) 許建良, 『道德經的 圖譜』, (上海: 上海三聯書店, 2014), p.6.

떻게 본연의 자세로 되돌아갈 수 있는가?'를 중심으로 인간을 해석한다. 이 점에 착안하여 볼 때, 노자의 인간론은 다음 세 질문으로 답할 수 있다.

'인간은 도(道)와 어떤 방식으로 연결되는가?' 하는 존재론의 측면이 있고, '인간의 문제는 어디서 발생하는가?' 하는 문명적 성찰과 욕망 그리고 인식론적인 분별 작용의 결과를 논할 수 있다. 세 번째로 '인간은 어떤 방식으로 회복되는가?' 하는 윤리적 측면의 수양과 정치적 행위를 구분하여 설명할 수 있다.

노자의 인간론 연구는 대체로 위진(魏晉)시대 이후 왕필(王弼) 계열의 존재론적 해석인 무(無)와 유(有), 혹은 본체와 그 작용의 관점에서 이해하는 체(體)와 용(用)의 관점에서 이해되었다. 한편 한(漢)나라 하상공(河上公) 계열의 수양론이나 양생론적 해석이 노자 인간론을 이해하는 하나의 축이었다. 그런가 하면 현대 비교철학의 관계론적 해석이 있는데, 그것은 화이트헤드의 과정철학에서 보듯이 도(道)의 과정성과 비실체성에 대한 이해를 중심으로 인간과 도의 관계를 규정하는 방식이다. 그런가 하면 인간론과 결부시켜 정치 철학적 독해의 방식이 있다. 인간은 정치적인 존재로서 권력이나 강제에 저항할 수 있는 반권력, 비강제의 통치로 노자를 이해한 것이다. 이러한 기존의 노자 인간론 이해 방식과 성과를 통합하되, '인간'을 중심 축으로『노자』본문 속에서 인간론을 재구성해 보고자 한다.

2. 본론

노자의 인간 이해는 여전히『노자』본문으로 들어가야 한다.『노자』본문의 핵심 장(章)들을 인간 이해의 범주로 분류해 보면 다음과 같은 내용을 내포하고 있다. 이는 욕망, 지식, 수양, 정치, 언어 등의 언어로 묶어 해석할 수 있다. 이를 다시 본문 중심의 개념으로 직접 옮겨보면 자연(自然), 무위(無爲), 덕(德), 박(樸), 지족(知足), 복귀(復歸) 등으로 인간론을 재정의할 수 있다. 이러한 일련의 개념들을 구조적으로 분석해 보면, 인간이 문명화될수록 분별 작용이 강화되고 그에 따른 욕망이 두드러진다. 이러한 욕망의 강화는 도리어 인간 본연의 자세를 상실하게 되는 역기능이 있다. 이를 노자는 일찍이 진단하고 그에 따른 처방을 내린 것이 이른바, '허정(虛靜)'으로서의 '감욕(感欲)'을 통한 본연으로의 '복귀(復歸)'라는 순환 구조다.

1) 노자의 인간론을 구성하는 존재론적 토대: 道-德-人의 연쇄

(1) 도(道): 인간을 포섭하는 근원적 질서

『노자』에서 도는 노자 철학의 핵심 개념으로서 의인화된 인격신이 아니라, 만물을 낳고 기르는 근원적 흐름이다. 이러한 사례를 보여주는 본문이 『노자』 1장, 25장, 34장, 42장에 잘 나타난다. 이들 본문을 분석해 보면, 인간은 그 근원적 흐름의 "밖에서 들어오는" 존재가 아니라, 이미 그 안에서 생겨난 존재다. 따라서 인간의 존엄이나 가치도 외부의 명령이 아니라 도에 합치할 때 드러나는 삶의 온전성에서 발생한다. 이제 본문의 사례를 차례로 분석해 보자.

노자 『도덕경』 1장160)은 우주론이나 인식론으로 읽히는 경우가 많지만, 노자의 인간관(人間論) 역시 압축된 형태로 이미 제시되어 있다. 핵심은 "인간은 어떻게 세계를 인식하고, 어떻게 살아야 하는가?"에 대

---

160) 『노자』 1장, "道可道, 非常道. 名可名, 非常名. 無名天地之始, 有名萬物之母. 故常無欲, 以觀其妙. 常有欲, 以觀其徼. 此兩者, 同出而異名. 同謂之玄. 玄之又玄, 衆妙之門."

한 존재 태도다.161) 1장에서 드러나는 노자의 인간론 핵심은 다음과 같이 몇 가지로 분류하여 고찰할 수 있다. 첫째, 인간은 도(道)를 완전히 파악할 수 없는 존재(道可道非常道)라는 점이며, 이는 인간의 언어나 개념 혹은 지식은 궁극적 실재를 파악하지 못한다는 것이다. 인간은 근본적으로 제한된 인식 주체로서 전능한 이성적 주체가 아니라, 겸허와 침묵 그리고 열림의 태도를 가져야 할 존재다.

둘째, 인간의 욕망은 인식 방식을 결정한다. "늘 무욕으로 그 묘함을 관찰하며(常無欲, 以觀其妙), 늘 욕망을 낼 때는 그 돌아감을 관찰해야 한다(常有欲, 以觀其徼)"라는 점이다. 이는 인간은 욕망의 상태에 따라 세계를 다르게 본다는 것이다. 무욕의 상태에서는 인간 유형이 본질적 인간으로서 그 미묘함을 인식할 수 있지만, 욕망을 일으키는 작위적인 순간에는 경계와 그 결과(徼)의 돌아감을 보게 된다는 뜻이다. 따라서 인간은 욕망의 노예일 수도 있고, 도와 합일하는 존재일 수도 있다. 인간의 문제는 죄가 아니라 과잉 욕망이 문제다.

셋째, 인간은 '이중적 존재'라는 것이다. "이 둘은 하나의 출구에서 나오지만 이름만 다르다(此兩者 同出而異名)"라는 것이다. 이때 '이 둘'은 본문에 나타난 '무(無)와 유(有)'를 뜻한다. 무욕과 유욕이라는 욕망이라는 표현과 모두 결부되고 있는데, 이 두 가지가 모두 인간 안에서 동시에 발생한다. 이는 인간이 선/악으로 나뉘는 존재가 아니라 양극을 동시에 품은 존재라는 점이다. 노자는 인간을 도덕적 심판의 대상이 아니라 조율과 귀환의 대상으로 본다.

넷째, 이상적 인간은 '현(玄)'의 차원에 머무는 존재다. 분문은 "한가지로 일컬어 현이라고 하니(同謂之玄), 현묘하고 또 현묘하여(玄之又玄) 뭇 묘한 것의 문이 된다(衆妙之門)"라고 했다. 이상적 인간은 판단을 유보하고 깊이 머물며 드러나지 않는 질서에 자신을 맡긴다. 이로써

---

161) 이명권, 『노자왈 예수 가라사대』, (서울: 열린서원, 2017), pp.15-22.

보면 노자가 제시하는 인간은 스스로 드러내지 않으면서 세계의 근원과 조응하는 존재다.

결국 노자 제1장에서 도출되는 노자의 인간상은 인간의 인식은 근본적으로 제한되어 있고, 인간이 본연의 자세에서 벗어나는 것은 욕망의 과잉이며, 인간의 구조는 본질상 무(無)와 유(有)의 이중성이라는 점이다. 따라서 이상적 인간은 무욕(無欲)으로 '현(玄)'에 머무는 자이며 그 실천 방향은 비움과 겸허와 스스로 그러함(自然)으로의 귀환이다. 인간은 욕망에 따라 세계를 왜곡하지만, 욕망을 비울 때 도와 조응할 수 있는 존재라는 통찰이다.

(2) 덕(德): 인간의 자리(位相)로서의 '도 구현'

덕은 흔히 도덕적 덕목으로 오해되지만, 『노자』에서는 도의 작용이 구체적 삶에 나타나는 방식이다. 도와 덕의 관계적 차원에서 말하자면, '도'는 '덕'의 본체(體)이며, '덕'은 '도'의 나타난 모습(顯)이다. 그리고 '덕'은 '얻음' 곧 '득(得)'이다. 도와 자연 만물과의 관계를 볼 때, 도가 두루 주행하여 만물을 이루기 때문이다. 만물의 입장에서 얻음(이룸)이 있는 것이다. 이러한 이룸은 인간이 도를 실현할 때 나타나는 '덕'이다.162) 노자 본문 38장에 "상덕(上德)과 하덕(下德)"의 설명이 있다. 인간은 덕을 통해 도와 연결되며, 덕이 충실할수록 인간은 억지나 강제, 혹은 과잉에서 멀어진다. 이 점에서 인간은 '자율적 주체'라는 측면보다는 도-덕의 매개자로서의 관계적 존재다. 이를 본문 38장163)의 분석을

---

162) 張連良 外, 『中國古代哲學史』, (北京: 中國社會科學出版社, 2015), pp.29-33.

163) 『노자』 38장, "上德不德 是以有德. 下德不失德 是以無德. 上德無爲而無以爲. 下德爲之而有以爲. 上仁爲之而無以爲. 上義爲之而有以爲. 上禮爲之而莫之應, 則攘臂而扔之. 故失道而後德. 失德而後仁. 失仁而後義. 失義而後禮. 夫禮者, 忠信之薄而亂之首."

통해 좀 더 자세히 살펴보자.

『노자』제38장은 흔히 덕(德)의 타락 서열로 읽히지만, 그 핵심에는 노자의 성숙한 인간론—즉 인간은 어떻게 타락하고, 어떻게 회복되는가 하는 문제가 정교하게 들어 있다. 제38장의 기본 구도는 인간의 '타락 연쇄'를 보여주는데, 노자는 인간의 윤리 상태를 다섯 단계로 서술한다. 도(道), 덕(德), 인(仁), 의(義), 예(禮)의 단계로써 도는 근원의 상태로서 자연과의 합일이라는 모습을 보여주고, 덕은 충만한 상태로 '덕을 의식하지 않는' 차원의 모습이다. 인은 보완의 상태로 선을 애써 '행하려는' 의도적인 모습을 보인다. 의는 규범의 상태로 판단과 분별하는 인간의 모습으로 노자는 말한다. 예는 강제된 상태로서 외적 형식에 의존하는 모습이다. 여기서 중요한 것은 이것은 도덕의 발전사가 아니라, 도에서 멀어질수록 인간이 만든 대체물의 연쇄다. 제38장에 나타난 노자의 인간론 핵심은 다음 4가지로 분류해 볼 수 있다.

첫째, 인간의 문제는 '악'이 아니라 의식적 선(善)의 과잉이다. 노자는 이를 '상덕'과 '하덕'으로 구분하여 설명하는데, '상덕부덕(上德不德)'이라고 할 때, 참된 인간은 자신이 덕이 있다는 의식조차 없음을 말하고, '하덕불실기덕(下德不失其德)'이라고 하는 것은 '덕을 억지로 붙잡으려는 순간, 이미 덕은 사라짐'을 뜻한다. 인간론의 측면에서 보면, 인간은 선(善) 하고자 하는 의도를 내세울수록 인위적으로 되는 경향성을 지니고 있다는 뜻이다. 이처럼 노자에게 타락은 자연스럽지 못한 의도의 개입에서 시작된다.

둘째, 인간은 도에서 멀어질수록 '행위 주체'가 된다. 무위(無爲)의 차원에서 억지 행위가 들어가는 위지(爲之)로 나아가는 순간 작위적인 행위가 있게 된다(有以爲). 이러한 행위는 자연인으로서의 무위(無爲)에서 억지로 노력하는 인간의 위지(爲之)로 나아가 결국 이해타산에 얽히는 계산하는 인간(有以爲)이 된다는 점이다. 이러한 변화 과정을 보면 인간의 비극은 행위 그 자체가 아니라, 의도된 계산의 목적의식이 문제가 된다.

셋째, 인(仁)·의(義)·예(禮)는 '구제 장치'이지 이상이 아니다. 노자는 유가의 핵심 덕목을 부정하지 않지만, 차선책으로 위치시킨다. 인의예지에 해당하는 각각의 덕목과 인간 상태를 구분해 보면 다음과 같다. 인(仁)은 도가 약해진 사회에서 기능하고, 의(義)는 신뢰가 흔들린 사회, 예(禮)는 이미 혼란한 사회를 반영한다. 그리하여 "예는 충과 신이 박약해져서 난리의 우두머리(禮者, 忠信之薄而亂之首)"가 되는 상황에서 작동한다는 것이다. 예는 신뢰가 얇아진 사회의 마지막 접촉점이다. 인간론의 차원에서 보면, 규범이 많을수록 인간은 이미 병들어 있음을 보여주는 것이다.

넷째, 이상적 인간은 '도덕의 규범을 초월한 인간'이다. 노자가 말하는 이상적 인간은 도덕을 무시하는 인간이 아니라, 도덕의 규범이 필요 없는 인간이다. "덕을 드러내지 않기에 덕이 있고, 선한 행위도 의식적으로 드러내지 않기에 올바르다."라는 논리다.

이상과 같이 노자 제38장의 인간상을 정리해 보면, 인간 본성은 본래 도의 정신과 합일이 가능하며, 타락의 원인은 의식적 선행과 목적적 행위가 앞서기 때문이다. 이로써 윤리의 역할은 도가 상실된 이후의 대체물이 되고 있고, 그 최악의 상태가 예로 강제되는 인간이다. 따라서 이상적 인간은 무위(無爲)의 덕을 사는 인간이다. 그러한 모습은 38장의 끝에서 말하는 "그것을 버리고 이것을 취하라(去彼取此)"라는 표현에서 보이듯이, '순후(淳厚)'하고 '박실(朴實)'한 존재가 되라는 뜻이다.164)

---

164) 劉康德, 『老子鑑賞辭典』, (上海: 上海辭書出版社, 2018), p.108.

(3) 인간 문제에 대한 정치·철학적 진단: 인위(人爲), 욕망 과잉, 분별지의 폭주

　노자의 인간론은 인간을 본질적으로 악하다고 단정하지도, 선하다고 낙관하지도 않는다. 대신 "인간이 왜 스스로 고유의 면목을 상실하는가?"를 묻는다. 이에 대한 분석으로 인간의 본연의 위치에서 벗어난 상실과 분열의 몇 가지 차원을 살펴보자.

　첫째, 문명 비판적 시각에서 인간 상실의 차원을 이해할 수 있다. 예컨대, '지혜, 이익, 기교'와 같은 기제가 증식될수록 인간 상실의 범위는 커진다. 『노자』 3장, 18장, 19장, 57장 등의 본문에 의하면, '성인(聖人)으로 표방되는' 지혜 혹은 '제도의 정교함'이라거나 '이익 추구' 등이 오히려 도둑과 혼란을 부추길 수 있음을 경고한다. 『노자』 제3장의 본문165)에 나타난 인간론을 분석해 보자.

　"현명한 자를 높이지 않으면 백성은 다투지 않고, 얻기 어려운 재물을 귀히 여기지 않으면 도둑질하지 않으며, 욕망을 자극하는 것을 드러내지 않으면 백성의 마음이 어지럽지 않게 한다. 그러므로 성인의 다스림은 마음을 비우고 배를 채우며, 굳은 의지(야심)는 약하게 하고 뼈(건강)는 강하게 한다. 항상 백성에게 꾀를 부리지 않고 욕망을 품지 않게 하며, 영리한 자들조차 감히 인위적으로 꾸미지 못하게 한다. 무위로 다스리면, 다스리지 못할 것이 없다."

　위의 노자 3장은 성인의 통치술과 관련된 백성의 마음 상태다. 3장의 핵심 사상을 구조적으로 분석해 보면 다음 몇 가지의 고찰이 가능하다.

---

165) 『노자』 3장 "不尙賢, 使民不爭. 不貴難得之貨, 使民不爲盜. 不見可欲, 使民心不亂. 是以聖人之治, 虛其心, 實其腹, 弱其志, 強其骨. 常使民無知無欲, 使夫智者不敢爲也. 爲無爲, 則無不治."

첫째, 통치와 연관된 욕망의 관리다. 원문 구절에서 '현자를 숭상하지 말라'는 뜻으로 '불상현(不尙賢)'이라고 함으로써, 능력이나 명성을 과시하면 경쟁이 생긴다고 밝힌다. 『설문해자』에 의하면 '현(賢)'은 '다재(多才)'를 뜻한다. 노자 본문에서는 '다재다능한 능력(賢能)을 숭상하지 말라'는 의미로도 해석된다.166) 그리고 '얻기 어려운 재물을 귀히 여기지 않으면(不貴難得之貨)' 백성이 도둑질하지 않게 된다는 교훈이다. 이는 희소성을 강조함으로써 소유와 욕망을 증폭시키는 구조를 경계한 것이다. 욕망을 자극하는 것을 드러내지 말라는 '불현가욕(不見可欲)'도 마찬가지다. 욕망의 대상은 '보일 때' 증폭된다. 노자의 핵심 통찰은 사회 혼란의 원인은 인간 본성이 아니라 욕망을 자극하는 제도, 상징, 그리고 평가 체계에 있다.

둘째, 성인의 정치술로서 허(虛)와 실(實)의 대비적 설명이다. 노자의 본문에서 "그 마음을 비우고(虛其心), 그 배는 채우라(實其腹)"라는 구절에서 잘 드러난다. '허기심(虛其心)'은 분별과 계산 그리고 과잉의 욕망을 비우라는 뜻이고, '실기복(實其腹)'은 생존과 생활의 안정 보장을 뜻한다. 또한 "그 뜻(야심)을 약하게 하고(弱其志), 그 뼈는 튼튼하게 한다(強其骨)"라고 함으로써 출세나 야망 혹은 경쟁심을 약하게 하고 삶의 기초인 체력과 건강을 강화하라는 교훈을 주고 있다. 이는 정신은 단순하게 하고 삶의 기반은 튼튼하게 하라는 것으로 이는 '우민화 정책'이 아니라, 욕망 과잉 사회에 대한 탈(脫) 자극의 교훈이라 할 수 있다

셋째, 무지무욕(無知無欲)과 위무위(爲無爲)의 정치철학이다. 노자가 말하는 본문의 무지(無知)는 잔꾀나 이기적인 계산적 지식(小智)의 제거를 뜻한다. 무욕(無欲)은 과시나 비교 그리고 경쟁에서 생기는 인위적 욕망의 제거를 뜻한다. 노자는 지혜(大智)를 부정하지 않는다. 다만 그가 경계하는 것은 잔꾀를 부리는 영리함(巧智)이다. 이러한 무지

---

166) 蘭喜并, 『老子解讀』, (北京: 中華書局, 2006), p.16.

무욕의 단계는 자연스럽게 '위무위(爲無爲)'의 정치철학으로 연결된다. '위무위(爲無爲)'는 억지로 만들지 않는 것이며, 앞에서 억지로 끌지 않고 과잉으로 개입하지 않는 것이다. 그러므로 다스려지지 않음이 없다(則無不治). 질서는 '강요'가 아니라 '스스로 그러함(自然)의 회복'으로 생긴다.

『노자』 제3장에 나타난 인간관을 보면, 인간은 본래 다투지 않고 과욕을 부리지 않는다. 하지만 비교와 평가 혹은 과시가 인간을 어지럽힌다. 따라서 정치의 역할은 인간을 바꾸는 것이 아니라, 인간을 흐트러뜨리는 조건을 제거하는 것이다. 이는 '욕망을 설계하는 정치'가 아니라 '욕망을 자극하지 않는 질서'를 언급한 것이다. 또한 여기서 유의할 것은 '지식 그 자체'가 아니라, 지식이 욕망과 결탁하여 경쟁이나 지배를 강화한다는 점이다. 『노자』에서 욕망은 단순한 감정이 아니라 사회적 장치와 연결된 힘이다. 『노자』 제12장의 본문에서도 '오색(五色), 오음(五音), 오미(五味)'가 감각을 어지럽힌다는 점[167]과 제46장[168]에서는 "재앙은 만족할 줄 모름보다 큰 것이 없다(禍莫大於不知足)"라는 '만족함을 모름(不知足)'이 보여주듯, 욕망의 과잉은 감각을 무디게 하고 삶을 불안정하게 만든다. 인간은 욕망을 통해 '자기 바깥'을 끊임없이 추구하며, 그 과정에서 자기의 중심(虛靜, 樸)을 상실한다. 노자는 이러한 욕망의 정치학, 곧 '더 많이'가 인간을 분열시킨다는 것을 경계한다. 『노자』 46장을 욕망하는 인간의 관점에서 좀 더 분석해 보자.

"천하에 도(道)가 있으면 전쟁에 쓰이던 말조차 거름 나르는 데 쓰

167) 『노자』 12장, "五色令人目盲, 五音令人耳聾, 五味令人口爽, 馳騁畋獵令人心發狂" 여기서 '구상(口爽)'이라고 할 때의 '상(爽)'은 시원하고 맑은 것이 아니라, 왕필에 의하면, '어긋나 잃어버린다(差失)'라는 뜻이다. 다른 감각 기관도 타고난 성명(性命)을 따르지 않고 도리어 '스스로 그러함'을 해치기 때문에 눈멀고, 귀 멀고 입맛 잃고 미친다고 했다. cf. 王弼,(魏) 王弼, 『老子道德經注』, (北京: 中華書局, 2011), p.31.

168) 『노자』 46장 "天下有道. 却走馬以糞. 天下無道, 戎馬生於郊. 禍莫大於不知足, 咎莫大於欲得. 故知足之足, 常足矣."

이지만, 천하에 도가 없으면 전쟁터의 말이 들판에서 새끼를 낳는다. 재앙은 만족할 줄 모름보다 큰 것이 없고, 허물은 더 가지려는 욕망보다 더한 것이 없다. 그러므로 만족할 줄 아는 만족은 언제나 참된 만족이다."

위의 본문은 인간이 도를 지닌 유무의 상태를 전쟁 말에 비유하여 설명하고 있다. 도가 있는 경우(有道)에 말은 똥거름을 나르는 일에 사용되어(走馬以糞) 생산과 순환 그리고 평화의 도구가 되지만, 도가 없는 경우(無道)에는 전쟁터의 말이 들판에서 새끼를 낳음(戎馬生郊)으로써 상시적 전쟁 체제의 위험성을 말해준다. 전쟁은 '사건'이 아니라 문명 상태로서 욕망이 통제되지 않으면 평화도 구조적으로 불가능하다는 것을 말한다. 한 걸음 더 나아가서 재앙의 근원은 이어지는 본문에서 더욱 구체화 된다. 문제는 외부의 적(外敵)이 아니라 내부의 욕망(內欲)이다. 이른바 한계를 모르는 상태의 '부지족(不知足)'과 더 많이 가지려는 충동의 '욕득(欲得)'이라는 표현에서 알 수 있다. 그러므로 근본 해법은 본문 마지막 행에 제시되는 바와 같은 '만족할 줄 아는 만족(知足之足)'이다. 이는 단순히 '조금으로 만족'하는 것이 아니라 '만족 그 자체를 아는 능력'이다. 곧 족(足)을 더하지 않아도 족(足)한 상태로서, 욕망의 종식이 아니라 욕망의 정위(定位) 문제다. '지족지족(知足之足)'의 철학은 단순한 절제나 외적 억제가 아니라 욕망의 전환을 말한다.

이처럼 46장의 본문은 인간 욕망의 심리와 관련하여 전쟁과 비유함으로써 평화로운 삶이 어떠한 것인가를 잘 보여주는 전형적인 사례가 된다. 본문의 '주마이분(走馬以糞)'의 상징성은 앞서 본 것처럼 전쟁 자원이 생산적 순환으로 환원됨을 말하는 것으로, 무기의 부재가 아니라 용도의 전환을 말해준다.169) 이른바 도(道)의 정치란 '비군사화' 이전에 욕망의 탈군사화가 필요하다는 것이다. '융마생어교(戎馬生於郊)'의

---

169) 趙遠帆, 『老子的智慧』, (北京: 中國華僑出版社, 2013), p.132.

의미도 전쟁이 일상이 된 상태를 말해주는데, 평화가 없다. 현대적 언어로 보면 군산복합체나 안보 산업은 끝없는 위기 담론이 될 뿐이다.

　노자는 인간이 본래 과도하지 않지만, 비교나 확장 혹은 축적의 논리가 욕망을 끝없이 증식시킨다고 보았다. 전쟁은 인간의 악에서가 아니라 욕망이 제어되지 않는 문명의 결과라는 점이다. 이를 정치 철학적 의미에서 보면, 좋은 정치는 더 많이 생산하는 것이 아니라, 더 이상 확장하지 않아도 되는 상태를 만드는 것이다. 군사력의 증강은 안정이나 행복을 주는 것도 아니다. 만족 능력을 높임으로써 평화가 실현된다는 논리다. 현대적으로 보면 자본주의적 성장 중독은 만족할 줄 모르는(不知足) 데서 오는 것이며, 군사 질서를 위한 안보 경쟁은 전쟁터의 말이 들판에서 새끼를 낳는 꼴이다. 오늘날의 기후 위기도 과잉 소비에서 비롯되는 것이다. 이는 '성장의 윤리'가 아니라 '멈춤의 윤리'를 제시한다. 결국 노자 46장은 전쟁과 재앙의 근원을 외부가 아니라 '만족할 줄 모르는 욕망'에서 찾는다.

　노자는 욕망 자체를 부정하지 않는다. 그는 욕망의 무한 증식 구조를 문제 삼는다. 그래서 감욕(減欲)이 요청된다. 감욕은 욕망의 양을 줄이는 것이기도 하지만 아니라 방향을 바꾸는 기술이다. 노자는 본문 33장에서도 "족함을 알면 부유하다(知足者富)"라고 했다. 여기서 부(富)는 재산의 많고 적음이 아니라, 욕망과 소유 사이의 균형 상태를 말하는데, 내가 원하는 것과 가진 것의 간격이 작을수록 부유하다는 것이다. 또한 여기서 '부(富)'는 '성령원융부족(性靈圓融富足)'이라 하여 성품이나 영혼이 원융하여 풍성하고 만족스럽다'라는 의미도 지닌다.170) '감욕'이란 단순히 욕망을 없애는 것이 아니라, 욕망의 기준을 외부와의 비교나 경쟁에서 내부 충분함의 감각으로 이동시키는 것이다. 따라서 노자의 윤리는 규범 목록이 아니라, 욕망의 방향을 바꾸는 에너지 정치학

---

170) 袁勁松, 『道德經今解』, (北京: 中央編譯出版社, 2014), p.167.

이다. 그래서 노자의 윤리는 행동을 직접 통제하지 않고 욕망이 생성되는 구조 자체를 약화한다.

이제 인간 상실의 문제와 결부하여 인간 스스로 자신의 고유한 면목을 잃게 되는 이유 중의 하나로서 '분별지(分別知)의' 문제를 살펴보자. 이는 인간 지식의 한계로서 스스로 지혜롭다고 함으로써 내세운 '이름(名)'이 실재를 가리는 경우다. 노자는 언어와 분별의 불가피성을 인정하면서도, '이름을 붙이기'의 폭주가 실재를 불변의 진리처럼 고정함으로써 대립을 강화하는 것을 비판한다. 『노자』 제1장의 "명가명비상명(名可名非常名)"이라든가 제2장의 "유무상생(有無相生)"의 차원이 그렇다. 인간의 문제는 '알기(知)'가 아니라 알아차림 없는 '아는 척'으로서, 이는 강제와 지배를 낳는다. 그래서 노자는 역설적으로 '부지(不知), 무지(無知), 우매(愚)'를 찬양하는 듯한 표현을 사용한다. 『노자』 20장, 65장의 경우가 그러하다. 이는 반지성주의가 아니라, 도에 맞지 않는 지식의 태도에 대한 비판이다. 『노자』 20장의 본문171)을 한번 분석해 보자.

『노자』 20장은 '절학무우(絶學無憂)'라고 하는 파격적인 말로 역설을 시작하고 있다. 직역하면 "배움을 끊음으로써 근심이 사라진다"라는 것이다. 20장 본문에 등장하는 핵심 어휘를 열거해 보면, 우선 '절학(絶學)'이라는 개념을 등장시켜 '배움을 끊는' 효과에 대해 언급하는데 이는 인위적 분별이나 지식 체계를 거부하는 뜻이다. 또 '예와 아니오(唯之與阿)'를 들어서 그 차이가 얼마냐(相去幾何) 하고 물으면서 상대적인 언어적 차별의 무의미함을 말한다. 여기서 '유(唯)'는 공경의 응답이며, '아(阿)'는 배척과 질책의 의미다.172) 마찬가지로 '선과 악(善之與惡)'의 경우를 들어서도 선악 도덕의 이분법을 비판한다.

<hr>

171) 『노자』 20장, "絶學無憂, 唯之與阿. 相去幾何? 善之與惡, 相去何若? 人之所畏, 不可不畏. 荒兮其未央哉! 衆人熙熙, 如享太牢, 如春登臺. 我獨泊兮其未兆, 如嬰兒之未孩, 儽儽兮若無所歸. 衆人皆有餘, 而我獨若遺. 我愚人之心也哉!. 沌沌兮, 俗人昭昭, 我獨昏昏. 俗人察察, 我獨悶悶. 澹兮其若海, 飂兮若無止. 衆人皆有以, 而我獨頑且鄙. 我獨異於人, 而貴食母."
172) 戴建業, 『老子開講』, (海口: 海南出版社, 2015), p.281.

노자는 이어지는 본문에서 '세상 사람들이 들떠서 희희(衆人熙熙) 하며' 큰 소를 잡고(如享太牢) 세속적 번영과 성공을 노래하는 반면에, 자신은 홀로 담박하여 아무런 징조도 보이지 않으니(我獨泊兮其未兆), 웃을 줄 모르는 갓난아이와 같다(如嬰兒之未孩)고 했다. 여기서 노자가 자신을 담박하다(泊兮)고 한 것은 고요한 무위의 상태를 말한다. 세상 사람들은 여유가 있어 보이지만(衆人皆有餘) 자신은 혼자 버려진 듯하고(我獨若遺) 어리석은 사람 같다(我愚人之心也哉!)고 고백하고 있다. 그러면서 세상 사람들이 똑똑하지만, 자신은 어둑하다(沌沌!)고 했다. 이때 '돈돈(沌沌)하다'라고 한 표현은 혼연함을 뜻하는 원초적 도의 상태를 의미하는 것이기도 하다. 그리고 20장 본문 끝에서 "나 홀로 사람들과 달리 어머니 젖 먹는 것을 귀하게 여길 뿐이로다."라고 했다. 이 대목에서 노자 '식모(食母)'라는 표현을 쓰고 있다. 직역하면 '어머니를 먹다'는 뜻이 된다. 이때 '식(食)'을 하상공(河上公)은 사용한다는 뜻의 '용(用)이라고 해석하고, '어머니(母)'는 도(道)를 의미한다고 했다.173) 따라서 '식모'는 도인 생명의 근원을 먹이로 삼고 있다는 뜻이 된다.

이상에서 본 바와 같이, 『노자』 20장의 본문을 구조적으로 분석해 보면 다음과 같은 몇 가지 사상적 전개를 읽을 수 있다. 첫째, 지식이나 도덕 분별의 해체로서 '절학무우'와 '선과 악은 얼마나 다른가?'를 묻는다. 학(學)은 사회가 강요한 규범적 지식의 가능성이 크며 선과 악, 옳음과 그름은 상대적 구성물로서 분별이 많아질수록 근심과 불안이 증가하는 요인이 된다. 둘째, 세속 사회와의 거리 두기다. "사람들은 잔치에 들떠 있지만, 나는 홀로 고요하다"라고 하면서, 등장시키는 중인(衆人)은 경쟁이나 성취 그리고 축적의 인간형이다. 반면에 노자의 자아는 미완성이며 갓난아기 같은 상태다. 이는 성숙 이전의 순수성의 회복을 암시한

---

173) (漢) 河上公, 『道德經集釋』, (北京: 中國書店, 2015), p.29. "食, 用也. 母, 道也".

다. 셋째, ‘우인(愚人)’의 선언이다. “나는 어리석은 사람의 마음 같도다”라고 노자 자신이 표현한 것은 지적인 열등을 말한 것이 아니라, 계산이나 기획 혹은 성과 중심의 사고를 의도적으로 거부한 것이다. 이른바 반(反)지성주의가 아니라 초(超)지성주의라고도 할 수 있을 것이다. 넷째, 혼돈과 바다의 이미지다. “담담하여 바다 같고(澹兮其若海), 바람처럼 머무름이 없다(飂兮若無止)”라고 한 표현에서 알 수 있다. 이는 도의 상태가 고정되어 있지 않고 중심이 없으며, 방향이 없음을 뜻한다. 자유는 규칙이 아니라 유동성이라는 점이다. 다섯째, ‘식모(食母)’의 인간이다. “나는 사람들과 달리, 어머니를 먹는다”라는 과감한 표현을 쓰고 있다. 노자 1장의 도를 설명하는 본문에서 “유명만물지모(有名萬物之母)”라고 한데서도 알 수 있듯이 모(母)는 도(道)의 기능과 작용을 하는 만물의 근원이다.174) 따라서 노자는 ‘어머니’를 먹는다고 표현 함으로써 제도나 명예 혹은 성과를 먹지 않고 스스로 그러한 자연과 근원으로서의 생명성을 양식으로 삼는다는 것이다. 이것은 근원적 생존 방식을 말해주는 것이다.

이처럼 노자가 그린 인간 유형은 분별과 경쟁 그리고 축적과 명료성을 추구하는 세속인과 혼연과 유약 그리고 무위의 도인(道人) 유형으로 분류될 수 있다. 노자는 두 번째 유형의 인간을 ‘낮은 차원’이 아니라 ‘깊은 차원’으로 본다. 또 ‘배움’에 대한 급진적인 재정의를 내림으로써 유가적 학문이 중시하는 사회 적응적 윤리의 확립보다는 노자의 ‘절학무우’는 사회화 이전의 인간 회복을 중시하여 문명 이전의 감각과 생명성의 복원을 중시한 것이라고 할 수 있다. 『노자』 20장의 핵심 메시지는 “세상이 똑똑해질수록, 인간은 근원에서 멀어진다.” “나는 세상 사람들

---

174) 北宋을 대표하는 사상가 소철(蘇轍, 1039–1112)은 노자 1장에 나타난 무명(無名)과 유명(有名)을 해석하기로 “이름이 없는 것이 도의 본체요(無名者道之體), 이름이 있는 것은 도의 작용(有名者道之用)”이라 하여, 무명과 유명을 각각 도의 체용(體用) 관계로 해석했다. 따라서 만물의 어머니가 되는 ‘유명’은 도의 작용인 셈이다. cf. 馮振, 『老子通證』, (上海: 華東師範大學出版社, 2012), p.1.

과 다르다. 그래서 나는 도에 가깝다.”라는 역설을 보여준 것이라고 할
수 있다. 이는 노자의 ‘자기 고백 장’으로서 자신의 독특한 인간상을 보
여주는 대목이라 할 수 있는데, 인공 지능(AI) 시대에서 느낄 수 있는
정보 과잉 사회와 도덕적 진영 논리의 싸움이나 성과와 지표 중심의 인
간 유형에서 탈피하여 근원적 생명 세계를 탐색할 수 있는 계기를 보여
준다고 할 수 있다.

2) 인간 회복의 처방: 무위(無爲), 자연(自然), 복귀(復歸)의
수양론

(1) 위도(爲道), 손(損), 무위(無爲)

노자의 인간론이 제시하는 회복의 핵심은 ‘새로 만들기(益)’가 아니
라 ‘덜어내기(損)’이다. 이를 잘 보여주는 본문이 『노자』 48장175)에 잘
나타나 있다.

“배운다는 것은 날로 더한다는 것이며, 도를 따른다는 것은 날로 덜어
내는 것이다. 덜어내고 또 덜어내어 무위에 이르면 하지 않아도 하지 않
음이 없다. 늘 탈 없는 무욕으로 행하면 천하를 얻지만 탈 있게 행하면
천하를 얻기에 부족하다.”

위의 본문을 분석해 보면, ‘더함의 학문, 덜어냄의 도’라는 제목이 가
능하다. ‘위학일익(爲學日益), 위도일손(爲道日損)’이라는 표현이 그러

---

175) 『노자』 48장, “爲學日益, 爲道日損. 損之又損, 以至於無爲. 無爲而無不爲. 取天下常以無事, 及其有
事, 不足以取天下.”

하다. 본문에 나타난 핵심 어휘를 보면, 학문을 함이라는 '위학(爲學)'은 축적과 분석 혹은 분별의 지식을 뜻한다. 또한 '일익(日益)'은 날로 더함으로써 진보와 성취 그리고 확장의 의미가 있다. 왕필(王弼)에 따르면 '위학일익'은 "그 능한 바를 능숙하게 하고, 그 익힌 바를 늘리고자 한다"라고 했다. 반면에 도를 따름이라는 '위도(爲道)'는 근원으로의 회귀를 뜻하는데, 왕필은 '위도일손'을 '허(虛)와 무(無)로 돌아가고자 힘쓴다'라고 했다.176) '일손(日損)'은 날마다 덜어내는 것인데 욕망이나 분별 그리고 개입의 제거다. 이러한 '위도'의 '일손'을 통하여 '무위(無爲)'에 이름으로써 인위(人爲)가 없이 자연 질서에 맡기게 되고 그리하여 '하지 못함이 없는' '무불위(無不爲)'의 가장 큰 작용성이 실행된다. 이러한 '무불위'의 작용성은 '인위적 조작이 없는' '무사(無事)'의 통치나 이상적 삶의 상태를 이루는 것이다.

48장을 몇 가지 좀 더 구조적으로 분석해 보자. 첫째, 학문과 도의 대비로서 전자가 지식의 축적을 통해 사회 적응형 인간을 만드는 과정이라면, 후자는 도를 따름(爲道)으로 욕망과 분별을 제거함으로써 자연 인간으로 회귀하는 것이다. 둘째, '손(損)'의 급진성이다. "덜고 또 덜어 무위에 이른다"라는 표현은 한두 개를 버리는 것으로 마감하는 것이 아니다. '나'라는 고집과 주체의 개입 자체를 비우는 것이다. 도는 추가가 아니라 불필요한 군더더기의 해체다. 선불교식으로 말하자면, 파사현정(破邪顯正)이다. 셋째, 무위의 역설이다. "무위하되, 하지 않음이 없다(無爲而無不爲)"라는 것은 '아무것도 안 한다'라는 무능이 아니라 억지로 하지 않음으로써, 모든 일이 저절로 이루어지는 가장 깊은 효율성의 단계다. 이 '무위'의 구절에 대해 하상공은 다음과 같이 독특하게 해석한다. "정욕(情欲)을 단절하고 덕과 도가 합해지면 베풂이 없지 않으니

---

176) (魏) 王弼, 『老子道德經注』, (北京: 中華書局, 2011), p.132. "爲學日益: '務欲進其所能, 益其所習'. 爲道日損: '務欲反虛無也'."

하지 않음이 없다"177)라고 했다. 넷째, 정치나 통치로의 확장이다. "천하는 항상 무사(無事)로 얻는다(取天下常以無事)"라는 표현도 지나친 정책이나 개혁 그리고 통제는 혼란을 초래할 뿐이고, 질서를 만들려 할수록 질서가 무너짐을 말한다. 이는 불필요한 것의 최소 개입 정치철학이다.

48장에서 바라본 노자의 인간론 이해는 이처럼 두 가지로 구분된다. '학문형 인간과 도의 인간 유형'이다. 삶의 방향은 '더 많이, 더 비워서'로 나누어지고, 사고 유형은 분석과 계획이냐, 감응과 조화냐 하는 형식으로 구분된다. 행동의 측면에서는 '개입과 맡김'으로 나누어지고, 결과의 측면에 대해서는 '피로나 불안, 자유나 유연'으로 나타난다. 또한 노자가 바라본 이상적인 인간은 '능력이 없는 인간'이 아니라, '능력을 과시하지 않는 인간'이다. 그리고 '지식이 없는 인간'이 아니라 '지식에 지배되지 않는 인간'을 중시한다. 따라서 노자의 핵심 명제는 '도는 더 배워서 아는 것이 아니라, 더 내려놓아 살아내는 것'이며, '무위는 아무것도 하지 않는 것이 아니라, 불필요한 것을 하지 않는 것이다.'

노자의 이러한 관점을 현대적 의미(AI·기술 사회)로 환원해 보면, 오늘날의 '위학일익(爲學日益)'은 데이터의 축적이며 알고리즘의 최적화요, 성과 지표의 과잉이다. 이러한 점들에 대해 노자의 경고는 다음과 같다. 시스템이 복잡해질수록 인간은 소외된다. AI 시대의 도는 설계의 최소화와 개입의 절제라고 보면 지나친 표현일까? 무위는 무기력이나 소극성이 아니라, 자연의 결을 거스르지 않는 행위 방식이다. 이는『노자』37장과 63장에서도 잘 나타난다. 37장 본문 서두에 "도는 늘 하는 것이 없어도 하지 않는 것이 없다(道常無爲而無不爲)"라고 하면서 "만일 왕이 능히 이 도를 지키면(侯王若能守持) 만물이 저절로 이루어질

것이다(萬物將自化)”라고 했다. 지도자가 무위로 통치하는 일뿐만 아니라, 누구나 무위로 전환할 때, 과잉 목표와 조급함 그리고 지배 충동에서 벗어나게 되고 인간관계는 경쟁에서 상생으로 기울어진다. 왕필이 37장의 “도는 늘 하는 것이 없다”라는 ‘도상무위(道常無爲)’를 “스스로 그러함에 따른다(順自然也)”[178]라고 해석했던 것과 맥락이 같다.

(2) 자연(自然): ‘스스로 그러함’의 회복

노자에게서 자연(自然)은 ‘스스로 그러함’이라는 뜻으로, 자연환경만을 뜻하지 않고, 인위적 조작 이전의 자기−발생적 질서를 의미한다. 인간이 자연을 회복한다는 것은 본능적 충동을 방임한다는 뜻이 아니라, 외부 기준인 명예나 소유 혹은 승리 등에 의해 타자화된 삶을 되돌리는 것이다. 『노자』 본문에서 ‘자연(自然)’이라는 말이 직접 등장하면서 가장 적절한 뜻을 말해주는 본문은 제25장이다. “사람은 땅을 본받고(人法地), 땅은 하늘을 본받고(地法天), 하늘은 도를 본받고(天法道), 도는 자연을 본받는다(道法自然)”라고 했다. 이때 인간과 땅 그리고 하늘이 순차적으로 도를 본받아 가지만 결국에는 도 또한 ‘스스로 그러함’이라는 ‘자연’을 본받는다고 한 것이다. 이처럼 도(道)는 어떤 규범도 본받지 않으며, 스스로 그러함(自然)을 따른다. ‘자연’은 무규범과 무설계, 그리고 무강제의 질서다.

노자 자연관의 핵심은 도와 관련될 수밖에 없고 ‘무위−자연 질서’라는 공식이 성립된다. 앞서 본 노자 본문 37장에서도 본 바와 같이 ‘도는 늘 무위함으로써 만물이 장차 스스로 그러하게 되는 원리’가 되기 때문이다(道常無爲而無不爲, 萬物將自化). 또한 앞서 노자 48장에서도 보았듯

---

178) 王弼, op., cit., p.95.

이 '덜어냄의 도(爲道日損)'가 결국 무위에 이르는 것(以至於無爲)으로 자연에 가까워질수록 덜어냄을 수행하게 된다. 자연 질서는 추가가 아니라 제거의 결과이기 때문이다.

노자에게서 '자연스러움과 인위'를 대비하는 본문도 앞서 『노자』 3장에서 보았듯이 '불상현(不尙賢)'이라 하여 인위적인 재능과 가치 설정을 제거하고자 했고, "욕심낼 만한 것을 보이지 말라"는 뜻으로 '불현가욕(不見可欲)'이라 하여 욕망과 조작을 없애면 사회는 자연히 안정된다는 것이다. 이러한 '자연'의 논리는 『노자』 19장의 "성인을 끊고 지혜를 버리라. 그리하면 백성의 이로움이 백배나 더하리라"라고 하는 '절성기지(絶聖棄智), 민리백배(民利百倍)'라는 표현에서도 그렇다. 성인이다, 지혜다, 의롭다고 표방하는 것은 모두 문명적 인위에 불과한 것으로, 이를 제거할수록 인간은 자연스러운 회복이 가능하다는 논리다. '절성기지'의 논리를 현대적으로 해석해 보면, 첨단 기술과 무기로 인한 대량 학살과 전쟁의 피해는 말할 것도 없고, 대량생산과 대량 소비 등에서 나타나는 지구촌의 오염과 위기 등을 생각해 볼 수 있다. 특히 지구 온난화와 관련된 기후 위기는 심각한 상태다. 삼림 면적이 갈수록 줄어들며 황폐해지고 해양 오염도 심각하다. 이러한 과정은 인류가 자기의 재능을 사용하여 자기만의 천당을 건설하고자 하는 욕망인 동시에 자기의 무덤을 스스로 파는 행위다. 인류 최대의 지혜가 인류 최대의 황당한 사건을 만들어 가고 있다는 논리다.[179]

'자연'의 논리는 노자 본문 38장의 '상덕부덕(上德不德)'에서도 잘 드러난다. 이는 문명적 논리와 재능을 거부한 '스스로 그러한 덕'은 의식되지 않고 의식되는 순간 이미 인위가 작용한다는 것이다. '스스로 그러함에 맡기는 것(因任自然)'은 나라를 다스리는 치국(治國)의 원리도 되지만, 자신을 다스리는 치신(治身)과도 적용된다. 그뿐만 아니라, 노자

---

179) 戴建業, op., cit. pp.94-95.

73장의 "하늘의 그물은 넓고 넓어(天網恢恢), 성긴 듯하지만 놓치지 않는다(疏而不失)"라는 말처럼 '하늘 그물(天網)'로 표현되는 '천도(天道)' 곧 '스스로 그러한 도(自然之道)'는 광대무변하여 덮지 못함이 없다는 것이다.180)

(3) 복귀(復歸)와 소박(樸): 어린아이, 암컷, 골짜기의 인간학

『노자』 본문은 도의 '돌아감(復)'을 말한다. 16장, 28장, 37장 등의 취지가 그렇다. '스스로 그러한' 자연의 운행 법칙은 어떠한가?『노자』 16장에 보면, 자연은 되돌아감(復)의 운동으로서 생성 못지않게 중요한 회귀다. 16장에서는 "비움을 지극히 하고(致虛極), 고요함을 돈독하게 하라(守靜篤). 만물이 어울려 자라나는데(萬物並作) 나는 그 돌아감을 본다(吾以觀復)"라고 노자는 말했다. 특히 28장의 "영아(嬰兒)", "암컷(牝)", "계곡(谷)"의 은유는 인간의 이상형을 강함이나 지배가 아니라 수용과 낮춤 그리고 유약으로 제시한다. 이는 약자의 미화가 아니라, 지배적 힘이 초래하는 파괴성과 불안정성에 대한 구조적 비판이다. 영아와 암컷, 그리고 계곡의 이미지는 모두 인간이 되돌아가야 할 복귀의 모범이다. 40장에서는 "되돌아가는 것이 도의 움직임(反者道之動)"이라고 하여 자연의 기본 운동은 되돌아감에 있는 것으로, 직선이나 진보는 자연의 방식이 아니라는 것이다. 41장 본문에는 "큰 소리는 들리지 않고(大音希聲), 큰 형상은 형체가 없다(大象無形)"라고 하여 자연의 작용은 조용하고 드러나지 않음을 말하고 있다.

노자는 도의 움직임을 순환에 입각한 '복귀'의 사상을 중시하면서, 동시에 순박한 인간 형태로의 '박(樸)'을 도의 품격으로 자주 설명한다.

---

180) ibid., p.66.

'통나무(樸)'와 같은 자연스러운 인간형을 말하고 있다. 박(樸)의 기본 뜻은 '깎지 않은 통나무, 가공되지 않은 원목'을 의미함으로 인위적인 행위 이전의 상태로서 문명 이전의 인간을 뜻한다. 이는 분별과 욕망 그리고 지식이 덧씌워지기 전의 자연(自然)적 인간 형상이다. 이를 노자 본문 중에서 살펴보자.

『노자』19장에 "현소포박(見素抱樸), 소사과욕(少私寡欲)"이라는 말이 나온다. "본래의 바탕을 드러내고, 순박함(樸)을 품으며, 사사로움과 욕망을 줄이라."는 뜻이다. 이는 '소(素)'라는 꾸밈없는 바탕을 드러내고, '박(樸)'이라는 아직 깎이지 않은 자연 상태를 품으라고 하면서 노자는 '윤리 규범 추가'가 아니라 인간 본연 상태의 회복을 제안했다. 이른바 '박'은 도덕규범 이전의 인간 상태다. 28장의 본문에는 '위천하곡(爲天下谷), 상덕불리(常德不離), 복귀어박(復歸於樸)'이라는 표현이 있다. "천하의 계곡이 되면 항상 덕을 잃지 않고, 다시 순박함(樸)으로 돌아간다."라는 뜻이다. 이는 덕의 완성이 고도의 도덕성에서 오는 것이 아니고 덕의 완성이 문명 이전으로의 회귀를 뜻하는 것이다. '박(樸)'은 '미완성'이 아니라 완성의 귀결이다.

『노자』32장에서도 "도상무명(道常無名), 박수소(樸雖小), 천하막능신야(天下莫能臣也)"라고 했다. "도는 늘 이름이 없고, 박(樸)은 비록 작아도, 천하가 그것을 신하처럼 지배하지 못한다."라는 뜻이다. 노자는 '무명(無名)'을 도(道)에 비유하는데, 41장 본문에서 "도은무명(道隱無名)"이라고 하여 도는 은밀하여 이름이 없다는 것이다. 그리고 이어서 노자는 "부유도(夫唯道), 선대차성(善貸且成)"이라고 하여 오직 도만이 잘 빌려주고 잘 이룬다고 했다. 이름 없이 잘 이루어 주는 도, 이것은 예수가 "오른손이 돕는 것을, 왼손이 모르게 하라"는 무명의 행위와 통한다. 여기서 노자가 말하는 '박(樸)' 또한 무명의 비유다. 나무가 아직 그릇으로 제조되지 않은 상태의 '박'이다.[181] 따라서 '박'은 무명이요 도의 비유다.

박(樸)은 약해 보이지만 인위나 권력 혹은 제도가 침범할 수 없는 상태다. 이른바 지배 불가능성의 상징이다. 37장 본문에서는 "화이욕작(化而欲作), 오장진지이무명지박(吾將鎭之以無名之樸)"라고 노자는 자신의 욕망을 진정시키는 방법을 말하고 있다. 뜻을 풀이해 보면 이렇다. "자생 자화하려다가 욕심이 일어나면, 나는 장차 이름 없이 소박(無名之樸)함으로 그것을 진정시킨다." 욕망은 문명화의 시작이지만 소박(樸)은 욕망을 잠재우는 자연의 기준점이다. 이른바 박(樸)은 자연적 질서의 회복 장치다.

박(樸)의 철학적 위상을 정리하면 '박'은 자연과의 관계에서 볼 때, 자연이 우주적 원리라면, '박'은 자연이 인간에게 나타난 모습이다. '박'은 순박함이나 소박함으로써 인간 안의 자연이 된다. 따라서 '박'은 이성적 인간이나 도덕적 인간 혹은 성취한 인간 유형이 아니라 가공되지 않은 원형적 형태의 인간을 의미한다. 이를 정치철학에 응용하면, 법이나 제도 혹은 교화 이전의 사회 상태로서 통치의 이상은 백성을 박(樸)으로 돌려놓는 것이다. 그래서 노자의 정치는

"계몽"이 아니라 탈(脫) 계몽이다. 이러한 박(樸)의 단계적 의미 구조를 살펴보면, '스스로 그러함'(自然)에서 도(道)가 나오고 여기서 다시 자연의 인간적 형상인 박(樸)이 드러난다. 이 '박'은 다시 '무욕(無欲), 무위(無爲), 무명(無名)'의 또 다른 이름이다. 이것이 '현소포박(見素抱樸)'을 표명하는 노자의 자연·인간 철학이다. 박(樸)은 미개함이 아니라, 문명이 덧씌우기 이전의 완전성이기 때문이다. 나아가 노자에게서 가장 높은 인간은 가장 덜 가공된 인간이다.

---

181) 陳鼓應,『老子註譯及評介』, (北京: 中華書局, 2010), p.188.

3) 성인(聖人)과 공동체: 노자의 정치적 인간론

노자의 인간론은 흔히 개인의 내적 수양, 무욕(無欲), 허정(虛靜)의
철학으로만 축소되지 않는다. 『노자』는 처음부터 끝까지 인간이 어떻게
함께 살아갈 것인가, 즉 공동체 질서와 통치의 문제를 지속적으로 사유
한다. 『노자』에서 인간은 고립된 주체가 아니라, 도(道)의 흐름 속에서
상호작용하는 존재이며, 성인은 이 흐름이 왜곡되지 않도록 조정하는
특수한 위치에 놓인다. 노자의 인간론은 정치철학과의 연속성이 있다.
이때 중요한 점은 노자가 전통적인 정치철학이 상정한 의지적 통치자,
도덕적 교화자, 영웅적 지도자의 형상을 의도적으로 거부한다는 점이
다. 노자의 성인은 지배를 수행하는 주체가 아니라, 지배가 불필요해지
도록 조건을 정돈하는 존재이다. 이를 좀 더 자세히 살펴보자.

(1) 성인 개념의 전환: 영웅에서 '무위의 조정자'로

유가적 전통에서 성인은 도덕적 완성자이자 규범의 구현자이다. 그
는 예(禮)와 의(義)를 통해 백성을 교화하고, 모범을 보이며, 위에서 아
래로 질서를 확립한다. 이에 비해 노자는 의도적 선행과 도덕적 설계 자
체를 의심한다. 『노자』 18장에 "대도(大道)가 폐해지면 인의(仁義)가
생긴다."라고 했다. 이 구절은 도덕이 필요해지는 순간이 이미 자연적
질서가 붕괴한 이후임을 뜻한다. 도덕적 개입을 적극적으로 수행할수
록, 공동체는 오히려 도에서 멀어진다는 역설이다. 이는 전통적인 정치
적 인간관의 부정이다. 『노자』 17장[182])에서는 성인의 존재가 '감지되

---

182) 『노자』 17, "太上, 不知有之. 其次, 親而譽之. 其次, 畏之. 其次, 侮之. 信不足焉, 有不信焉. 悠兮, 其
　　貴言. 功成事遂, 百姓皆謂我自然."

지 않는' 정치를 말하고 있다. 본문을 구체적으로 분석해 보자.

　"가장 훌륭한 지도자는 사람들이 그 존재를 알지 못하며, 그다음의 지도자는 사람들이 가까이하며 칭찬하는 지도자이고, 그다음의 지도자는 사람들이 두려워하는 지도자이며, 그다음의 지도자는 사람들이 업신여기는 지도자이다. 신의가 부족한 사람은 불신이 따르기 마련이다. 말을 귀중히 여겨 삼갈 일이다. 공이 이루어지고 일이 완수되면 백성이 모두 '우리 스스로 그러한 것이다'라고 한다."

　위의 본문은 성인의 정치적 위상을 단계적으로 대비하여 설명하고 있다. 비가시적 통치와 성인의 정치적 인간상을 잘 보여준다. 이를 구조적으로 분석해 보면, 네 가지 형태의 통치 유형을 서열화해 볼 수 있다. 첫째, 통치 유형의 분류, 둘째, 신뢰 문제의 제기, 셋째, 성인의 언어 방식, 넷째, 이상적 정치의 귀결이다.

　통치 유형을 보면 첫째 형태는 성인의 통치 방식으로 "가장 훌륭한 지도자는 그가 있는 줄도 모른다(太上, 不知有之)"라는 차원으로 최고의 통치는 '좀처럼 드러나지 않는 존재 방식' 통치다. '태상(太上)'은 도덕적으로 가장 뛰어난 통치자를 뜻하지 않는다. 정치적으로는 가장 적게 작동하는 권력이다. 백성은 "그가 있는 줄도 모른다(不知有之)"라는 사실이다. 명령도, 교시도, 과시도 없기 때문이다. 여기서 중요한 점은 통치자의 실재가 아니라 작동 방식의 비가시성이다. 이는 통치가 사라진 것이 아니라, 지배의 흔적이 사라진 상태다. 이처럼 노자에게서 이상적인 정치는 체감되지 않는 정치다. 통치 유형의 두 번째 형태는 "사람들이 가까이하며 칭찬하는 지도자(其次, 親而譽之)."이다. 이는 친화적이고 도덕적인 통치의 한계를 말하고 있는데, 그나마 백성이 통치자를 사랑하고 찬미한다는 것은 긍정적으로 보인다. 그러나 노자의 서열에서는 이미 2등급의 정치다. 찬미는 비교를 전제하고 비교는 우열을 낳는다. 또 우열은 의존과 권위의 집중을 낳는다. 도덕적 카리스마 정치는 이미 자연성을 훼손한다. 세 번째와 네 번째의 통치 형태는 두려움과 업신여김의 대상이 되는 정치다. "그다음의 지도자는 사람들이 두려워하는 지도자이며, 그다음의 지도자는 업신여김을 당한다(其次, 畏之. 其次, 侮之)". 공포 정치와 경멸 정치로 이어지는 것이다. '두려움(畏之)'은 강제력 중심의 통치이고, '업신여김(侮之)'은 권력의 정당성이 붕괴한 상태다. 이상의 서열은 성인의 통치 이후에 하나의 실패한 통치가 심화하는 과정이다. 공포는 결국 경멸로 전환되고 강한 지배는 장기적으로 가장 약한 권력일 뿐이다.

노자는 이어지는 본문에서 신뢰의 문제를 다룬다. 이것은 정치 질서의 핵심 조건이다. "신뢰가 부족하면 불신이 생긴다(信不足焉, 有不信焉)." 이 문장은 통치 실패의 원인을 백성이 아니라 통치자에게 돌린다. 노자는 인간 본성을 의심하지 않는다. 정치적 불신은 제도의 산물이다. 이는 『노자』 전체 인간론의 핵심 전제와 연결된다. 인간은 본래 악하지 않으며, 과잉 통치가 인간을 왜곡한다는 점이다. 노자는 본문에 계속해서 성인의 언어를 두고, "말하지 않음의 정치"를 말하고 있다. "말을 귀중히 여겨 삼갈 일이다(悠兮, 其貴言)"라고 했다. 성인은 침묵하는 존재가 아니다. 그러나 말이 질서를 대신하지 않도록 통제한다. 법령이나 훈시 혹은 이념이 많아질수록 공동체의 자율성은 줄어든다. 노자는 이어지는 본문 끝에 이상적 정치의 귀결을 선언한다. "공이 이루어지고 일이 완수되면 백성이 모두 '우리 스스로 그러한 것이다'(功成事遂, 百姓皆謂. 我自然)". 여기서 주목할 것은 '우리 스스로 그러한 것이다(我自然)'183)라고 하는 표현에 주목할 필요가 있다. 이것은 노자가 늘 강조하

---

183) 노자의 '我自然' 사상은 인도철학의 우파니샤드 정신의 핵심인 '타트(tat) 트밤(tvam) 아시(asi) = 그가 바로 너다'라는 선언이나, '내가 브라만이다(Aham Brahman Asmi)'라고 하는 범아일여(梵我一如)의 주체적 자아 선언과 비교 할 만한 맥락이 큰 주체 선언이다. 굳이 예수와 비교하자면, "다

는 '스스로 그러함'이라는 '자연(自然)' 곧 '자연주의'의 선언이다. 이는 '무위의 통치(無爲而治)'와 연결되는 무위자연 통치의 완전한 귀결이다. '우리 스스로 그러한 것이다(我自然)'이 문장은 17장의 정점이자 『노자』 정치철학의 핵심 명제다. 정치적 과업은 완수되었다(功成事遂). 그러나 누구의 공인가 할 때는 드러나지 않는다. 백성의 말에 의하면, "우리는 원래 그랬다."라는 것이다. 여기서 성인의 성공 조건이 명확해진다. 성인의 정치란 자신이 필요 없어진 상태를 만드는 것이다. 이는 영웅 정치의 완전한 부정이다.

17장의 정치적 인간론을 철학적으로 종합하자면 노자는 다음과 같은 인간관과 정치관을 제시한다. 첫째, 인간은 스스로 질서를 형성할 능력이 있다. 둘째, 통치는 그 능력을 대체할수록 실패한다. 셋째, 성인은 지배자가 아니라 조건 조정자다. 넷째, 최고의 정치는 기억되지 않는 정치다. 따라서 성인은 역사에 이름을 남기지 않는다(聖人無名). 그러나 공동체는 가장 안정된다. 이처럼 노자 17장은 단순한 통치 유형 비교가 아니라, 정치권력의 존재 방식 자체에 대한 존재론적 전복이다. 보이는 권력은 열등한 정치며, 느껴지는 권력은 이미 실패한 것이고, 사라진 것 같이 작동하는 권력이 도의 정치이다. 이 장에서 성인은 더 이상 "위대한 인간"이 아니라, 인간이 위대해질 필요가 없도록 만드는 사람이다.

『노자』 57장은 무위와 관련된 자생적 질서에 대해 잘 언급하고 있다. 특히 노자의 정치적 인간론을 가장 직접적으로 드러낸다. "내가 무위하면 백성은 스스로 화한다(我無爲而民自化). 내가 고요하면 백성은 스스로 바르게 된다(我好靜, 而民自正)."라고 했다. 여기서 백성이 '스스로 화 한다'라고 할 때의 '화(化)'는 외부에서 주입되는 교화가 아니라, 내적 변화의 발생을 뜻한다. 성인은 변화의 원인이 아니라, 변화가 발생할 수 있는 여백을 보존하는 자다. 노자는 통치의 실패를 통치자의 악의가

___

이루었다"라는 선언과도 비교된다. 불교식으로 말하면 본성의 회복이요, 성불(成佛)이다.

아니라 과잉 개입의 구조적 문제로 파악한다. 또 "법령이 많아질수록 도적이 늘고(法令滋彰, 盜賊多有), 기교가 정교해질수록 혼란이 증폭된다(人多伎巧, 奇物滋起)"라고 했다. 이는 방임이 아닌 비지배의 정치력이다.

노자의 성인은 무엇을 새로 만들기보다 이미 존재하는 불필요한 것을 제거한다. 이른바 욕망을 자극하는 제도나 경쟁을 구조화하는 가치, 그리고 인위적 구분과 서열의 문제 등이다. 이는 적극적 창조의 정치가 아니라, 감산(減算)의 정치이며, 통치자는 설계자가 아니라 환경 관리자에 가깝다.

(2) 공동체 인간론: 개인 수양에서 사회 질서로

노자의 정치철학은 개인 윤리와 단절되지 않는다. 다만 그 방향이 반대다. 성인이 자신을 비우고, 앞서지 않으며, 드러내지 않을수록 공동체는 안정된다. 『노자』7장은 이렇게 말한다. "성인은 자신을 뒤에 두어도 오히려 앞서고, 자신을 도외시하여도 오히려 보존하게 된다." 이는 개인의 겸양이 곧바로 권력의 비집중화로 이어지는 구조다. 성인의 인간학은 개인의 도덕 완성보다 권력관계의 탈중심화를 목표로 한다. 이것이 성인의 자기 수양과 관련된 공동체 효과다. 노자에게서 공동체의 이상형은 소국과민(小國寡民)이다. 『노자』80장의 소국과민은 단순한 복고적 이상이 아니라, 욕망과 통치가 최소화된 공동체 모델이다. 여기서 성인은 질서를 '유지'하지 않는다. 질서가 스스로 유지되도록 만든다.

노자의 정치적 인간론의 현대적 함의를 살펴보자. 노자에게서 성인은 더 나은 인간을 만들려 하지 않는다. 대신 인간이 망가지지 않도록 개입을 멈춘다. 이를 통해 노자는 다음과 같은 정치적 인간상을 제시한다. 첫째, 인간은 본래 조화의 능력을 지닌 존재다. 둘째, 정치의 역할은 교정이 아니라 방해하지 않는 것이다. 셋째, 성인은 지배자가 아니라 비지배적 조정자다. 이러한 인간론은 현대의 기술 관료주의, 과잉 행정, 규범적 통치에 대해 강력한 비판적 자원을 제공한다. 노자의 성인은 오늘날에도 여전히 낯설지만, 그렇기에 더욱 급진적인 정치적 상상력을 요구한다. 이처럼 노자의 인간론은 개인 수양에 머물지 않고 통치와 제도에 대한 처방으로 이어진다.

3. 결론

이상에서 『노자』의 인간론을 몇 가지로 분석해 보았다. 우선 노자의 인간론을 구성하는 존재론적 토대로서 도(道)-덕(德)-인(人)의 연쇄 관계를 이해하기 위해, 인간을 포섭하는 근원적 질서로서의 도(道)를 설명했다. 또한 '도를 구현'하는 인간의 자리(位相)로서의 '덕(德)'과 덕을 실천하는 인간의 문제를 '인위(人爲)와 욕망 과잉 그리고 분별지의 폭주'라는 인간 한계의 관점에서 문명 비판적 시각에서 분석했다. 또한 이를 성인의 정치술에 비교하여 노자 본문을 중심으로 분석했다. 이것은 무지무욕(無知無欲)과 위무위(爲無爲)의 정치철학과 연관 된다. 노자는 욕망 자체를 부정하지 않지만, 욕망의 무한 증식 구조를 문제 삼고 감욕(減欲)을 요청한다. 그리하여 족함을 알면 부유하다(知足者富)는 '지족(知足)'의 인간론을 제시한다.

노자는 또 인간 회복의 처방으로 무위(無爲)와 자연(自然) 그리고 복귀(復歸)의 수양론을 제시한다. 이것은 '위도(爲道)', '손(損)', '무위(無爲)'라는 노자의 개념 속에 잘 포착되고 있다. 노자의 인간론이 제시하는 회복의 핵심은 '새로 만들기(益)'가 아니라 '덜어내기(損)'이다. 이러한 수양을 통해 '스스로 그러함(自然)'의 회복이 가능하다. 그것은 복귀

(復歸)와 소박(樸)의 형태로 드러나며 어린아이나 암컷 그리고 골짜기의 순수하고 겸손한 모습을 한 인간학을 강조하고 있다.

　　노자 인간론의 정점은 성인(聖人)의 정치력에서 드러난다. 성인은 영웅이 아니라 '무위의 조정자'로 이해된다. 그러한 성인은 공동체 인간론의 모범으로서 개인의 수양에서 사회 질서로 나아가는 방향을 제시한다. 성인이 자신을 비우고, 앞서지 않으며, 드러내지 않을수록 공동체는 안정된다는 점에서 더욱 그러하다. 그러한 공동체의 이상형은 소국과민(小國寡民)이다. 노자의 인간은 선악의 고정된 본성이 아니라, 자연스러움을 회복하거나 상실하는 관계적 존재이며, 회복의 길은 "더함"이 아니라 "덜어냄"이다. 이러한 인간론은 현대 사회의 과잉과 가속 그리고 비교 체제 속에서 인간다운 삶의 조건을 다시 사유하게 한다.

| 참고 문헌 |

이명권, 『노자왈 예수 가라사대』, (서울: 열린서원, 2017)

羅義俊, 『老子譯註』, (上海: 上海古籍出版社, 2012)

蘭喜幷, 『老子解讀』, (北京: 中華書局, 2009)

劉康德, 『老子』, (上海: 上海世紀出版集團, 2018)

馮振 撰, 『老子通證』, (上海: 華東師範大學出版社, 2012)

王孺童 講解, 『道德經講義』, (北京: 中華書局, 2013)

王弼, 『老子注』, (北京: 中華書局, 2011)

林希逸, 『老子鬳齋口義』, (上海: 華東師範大學出版社, 2009)

鄭張歡, 『老子今釋』, (濟南: 齊魯書社, 2008)

陳劍, 『老子譯注』, (上海: 上海古籍出版社, 2019)

陳鼓應, 『老子註釋及評介』, (北京: 中華書局, 2010)

陳鼓應, 『中國哲學創始者 老子新論』, (北京: 中華書局, 2015)

湯漳平, 王朝華 譯註, 『老子』, (北京: 中華書局, 2014)

(漢) 河上公, 『道德經集釋』上册, (北京: 中國書店, 2015)

루터의 "인간에 관한 토론문"(1536)에 따른 '신학-인간'과 '철학-인간'

강응섭

강응섭(예명대학원대학교 교수)

마르틴 루터의 "인간에 관한 토론문"(1536)에 따른 '신학-인간'과 '철학-인간'

1. 글을 시작하면서

마르틴 루터(Martin Luther, 라틴: Martinus Lutherus; 중문: 馬丁·路德, 1483-1546)는 중세 스콜라 신학의 주요 흐름 가운데 하나인 유명론적 학풍(via moderna) 안에서 신학 교육을 받은 가톨릭의 수도사이자 사제였다. 그는 이 전통이 전제하고 있던 인간 이해와 신학적 구조를 점차 문제 삼으며, 그것을 근본적으로 재구성하는 방향으로 나아갔다. 루터의 종교개혁은 정치·교회 제도·사회적 요인들과 긴밀히 얽혀 있지만, 무엇보다도 인간을 하나님 앞에서 어떻게 이해할 것인가라는 인간론적 전환에서 결정적으로 기인한다고 볼 수 있다.

본 글은 루터의 삶의 여정, 특히 그가 받은 대학 교육과 신학 교육을 살펴보고(2장), 그의 인간 이해를 집약적으로 보여주는 "인간에 관한 토론문(Disputatio de homine, 1536)"의 역사적·신학적 맥락을 정리한다(3장).184) 즉, 그가 중세 스콜라 전통과 종교개혁 신학 사이에서 상이한 인간 이해를 하게 된 배경을 살핀다. 이러한 관점에서 약 40개의 논제로 구성된 "인간에 관한 토론문"을 분석한다(4장).

이를 통해 본 글은 16세기 종교개혁의 인간 이해가 오늘날 우리가 직면한 인간 이해의 문제를 성찰하는 데 어떤 비판적 준거를 제공할 수 있는지를 검토한다.

2. 루터가 받은 인간 이해 교육: 대학 교육과 신학 교육

루터는 중세 말기 독일 대학 제도와 수도회 교육 체계 속에서 자랐다. 그가 받은 교육은 인문주의적 자유교육에서 시작하여, 스콜라 철학과 수도원적 영성 훈련을 거쳐, 성서학·신학으로 귀결된다. 그는 14세 경인 1497년경부터 마그데부르크에서 '형제단 학교' 풍의 교육을 받았다. 이 전통은 라틴어 문법, 성서 암송, 경건 훈련(devotio moderna)을 강조하였다. 15-18세였던 1498-1501년에는 아이제나흐에서 고전 라틴 문헌, 논리학 기초, 음악 교육을 받았다. 이 시기의 교육은 인간의 도덕적 형성과 언어 능력을 중시하는 인문주의적 성격을 띠었다.

18세인 1501년 루터는 에르푸르트대학교에 입학하여 학사(Baccalaureus, 1502년) 과정을 거쳐 22세에 석사(Magister Artium, 1505년) 학위를 취득한다. 에르푸르트대학교는 당시 독일 최고 수준의 대학 중 하나였으며, via moderna(근대의 길)라 불리는 유명론 학풍의 스콜라학의 중심지였다. 이곳에서 루터는 윌리엄 오컴과 가브리엘 비엘의 전통을 공부하였다. 이 학파는 인간 이성과 의지의 제한된 능력을 인

---

184) Martin Luther, De homine, in D. Martin Luthers Werke, Weimarer Ausgabe, 39/1 (Weimar: Hermann Böhlaus Nachfolger, 1915), 175-177.

정하면서도, 인간이 자기 몫을 다할 경우, 하나님의 은총이 뒤따른다는 구조를 전제하였다. 이러한 사상은 자유의지, 공로 개념, 은총과 인간 행위의 협력을 강조하며, 제도적으로는 면죄부 신학을 정당화하는 토대가 되었다. 훗날 루터에게 이 전제는 인간 이해를 근본적으로 비판해야 할 지점이 된다.

22세인 1505년경 번개 사고를 겪은 이후 루터는 에르푸르트의 아우구스티누스 수도회에 입회한다. 수도원에서 그는 규칙적인 기도와 금식, 고해성사, 엄격한 양심 성찰, 아우구스티누스 저작 독서와 시편 암송 등의 훈련을 거쳤다. 이 과정에서 자기 의로는 결코 하나님 앞에 설 수 없다는 절망을 체험하게 된다. 이러한 경험은 에르푸르트 대학에서 배운 신학적 전제와 정면으로 충돌하였다. 1507년 사제 서품을 받은 이후에도, 사제직 수행은 그에게 위로가 아니라 공포로 다가왔다. 하나님은 자비로운 아버지가 아니라 심판자로 체험되어, 숨으시는 하나님과 계시하시는 하나님 이해를 나았다.

29세인 1512년 루터는 비텐베르크대학교에서 신학박사 학위를 취득하고 강의를 하였다.[185] 이때 루터는 수도사, 사제, 신학박사(교수)라는 삼중 정체성을 갖게 된다. 이 시점부터 그의 신학은 스콜라 논증에서 성서 주석으로 이동한다. 시편 강의, 로마서 강의, 갈라디아서 강의, 히브리서 강의를 통해 그는 인간의 무능과 이신칭의 교리를 발견하였다. 이러한 흐름의 종착점에 놓이는 것이 바로 1536년에 작성된 "인간에 관한 토론문"이다.

---

185) Wittenberg의 지명 요소 Witten은 그 정확한 어원이 확정되어 있지 않다. 다만 중세 및 르네상스 인문주의 전통에서는 이를 '밝음/흰색' 계열로 해석하여, Wittenberg를 그리스어로 '하얀 산'을 뜻하는 Leucorea(λευκός leukos, '흰' + ὄρος oros, '산')로 표기하기도 했다. 이러한 관행에 따라 비텐베르크대학교는 라틴 문헌에서 Universitas Wittenbergensis 대신 Universitas Leucorea로 불리거나 병기되었다.

3. 인간 이해에 대한 1536년 역사적 상황

루터가 "인간에 관한 토론문"을 작성한 1536년의 배경을 살펴보자. 이 글은 루터가 사망하기 10년 전의 상황을 담고 있다. "인간에 관한 토론문"은 루터 개인의 사상이 아니라 비텐베르크대학교라는 제도 안에서 실제로 작동한 학문적 행위로 이해할 수 있다. 이것을 위해, 1536년의 상황, 즉 루터가 이 대학에서 차지하는 직위-토론 형식-논쟁 상대-아리스토텔레스/유명론 문제-동시대 신학 지형 등을 살펴보자.

1) 비텐베르크대학교에서 루터의 제도적 위치

1536년 당시 비텐베르크대학교에서 루터의 역할은 단순히 한 명의 교수가 아니라, 종교개혁의 중심지인 비텐베르크대학교의 성서학 정교수이자 신학부의 핵심 인물이었다. 그는 신학부의 커리큘럼 방향을 결정하는 인물이자 토론(disputatio)의 주제를 승인하거나 직접 제시하는 위치였다. 그는 논쟁의 당사자가 아니라 논쟁을 조직하는 주체였다. 다시 말해, 1536년의 루터는 반대파와 싸우는 외부자가 아니라 개혁된 대학 안에서 '정통'을 정식화하는 내부 권위자, 학문적 감독관, 슈퍼바이저 역할을 했었다. 그는 새로운 신학자들을 길러내기 위해 대학의 교육 과정을 재편했다. 이 시기의 루터는 후배 교수들이나 학생들이 학위(박사 등)를 취득할 때 거쳐야 하는 '학술 토론 또는 대학 토론(disputatio)'을 주관하고 논제를 작성하는 역할을 했다. "인간에 관한 토론문"도 바로 이러한 학위 취득 토론회를 위해 작성된 것이다.

2) 토론(disputatio)의 형식, 기능 및 대상

중세와 종교개혁 시기에 '토론'은 오늘날의 시험이나 논문 발표와 같은 역할을 했다. 진리 탐구의 장이었다. 지도 교수가 특정 주제에 대해 짧은 논제를 제시하면, 학생 또는 젊은 학자들이 반론을 제기하고, 이때 다른 참석자들이 반박하며 논리적 허점을 찾아내는 방식이었다. 최종 판단은 교수의 권위로 귀결되었다. 즉, 이는 교육용·정식화용 학문 장치였다. 이 토론의 일차적인 상대는 학위를 준비하던 제자들이었지만, 좀 더 넓은 의미에서 보면, 실제 루터의 '글'이 겨냥한 대상은 로마 가톨릭의 스콜라 신학자들과 이성을 과신하는 인문주의자들이었고, 루터 진영의 내부 인간론 정립에 관한 것으로 볼 수 있었다. 즉, 이 토론문은 어떤 특정 인물과의 공개 논쟁이 아니라 비텐베르크대학교 신학부를 향한 교의적 정식화였다고 볼 수 있다. 즉, 토론의 목적은 상대를 설득하는 것이 아니라 학생·후속 세대에게 '루터파 인간론'을 규범적으로 가르치는 것이었다고 볼 수 있고, 다른 한편으로는 1536년의 '토론'에 에라스무스 같은 인문주의 거물도 거론되지 않고, 로마 가톨릭 대표 신학자와의 공개 대결도 없고, 개혁파가 언급되지 않지만 토론 상대는 다양한 지적 전통들도 포함한다고 볼 수 있다. 그 전통들은 첫째 스콜라 신학의 인간 정의 및 아리스토텔레스 철학을 신학의 기초로 사용하는 방식, 둘째 자유의지를 긍정하는 인문주의적 도덕 인간학, 셋째 종교개혁 진영 내부의 온건한 자유의지 해석 등이 될 수 있다.

3) 아리스토텔레스/유명론 문제의 핵심: 능력 중심 인간론

루터의 아리스토텔레스 비판은 복음의 순수성을 지키기 위해 철학 자체를 신학에서 분리하려는 시도에 가깝다. 유명론은 '이성으로는 신을 알 수 없다'고 보았기에, 루터가 아리스토텔레스의 형이상학을 비판하는 데 기초가 되긴 했지만, 루터는 유명론자들이 주장한 '인간이 최선을 다하면 하나님이 은혜를 주신다'는 식의 자유의지 논제를 강하게 거부했다. 루터는 아리스토텔레스가 인간을 '이성적 동물'로 정의한 것에 반대했다. 루터에 따르면, 철학적으로 정의할 때 인간은 '이성적 존재'일 수 있지만, 신학적으로 정의할 때는 '죄인이자, 회개하는 자이자, 의롭다 칭함 받은 자(simul peccator simul penitens simul justus)'라고 보았다.

앞서 언급했듯이, 1536년 당시 신학계는 크게 세 갈래의 인간 이해가 충돌하고 있었다. 첫째 스콜라 신학의 인간 이해는 아리스토텔레스적 '이성'과 '습성'에 근거했고, 둘째 에라스무스 등 인문주의의 인간 이해는 인간의 도덕적 능력과 '자유의지' 신뢰에 기반했고, 셋째 종교개혁 진영 내부의 자유의지에 대한 이견이었다. 1536년의 문제는 앞의 두 전통보다는 세 번째 전통에 관한 것이고, 그 중에서도 루터 진영 내부의 것일 수 있었다.

루터(종교개혁)의 인간 이해는 인간의 전적 타락과 '오직 은혜'였다. 루터에 따르면, 이성은 세상 일에는 유용하나 구원에는 장님이고, 인간의 의지는 죄의 노예 상태에 있고, 인간은 하나님의 말씀에 의해서만 정의되어야 한다. 1530년대 루터파 내부에서는 심각한 문제가 상존하고 있었다. 루터 진영에서는 자유의지를 어느 정도 인정할 수 있지 않은가 하는 목소리가 있었다. 윤리와 시민 질서에서 인간 이성을 긍정해야 해결할 수 있는 문제가 있기 때문이었다. 그리고 아리스토텔레스를 신학이 아니라 철학으로 쓰면 되지 않는가 하는 견해도 있었다. 이런 질문에 대한 답변이 "인간에 관한 토론문"이다.

1536년의 '토론문'은 루터의 루터 진영 내부 경계선 긋기로 볼 수 있다. 루터는 아리스토텔레스 비판과 유명론 비판을 동일선상에서 보았다. 아리스토텔레스 비판은 유명론에 대한 비판과 이어져 있었다. 앞서 보았듯이, 루터는 아리스토텔레스 전통과 이어진 유명론(via moderna) 교육을 받았다. 오컴-비엘 전통 안에서 아리스토텔레스 철학을 배웠다. 초기에는 이 전통을 내부에서 사용했었다. 따라서 루터는 '아리스토텔레스 vs 유명론' 구도로 사고하지 않는다. 루터가 비판하는 대상은 어떤 철학 전통이든 인간을 '자연적 능력'으로 정의하려는 시도였다. 아리스토텔레스적 이성 중심의 인간 이해, 유명론적 "할 수 있는 만큼 하면 은총이 따른다"는 도식, 인문주의적 도덕 주체 개념 등이 비판 대상이었다. 이런 대상을 대하는 루터의 기준은 coram Deo(하나님 앞에서)였다. 즉, 인간은 '하나님 앞에서' 무엇인가, 인간은 '세상 앞에서'(coram mundo) 규정할 수 있는가의 질문이었다. 이 질문 앞에서 실재론, 유명론, 인문주의는 모두 인간 능력을 과대평가한다고 루터는 본 듯하다.

4) 1530년대 신학 지형과 루터파 내부의 분화

1530년대 신학 지형은 단순하지 않았다. 로마 가톨릭 내부에서는 토마스주의, 스코투스주의, 오컴주의 등이 공존하고 있었다. 이런 신학들은 '은총 + 인간 협력' 구조를 유지하고 있었다. 종교개혁 진영 내부에서 루터는 이런 구조를 부정하고 있었다. 그는 인간을 정의할 때 '칭의'를 중심으로 그리고 하나님과의 관계 중심으로 국면을 전환하였다. 루터가 인간을 정의할 때, 하나님과의 관계 중심으로 전환했다는 것은 인간의 본질·능력 중심에서 하나님과의 관계 중심으로 전환했다는 의미이다. 중세 스콜라 전통에서 인간은 이성을 가진 존재, 의지를 가진 존재, 은총에 협력할 수 있는 존재인데, 이 정의는 인간을 자기 내부의 성질로 파악한 것이다. 즉, 인간을 '무엇인가를 가진 존재'로 보는 것이다. 루터에게서 인간은 더 이상 내적 속성으로 정의되지 않고, 하나님 앞에서 무엇인가로 규정된다. 그는 하나님과의 관계 안에서만 인간을 다룬다. 즉, 율법 아래에서는 죄인, 복음 아래에서는 의인이다. 이 사이에 회개가 있다. 인간은 늘 죄인이고 늘 회개하고 늘 의인이다. 이것은 로마서 주석에 나오는 3 simuls, 즉 simul peccator simul penitens simul justus[186]에 해당한다. 즉, 인간은 자기 동일적 실체가 아니라, 관계에 따라 호명되는 존재이다. 이 말의 의미는 인간은 스스로를 정의하지 못하고, 인간의 정체성은 외부에서 말해진다는 것이다. 인간은 '존재'라기보다 '사건'이라는 의미이다. 이것이 루터에 따른 인간의 정의, 관계적 전환이다.

하지만 루터의 동료인 멜랑히톤은 종교개혁 초기와는 달리 교육·윤리·시민 질서에서 이성의 역할을 점차 강화하였다. 루터의 입장에 대해 동료인 멜랑히톤은 부담을 갖는다. 그는 차츰 루터의 주장에서 돌아선다. 멜랑히톤은 종교개혁 초기(1520년대)에 루터 견해에 동의했었다. 그는 자유의지 부정, 인간 무능 강조, 신앙 중심의 인간 규정을 따랐다.[187] 그러나 1530년대 이후, 멜랑히톤은 종교개혁 교회의 제도 안정, 학교·대학·행정 체계의 재건, 시민 윤리 교육의 필요성에 부딪힌다. 이 과정에서 그는 인간이 아무것도 할 수 없다면, 어떻게 질서와 교육을 세

---

186) Martin Luther, "Commentaire de l'Epître aux Romains(t. II)," Œuvres 12 (Genève: Labor et Fides, 1985), 210. 루터의 『로마서 주해』는 1515-1516년 비텐베르크대학교에서 루터가 로마서를 강의한 내용을 토대로 한 것으로, 루터 생전에는 정식 출판되지 않았으며 현대에 편집되어 수록된 것이다.
187) Philipp Melanchthon, Loci communes rerum theologicarum seu hypotyposes theologicae (Wittenbergae, 1521). 멜랑크톤/한인수 역, 『신학의 주요 개념들(Loci Communes 1521)』 (서울: 경건, 1998).

울 것인가를 고민한다. 이 과정에서 그는 구원(coram Deo)에서는 인간의 무능을 인정하지만 윤리·교육·정치(coram mundo)에서는 이성의 역할 회복, 의지의 제한적 자유를 인정한다. 그 결과 그는 자유의지를 재정의할 때, 인간은 구원을 선택할 자유는 없으나, 시민적 선을 선택할 능력은 있다고 『신학총론』에서 말한다.188) 이런 주장에 대해 루터는 이 구분을 항상 불안정하게 보았다.

이와 같이 루터 진영 내부에서 종교개혁을 단행한 루터에 동의하면서도 미묘한 차이점이 있었다. 인간의 무능을 인정하면서도 그것을 해석하는 데는 차이를 보였다. 루터 진영 외부에서 츠빙글리·개혁파는 예정론을 강조하고, 인간 무능을 다른 방식으로 사유하였다. 인간 무능을 다른 방식으로 사유함에 있어서 츠빙글리·개혁파의 주장은 다음과 같이 정리되었다. 즉, 타락 이후 인간은 하나님을 선택할 수 없고 선을 자발적으로 행할 수 없다는 점에서는 루터의 의견와 같았다. 그러나 사유의 중심은 달랐다. 루터가 인간은 하나님 앞에서 무엇인가라고 질문하면서 인간 경험, 죄책, 양심, 신앙의 사건을 말했다면, 개혁파는 하나님은 어떻게 주권적으로 결정하는가라고 질문하면서 예정, 선택, 하나님의 뜻의 질서를 살폈다. 이런 질문 가운데 무능의 의미가 변화했다.189) 또한 루터에게서 인간의 무능은 인간을 무너뜨리는 경험, 율법 아래서의 절망, 복음 안에서의 새 호명이라는 실존적 구조였다면, 개혁파에서 인간의 무능은 하나님의 주권을 강조하기 위한 전제였고, 예정론 체계의 논리적 요소이자 질서화된 교의 항목이었다. 결과적으로 볼 때, 인간의 무

---

188) 필립 멜란히톤/이승구 역, 『신학총론(1555)』(서울: 크리스찬 다이제스트, 2000). 이 번역본은 1555년 판본에 따른 것이다. 최종판본은 1559년 라틴어 판본이고, CR 21로 불린다. Cf. Philipp Melanchthon, Loci praecipui theologici (Lipsiae[Leipzig], 1559). Philipp Melanchthon, "Loci communes," Corpus Reformatorum, vol. 21. (Halle: C. A. Schwetschke, 1854).

189) Cf. 하나님의 주권을 강조하는 것에 관해, 1954년의 논문에서 명신홍은 "칼뱅주의의 근본정신은 하나님의 주권"이라고 말한다. Cf. 명신홍, "칼빈主義의 根本精神," 「신학지남」, Vol. 23, No 1(1954년), 21. 1962년의 논문에서 박형룡은 칼뱅주의의 근거인 칼뱅신학의 기본원리가 "하나님의 주권"이라는 공동토대 위에 세워졌다고 말한다. 박형룡, "칼빈 神學의 基本原理," 「신학지남」, Vol. 29, No 1(1962년), 244-255.

능은 한편으로는 인간 경험에 따른 실제적 무능(루터), 다른 한편으로는 교의(선택-유기)의 전제(츠빙글리·개혁파)로 정리가 되었다.

이런 면에서 볼 때, "인간에 관한 토론문"은 루터가 같은 진영에 있는 멜랑히톤을 견제하는 문서이기도 하다. 이 토론문의 역사적 기능은 토론용 팜플렛이 아니라 교수용 교의 정식, 루터파 인간론의 헌장으로 볼 수 있다. 루터가 말하는 인간을 정의하는 권한은 철학에도, 윤리에도, 심리에도 있지 않고, 오직 하나님의 말씀 사건에 있다. 1536년의 "인간에 관한 토론문"은 루터가 비텐베르크대학교의 최고 신학 권위자로서, 스콜라·유명론·인문주의를 가로지르는 모든 '능력 중심 인간론'에 대해, 하나님 앞에서의 인간 무능과 관계적 규정을 최종 정식화한 내부 교의 문서로 볼 수 있다. 멜랑히톤은 루터의 확신과는 달리, 이성에 대해 소홀한 점이 심리주의·윤리 무력화로 갈 것이라는 우려를 갖고 있었다. 반면에 루터는 무능-책임-행위-윤리가 분리되지 않고 유지된다고 주장했다.

1525년에 발표한 『노예의지론』은 1536년에 펴낸 "인간에 관한 토론문"의 토대이다. 즉, 인간은 자유의지가 없다는 주장의 연속 지점이다. 멜랑히톤은 이 지점에서 인간이 선을 행할 능력이 없다면 윤리는 무의미하고, 책임도 사라진다고 판단했다. 이 추론은 루터가 인간을 하나의 평면에서만 이해한다고 가정할 때만 성립한다. 하지만 루터는 인간을 서로 다른 관계 질서 속에서 이해한다. 즉, 루터는 인간을 입체적인 장소에 둔다. 한편으로는 coram Deo, 다른 한편으로는 coram mundo라는 위치에 둔다. 루터 인간론의 핵심 장치는 이 구분이다. 전자의 인간은 전적으로 무능하고, 자유의지가 없고, 인간은 스스로 의로워질 수 없고, 인간은 오직 말씀에 의해 규정된다. 여기서 인간은 객체에 가깝다. 후자의 인간은 행위하고, 선택하고, 책임진다. 법과 질서 안에서 판단을 받는다. 여기서 인간은 행위 주체이다. 이 두 질서는 혼합되면 안 되며, 그렇다고 하나로 환원될 수도 없다. 무능은 행위 불가능을 뜻하지 않는다.

루터에게서 인간의 무능은 인간은 아무것도 하지 않는다거나 인간은 윤리적 판단을 못 한다는 것이 아니다. 그가 말하는 무능이란 인간은 자신의 행위를 통해 하나님 앞에서 자신을 정당화할 수 없다. 즉, 무능은 구원 능력의 부재이지, 행위 능력의 소멸이 아니다. 그렇다면 윤리는 어디서 오는가의 질문이 제기된다. 유명론적 스콜라학의 윤리 구조는 선행 → 의 → 구원이다. 선행이라는 윤리는 구원의 원인이 된다. 반면에 루터가 말하는 윤리 구조는 의(선포) → 선행 → 책임이다. 윤리는 구원의 원인이 아니라 결과이다. 두 구조는 원인과 결과가 도치된다. 이 차이는 루터가 말하는 소명(Beruf) 개념에서 볼 수 있다. 루터는 윤리를 추상적 덕목이 아니라 구체적 자리(부모, 농부, 통치자, 교사)에 묶는다. 이 자리들은 하나님이 인간을 세상 안에 놓은 자리이다. 인간은 이 자리에서 도망칠 수 없다. 이 자리는 은총 이전에도, 이후에도 존재한다. 윤리는 제거되지 않고 구체화된다. 이런 과정에서 인간의 심리는 윤리와 어떻게 연결되는가 하는 점이 중요하다. 루터는 인간 내면을 잘 분석하고, 그것을 잘 알지만, 그것을 기초로 삼지 않는다. 루터에게 인간의 양심은 중요하지만 양심은 진리의 기준이 아니다. 양심은 율법에 의해 고발되는 장소일 뿐이다. 인간의 심리는 출발점이 아니라, 윤리 문제의 자리이다. 결국, 이런 문제를 해결할 기준은 말씀이다. 인간을 규정하는 것은 감정도 아니고, 의도도 아니며, 성향도 아니다. 말씀의 선언이다.

루터가 1536년 글을 통해 외면적으로 철학적 인간 이해 측면을 봉쇄했지만, 내면적으로 심리학적 인간 이해 측면을 차단했다고 볼 수 있을까? 루터가 말하는 인간론은 윤리를 약화시키지 않는다. 오히려 강화된다. 인간은 핑계가 없다. 무능함에도 불구하고 책임은 남는다. 인간은 항상 자기 자리를 살아내야 한다. 루터에게서 인간은 구원에서는 아무것도 할 수 없으나, 삶에서는 도망칠 수 없다. 루터는 윤리를 위해 이성을 복권하지 않았고, 대신 윤리를 소명(Beruf)과 말씀으로 고정시켰다.

이런 엄격한 윤리에 대해 멜랑히톤은 윤리를 위해 이성을 복권하고, 안정적 시민 질서를 확보하고자 했고, 개혁파는 윤리를 하나님의 질서 속에 배치시키고, 예정과 섭리 안에서 보고자 했다. 이와 같이 루터의 인간 이해는 인간을 무능하게 만들지만, 무책임하게 만들지 않고, 인간을 구원의 주체에서 끌어내리되 삶의 자리에서 밀어내지 않는다고 볼 수 있다.

그럼에도 루터는 가장 측근인 멜랑히톤에게서도 오해를 받았다. 그런 상황에서 1536년 루터가 비텐베르크대학교에서 "인간에 관한 토론문"으로 내부 결속을 다진 글을 썼고, 같은 해에 칼뱅이 『기독교 강요』 초판을 출간했다. 멜랑히톤은 이 책 독어 번역본 서문을 작성했다. 멜랑히톤은 루터와 칼뱅 사이에서 가교역할을 한 것으로 알려져 있는데, 인간 이해에 있어서도 둘 사이에 서 있었다. 루터는 그런 멜랑히톤의 입장에 선을 긋듯이 1536년에 "인간에 관한 토론문"을 작성한 것으로 볼 수 있다. 이런 맥락에서 볼 때, 루터와 멜랑히톤의 갈림 지점에서 칼뱅이 둘을 잇는 가교 역할을 했다고 볼 수 있는 여지가 있을지 연구해 볼 가치가 있을 것이다.

5) 1536년의 분기: 루터·칼뱅·멜랑히톤, 그리고 simul과 라캉의 주체

1536년은 우연히 겹친 연도가 아니라, 종교개혁 인간론이 서로 다른 두 방향으로 '결정적으로 갈라지는 해'이다. 앞서 필자는, 1536년 루터의 "인간에 관한 토론문"을 비텐베르크대학교 내부에서 제시한 루터 진영의 인간 이해라고 말했다. 또한 1536년 칼뱅은 『기독교 강요(Institutio Christianae Religionis)』 초판을 프랑스 개혁파를 변호하기 위한 외부 공적 선언문으로 펴냈다. 이 두 저서는 동일 연도에 출간되었으나 장소·청중·기능이 완전히 다른 글이다. 여기서 멜랑히톤의 역할을 보자면, 그는 루터파의 교육자·조정자, 개혁 진영 전체를 잇는 교두보 인물이었다. 앞서 언급했듯이, 그러한 그가 『기독교 강요』 독어판 서문을 썼다는 사실은 중요하다. 이는 루터-멜랑히톤-칼뱅 사이의 신학적 연속성과 긴장을 동시에 보여준다. 루터가 하나님 앞에서 인간은 무엇인가를 다루었다면, 칼뱅은 하나님은 누구이며, 인간은 그분 앞에서 어떻게 살아야 하는가를 다루었다. 여기서 인간론의 방향이 갈라지고, 인간의 무능에 대한 설명에도 차이가 발생한다.

루터가 말하는 인간의 무능은 무능의 사건(경험되는 절망, 율법 아래에서의 붕괴, 복음의 사건을 가능케 하는 조건)이었다. 칼뱅이 말하는 인간의 무능은 하나님의 주권을 전제하기 위한 논리적 항목이자 예정론과 은총 교리를 지탱하는 요소였다. 인간의 무능은 교리 체계를 위한 전제였다. 루터가 인간의 칭의를 하나님과의 관계 안에서만 규정된다고 보았다면, 칼뱅은 인간의 칭의를 전적 타락 교의 체계 안에 위치시켰다. 루터가 인간의 성화를 simul peccator simul penitens simul justus의 반복 구조로 보았다면, 칼뱅은 인간의 성화를 타락-회복의 점진적, 단계적 구조로 보았다. 루터가 인간을 율법-복음 사이의 변증법에서 보았다면, 칼뱅은 창조-타락-구속의 질서 안에서 인간을 보았다. 루터에게 인간은 항상 분열된 채 남아 있고, 칼뱅에게 인간은 질서 속에서 재배치된다.

이런 차이에 직면한 멜랑히톤이 칼뱅 번역서에 서문을 쓴다는 것은 어떤 식의 내용을 써야 하는지를 고심하게 했을 것이다. 루터는 이 서문을 읽었을 것으로 보인다. 필자가 이 서문을 읽어보지는 못했지만, 가교자 또는 교두보로서 인정받는 멜랑히톤의 업적으로 볼 때, 그는 『기독교 강요』 독어본 서문에 루터적 복음 이해와 단절되지 않은 텍스트로 소개하면서도, 루터의 급진성을 완화한 텍스트로 풀이했을 것으로 보인다. 멜랑히톤은 칼뱅의 책을 질서 있고 교육 가능한 개혁 신학의 표본으로 독일 독자에게 소개했을 가능성이 있다.

1536년은 루터와 칼뱅 두 노선이 아직 단절되지는 않았지만, 더 이상 동일하지도 않다는 것을 확인하는 시점이었을 것이다. 루터가 인간을 말씀 앞에서 무너지는 존재로 붙든다면, 칼뱅은 인간을 하나님의 질서 안에 재배치한다. 이 차이는 이후 루터파 정통주의, 개혁파 정통주의의 인간론·윤리·교회론 차이를 낳는다. 1536년은 종교개혁이 하나의 인간 이해를 공유하던 시점이 끝나고, '실존적 인간론(루터)'과 '교의적 인간론(칼뱅)'이 서로 다른 궤도로 진행한 기점이라고 볼 수 있다.

루터가 표현한 simul은 다른 언어로 번역되면서 그 의미를 잃을 수 있는 '부사'(副詞)이다. simul peccator simul penitens simul justus에서 'simul'은 기본적으로 1차적 의미를 갖는다. 그것은 '동시에, 함께, 동일한 순간에'이다. 즉 "동시에 의인이며 회개하고 죄인이다." 프랑스어 번역어는 'toujours'(항상)이다. "항상 의인이며 회개하고 죄인이다." 여기서 toujours(항상)는 시간 부사이다. 이 상태가 일시적이지 않고, 이 긴장이 죽을 때까지 지속된다는 의미이다. 그러나 simul은 '항상'만으로는 부족한 용어이다. '항상'은 시간적 지속을 말하지만, simul은 시간 문제를 넘어서는 구조에 관한 것이다. 루터에게서 simul은 '언제까지'의 문제이면서도 '어떤 구조'의 문제이다. simul의 핵심은 '시간'을 넘어 '구조'이다. 루터가 말하는 simul은 세 가지 상태(죄인, 회개, 의인)가 번갈아 나타나는 양태적인 것이 아니다. 한 상태가 다른 상태를 점차 제거하는 것도 아니다. 세 상태가 동일한 인간에게, 동일한 자리에서, 동시에 적용된다. 이 용어는 요즘 언급되는 양자컴퓨터의 '양자'(superposition)에 해당할 수 있다. 즉, 인간은 자기 자신과 일치하지 않는 존재이다. 이것은 시간적 병존이 아니라 구조적 비동일성이다. 그렇기에 simul이 만들어내는 인간 구조는 자기 자신 안에서는 죄인이고, 회개함으로, 그리스도 안에서는 의인이다. 이처럼 인간은 분열적이다.

이 상태는 종합되지 않는다. 어떤 상위 개념으로 통합되지 않는다. 인간은 항상 이런 상태로 갈라진 채 존재한다. 분열성은 결과가 아니라 구조이다. '분열성'은 인간이 불안정해서 생기는 분열이 아니다. 심리적 갈등 때문에 분열된 것도 아니다. 하나님의 말씀이 인간에게 이중으로 적용되기 때문이다. 즉, 분열은 인간 내부의 문제가 아니라 말씀의 작용 결과이다. 루터에게서 인간의 simul 상태는 인간이 극복해야 할 문제나 과도기적 상태가 아니다. 이 분열은 인간 내부에서 생긴 것이 아니다. 이 분열은 하나님의 말씀이 인간에게 작용한 결과이다. 즉, 분열은 인간의 병리가 아니고, 계시의 효과이다. 왜 이 상태가 지금 치유될 수 없는가 하는 것도 말씀의 이중 작용에서 기인한다. 율법과 복음은 종합되지 않는다. 이것이 루터 신학의 핵심 구조이다. 율법은 인간을 죄인으로 폭로하고, 복음은 인간을 의인으로 선언한다. 이 둘은 시간적으로 나뉘지 않고 단계적으로 이어지지 않으며 하나의 상위 원리로 통합되지 않는다. 둘은 simul, '항상' '동시에' 인간에게 작용한다. 이와 같이 루터가 사용하는 simul이 보여주는 인간 이해는 시간적 지속성, 상태의 계속성을 보여주는 '항상'으로 이해되기도 하지만 하나님과의 관계에서 볼 때 구조적 비동일성, 비통합을 보여준다. 루터 신학에서 simul을 번역할 때, '동시에', '항상'이라고 표기하는 것은 루터의 급진적 인간 이해를 모호하게 만든다. simul peccator simul penitens simul justus의 구조적 분열 상황을 잘 드러내기 위해, 이 문장 자체를 '분열'로 이해하는 것이 필요하다. 이 문장은 인간은 자기 자신과 일치하지 않는다, 인간은 하나의 본질로 환원되지 않는다, 인간은 언제나 타자의 말 앞에서 분열된다는 의미로 이해할 수 있다. 즉, simul을 '항상'으로 번역하는 것은 문법적으로 정당하고, simul을 '분열'로 이해하는 것은 신학적으로 정확하다. 루터에게서 simul은 시간적 동시성뿐 아니라, 인간 존재의 구조적 분열을 뜻한다고 볼 수 있다.

인간의 simul 상태가 분열인가 통합인가는 1536년 상황에서 매우 중요한 쟁점이었다. 그 상태가 통합이라면 인간은 자기 자신과 일치하게 되고, 인간 내부에 안정된 중심이 생기며, 의로움은 점차 인간의 성질이 된다. 이것은 아리스토텔레스의 철학과 유명론으로 귀의하는 것이다. 즉, 은총이 다시 소유물이 된다. 그래서 루터가 이를 끝까지 거부하는 이유이다. 루터에게서 인간은 항상 분열에 노출된 존재이다. 루터에게 분열이 유지된다는 것은 인간은 언제나 말씀 앞에 서 있다는 것이다. 인간은 결코 자기 자신을 소유하지 않는다, 인간은 결코 안정된 '정체성'을 획득하지 않는다. 이것은 불안정이 아니라 신학적 정직성이다. 인간은 끝까지 하나님의 판결 아래에 놓인 존재이다. 그럼에도 인간이 허무주의로 가지 않는 이유는 분열은 치유되지 않지만 인간은 파괴되지 않기 때문이다. 왜냐하면 의로움은 인간 안에 있지 않고, 그리스도 안에 확정되어 있기 때문이다. 즉, 분열된 인간은 불안정하지만 구원은 불안정하지 않기 때문이다.

이런 과정을 통해 루터파 전통에서 양심의 자유가 강조되고, 신앙의 긴장은 유지되고, 실존적 설교가 행해진다. 개혁파 전통에서는 교리 체계가 강화되고, 교회의 권징이 강화되고, 윤리·사회 질서가 강조되어, 자신의 내부 뿐 아니라 외부에 대해서도 자신의 견해로 평가하는 것을 멈추지 않는다. 개혁파(칼뱅)에게서 인간의 simul 상황은 질서 안으로 흡수된다. 왜냐하면 하나님은 인간을 파괴가 아니라 창조-타락-구속의 과정으로 이끄는 분, 구원의 서정으로 인도하시기 때문이다.

루터가 말하는 인간의 분열 상황(simul)은 라캉의 주체($)와 구조적으로 겹친다. 루터의 simul peccator simul penitens simul justus는 한 인간이 동시에 죄인, 회개, 의인으로 겹치는 구조이다. 이 겹침은 내적 심리 상태가 아니라 하나님의 말(율법/복음)이 인간에게 가하는 이중 판정이다. 라캉의 주체($), 즉 '다른 기표에 연결된 주체'(le sujet auprès d'un autre signifiant),190)는 큰타자(Autre)의 기표에 의해 규정되고/드러나며, 그 순간에 자신과 어긋난다. 주체는 처음부터 자기 동일성의 결여로 성립한다. 루터와 라캉의 표현은 둘 다 자기 자신과의 불일치를 언급한다. 루터가 말하는 의로움은 인간 내부의 성질이 아니라 외부에서 주어지는 선언(extra nos)이다. 인간은 자기 안에서 의를 소유하지 못하고, 말씀의 판결에 의해 규정된다. 라캉이 말하는 주체의 의미와 지위는 큰타자(Autre)의 장소(언어, 법, 상징, 아버지의 이름)에서 온다. 주체는 자신 안에서 자신을 기초 짓지 못하고, 타자의 기표에 의해 호출된다. 인간(주체($)))의 정체성은 내부 실체가 아니라 외부의 말-질서에서 온다는 점이 겹친다. 외부성(extra nos)과 타자성(Autre)이 서로 겹친다.

루터에 따르면, 율법은 죄인으로 폭로하고, 회개함으로 복음은 의인이라고 선언한다. 중요한 점은 둘이 단계적으로 합성되지 않고, 동시에 작동한다는 점이다. 라캉은 기표(S1)가 주체를 대표하는 순간, 주체는 그 대표에 의해 분할된다고 본다. 대표(말해진 것, 언표 énoncé)와 잔여(말해지지 않는 것, 언표행위 énonciation)의 틈이 구조적으로 남는다. 루터는 이중 판정의 동시성을, 라캉은 대표-잔여의 틈을 말한다. 이것은 분열이 제거되지 않는 구조이다. 율법-복음의 이중 작용과 기표의 분할 작용은 분열이 남아 있는 구조를 보여준다.

루터에 따르면, simul은 치료되어야 할 심리적 갈등이 아니라, 계시(말씀)가 인간을 붙들고 있다는 표지이다. 분열이 사라지면 의가 다시 인간의 성질로 환원되어 공로로 미끄러지기에 이것을 인정하지 않는다. 라캉은 $는 결함이 아니라 주체의 조건으로 본다. 분열을 메우려는 시도는 오히려 환상·동일시로 강화되며, 분석 시 방해가 된다. 분석 행위

---

190) Jacques Lacan, L'envers de la psychanalyse ⅩⅦ, séminaire du 26 novembre 1969 (Paris: Seuil, 1991), 19, 53. 이 문장은 Un signifiant represente le sujet auprès d'un autre signifiant의 일부분이다.

는 그 틈을 없애기보다 다르게 다루는 길을 연다. 이 길은 주체의 구성이라는 길이다.

이런 점에서도 루터와 라캉이 보는 인간의 분열은 병리가 아니라 구조로 이해된다. 루터와 라캉은 둘 다 통합, 동일성을 목표로 삼지 않는다는 점에서 정확히 만난다. 하지만 이 둘 간에는 결정적 차이도 있다. 루터의 분열은 기본적으로 율법–복음이라는 신학적 이중 말–판결에서 온다. 중심은 하나님 앞(coram Deo)이다. 라캉의 분열은 언어(기표)의 구조에서 온다. 중심은 상징계/큰타자이다. 동일한 구조처럼 보이지만, 근거가 다르다. 루터는 계시론적이고, 라캉은 언어–구조론적이다. 루터는 율법과 복음으로, 라캉은 기표의 연쇄로 분열을 표시한다. 루터의 simul은 말씀이 인간을 이중으로 규정함으로써 생기는 구조적 비동일성이고, 라캉의 $는 기표가 주체를 대표하는 순간 생기는 구조적 분할이다. 이 둘은 다른 근거이지만, 통합되지 않는 주체라는 형식을 공유한다.

4. 루터의 "인간에 관한 토론문" 읽기: 제17~23항을 중심으로

루터는 1536년에 로마서 3장 28절("그러므로 사람이 의롭다함을 얻는 것은 율법의 행위에 있지 않고 믿음으로 되는 줄 우리가 인정하노라")에 대한 신학적 해명으로 두 편의 논문, 곧 "인간에 관한 토론문"(1536)과 "칭의에 관한 토론문"(1536)을 작성하였다. "인간에 관한 토론문"은 이신칭의에 관계된 인간 이해를 40개의 논제로 제시하고 있으며, "칭의에 관한 토론문"은 제자 요하네스 슈넬크(Schnellck)의 박사 논문 구두시험을 위해 준비된 것이다. 이 두 논문은 1535년에 작성된, 믿음에 관한 71개 논제와 율법에 관한 87개 논제를 담은 "믿음과 율법에 관한 토론문"(1535)에 이어서 작성된 것으로 이해될 수 있다.

이러한 맥락을 더 거슬러 올라가면, "인간에 관한 토론문"(1536)은 신학적 내용으로 볼 때 1525년 12월 라틴어로 출판된 『노예의지론』에 근거하고 있으며, 더 나아가 1516-1517년의 초기 강의를 출발점으로 하여 1519년과 1531년의 강의를 거쳐 1535년에 출판된 『갈라디아서주석』(1535)과도 긴밀하게 연결된다. 이와 같은 연속성 위에서 제시된 인간에 관한 40개의 논제로 구성된 "인간에 관한 토론문"은 루터의 인간 이해를 가장 응축된 형태로 보여주는 텍스트라고 할 수 있다.

"인간에 관한 토론문"의 40개 논제는 아래와 같다.[191] 필자는 이 중에서 17~23번을 설명할 것이다. 특히 20, 21, 22, 23, 38 논제를 중점적으로 다룰 것이다. 필자가 주요 용어에 밑줄을 그었다.

1. 철학이나 인간의 지혜는 인간(homo)을 이성, 감각, 육신을 가진 동물로 정의한다.

2. 인간이 동물이라고 불리우는 것이 적절한지 혹 부적절한지는 지금 논할 필요가 없다.

3. 그러나 이러한 정의는 인간이 죽음을 면할 수 없다는 것과 이 생에 관련해서만 묘사한 것임을 알아야 한다.

4. 그리고 이성이 모든 것 중에서 가장 중요한 것이고 가장 높은 것이며, 또한 이 생의 다른 것들에 비하여 가장 좋은 것이고 어느 정도 신적인 것이라는 점은 확실히 참되다.

5. 이성은 모든 예술, 의술, 법학 그리고 사람들이 이 생에서 소유하는 모든 지혜, 권력, 덕성 및 영광의 발명자이며 지도자이다.

6. 그렇기 때문에 인간이 동물들과 그 외의 다른 것들에서 구별되는 근본적인 차이가 말해져야만 된다.

7. 성서도 역시 '다스리라'(창1:28)고 말함으로 이성을 땅, 새, 고기,

육축의 주(主)로 만든다.

8. 이성은 현생에서 이러한 것들(창조된 생명체들)을 지배하도록 지정된 하나의 태양이며 일종의 신이라는 것이다.

9. 하나님께서는 아담이 타락한 이후에도 이러한 이성의 존엄성을 빼앗지 않으시고 오히려 이것을 강화하셨다.

10. 이렇게 존엄한 것임에도 불구하고 이성은 그 자체를 선천적으로가 아니고 다만 후천적으로밖에 알지 못한다.

11. 그러므로 만일 철학이나 이성 자체를 신학과 비교한다면 우리는 사람에 대해서 거의 아무것도 알지 못한다는 것이 분명해질 것이다.

12. 그것은 우리가 결코 인간의 질체인(質體因, materialem causam)을 충분히 파악하지 못하는 것처럼 여겨지기 때문이다.

13. 왜냐하면 철학은 동인(動因, efficientem)을 확실히 알지 못하며, 동시에 목적인(目的因, finalem)도 알지 못하기 때문이다.

14. 왜냐하면 철학은 현생의 평화 외에 다른 목적인을 진술하지 않으며 또한 그 원인이 창조주 하나님이시라는 것을 알지 못하기 때문이다.

15. 참으로 그들이 영혼이라고 부르는 형상인(形相因, formali causa)에 관해서는 철학자들 간에 일치가 없으며, 결코 있을 수도 없을 것이다.

16. 왜냐하면 아리스토텔레스가 생존하려는 힘(vivere potentis)을 가진 몸의 제일 동력으로 형상인을 정의하는 한, 그도 역시 독자들과 청중들을 속이려고 한 것이 된다.

17. 인간이 그의 근원이신 하나님 가운데서 자신을 바라볼 때까지, 그 자신의 존재를 이 중요한 부분에서 알 수 있다고 하는 것에 기대를 가질 수는 없다.

18. 그런데 슬픈 일은 인간은 그 자신의 가르침이나 사고를 억제할 수 있는 충분하고 정확한 힘이 없어 그 안에 있는 과오와 허위에 굴복하

는 것이다.

19. 그러나 현생이 그러한 것처럼, 사람에 관한 정의와 지식도 그러하다. 곧 단편적이고 덧없고 전혀 물질적이다.

20. 신학은 틀림없이 충분한 그의 지혜로써 인간을 전체적이고 완전한 것(homo totus et perfectus)으로 정의한다.

21. 즉 인간은 본래 죄없이 하나님의 형상대로 지음을 받은 몸과 산 영으로 된 하나님의 피조물이므로 그는 자손을 낳고 피조물을 다스리며 결코 죽지 않으리라는 것이다.

22. 그러나 아담의 타락 이후, 확실히 인간은 그의 힘으로는 정복할 수 없는 영원한 이중적 악인 죄와 죽음과 악마의 권세에 굴복하게 되었다.

23. 인간은 다만 하나님의 아들이신 예수 그리스도를 통해서만(만일 그가 그리스도를 믿으면) 해방되고 영생을 얻을 수 있다.

24. 이러한 것들은 확고부동하며, 또한 모든 피조물 가운데서 가장 아름답고 가장 탁월한 것인 이성까지도 죄를 쫓고 악마의 권세 아래 있기 때문에 아직도 다음과 같이 결론 내리지 않을 수 없다.

25. 왕이든지 군주든지 종이든지 현명하든지 의롭든지 또는 이 생의 좋은 것을 풍부히 부여받고 있든지 간에, 인간은 모두 사탄의 권세 아래에서 죄와 죽음을 범했으며, 그런 상태에 계속 머물러 있다.

26. 그러므로 인류의 타락 이후에도 자연적인 사물이 더럽혀지지 않고 있다고 말하는 사람들은 신학에 반대하여 불경건하게 철학적인 설명을 하는 것이다.

27. 이런 점은 '그 자신 안에 있는 것을 행함으로'(hominem faciendo, quod in se est) 인간은 하나님의 은총과 생명을 마땅히 얻을 수 있다고 말하는 사람에게 해당한다.

28. (신학적인 사람에 대해서는 아무것도 알지 못하는) 아리스토텔레스를 이끌어들여서 이성이 가장 좋은 것을 열망한다고 증거하는 사람

들에 대해서도 역시 그러하다.

29. 인간 안에는 우리에게 남겨진 흔적으로 하나님의 모습의 빛 곧 바른 교훈과 선한 뜻을 이루는 자유의지가 있다고 말하는 사람도 역시 그러하다.

30. 선과 악 혹은 생명과 죽음 등을 택하는 것이 사람에게 맡겨져 있다고 말하는 자들도 역시 마찬가지다.

31. 이러한 모든 사람들은 인간이 무엇인지도 이해하지 못하며, 말하는 자신이 무엇을 말하고 있는지도 알지 못한다.

32. 로마서 3장 28절에서 '그러므로 의롭다 하심을 얻은 것은 율법의 행위에 있지 않고 믿음으로 되는 줄 우리가 인정하노라'고 한 바울은 '사람은 믿음으로 의롭게 된다'는 말로 사람에 대한 정의를 간략하게 요약한다.

33. 확실히 인간이 의롭게 되어야 한다고 말하는 사람은 누구나 인간은 범죄자이고 부정한 자임을 말하며, 또한 이와 같이 인간이 하나님 앞에서 죄가 있으나 은총으로 구원을 받아야한다고 주장한다.

34. 그리고 그는 인간을 일반적으로 곧 보편적으로 취급함으로써 전 세계 혹은 사람이라고 불리어지는 자를 모두 죄에 맡겨 버린다.(롬 11:32)

35. 그러므로 이 생 가운데 있는 사람은 그의 내생의 형상(futurae formae suae vitam)을 위한 하나님의 단순한 재료(pura materia Dei)인 것이다.

36. 현재 허무의 지배 밑에 놓여 있는 모든 피조물과 마찬가지로(롬 8:20) 하나님에게 있어서 그 재료는 피조물의 미래의 영광된 형상을 위하여 있다.

37. 그리고 하늘과 땅이 태초에 엿새 후에 완성된 형상 곧 그의 재료를 위하여 있었던 것과 같이,

38. 이 생에 있어서 인간은 하나님의 형상으로 개조되고 완성될 (이루어질) 그의 미래의 형상을 위하여 있는 것이다.

39. 한편 인간은 죄 가운데서 살며, 매일매일 의로와지거나 혹은 더욱더 타락하거나 한다.

40. 이리하여 바울은 이성의 그 영역을 세상이라고 불러 주려고 하지도 않고 오히려 세상의 모습(schema mundi)이라고 부르려 한다.(갈4:3)

루터는 제17~23항에서 아리스토텔레스 철학 및 중세스콜라신학의 유명론적 사조에서 말하는 인간론을 말하고 있다.[192]

지원용 번역	필자 번역
17. 인간이 그의 근원이신 하나님 가운데서 자신을 바라볼 때까지, 그 자신의 존재를 이 중요한 부분에서 알 수 있다고 하는 것에 기대를 가질 수는 없다.	17. 인간이 자신의 근원이신 하나님 안에서 자신을 바라볼 때까지, 인간 자신의 본질적인 부분에 대해 알 수 있는 희망은 그 어디에도 없다.
18. 그런데 슬픈 일은 인간은 그 자신의 가르침이나 사고를 억제할 수 있는 충분하고 정확한 힘이 없어 그 안에 있는 과오와 허위에 굴복하는 것이다.	18. 가엾게도 철학(또는 이성)은 자신의 사고력이나 사고력에서 나오는 인식들을 충분하고도 확실하게 통제하지 못하고 오히려 우연과 허무에 굴복한다.
19. 그러나 현생이 그러한 것처럼, 사람에 관한 정의와 지식도 그러하다. 곧 단편적이고 덧없고 전혀 물질적이다.	19. 그러나 이것이 철학(또는 이성)이 말하는 인간의 삶이고, 이것이 인간에 대한 정의인데, 철학(또는 이성)이 말하는 인간에 대한 인식은 부분적이고, 위선적이고, 너무 물질적이라는 것이다.

---

192) 이 번역을 위해서 장 앙살디의 번역을 참고했다. J. Ansaldi, "Traduction-commentaire du Du homine de Luther," Etudes Théologiques et Religieuses, 1982/4, 475-476.

제17항은 인간이 자신의 근원이신 하나님과의 관계에서 자신을 보지 않는 한, 자신의 본질적인 부분을 알 길이 없다고 말한다. 루터가 이렇게 말하는 이유는 당시 아리스토텔레스(Aristoteles)라는 철학자의 관점에서 인간을 이해했기 때문이다. 인간의 본질적인 부분에 대한 지식을 철학에서 얻음으로서 그릇된 인간관을 갖게 되었다고 18항에서 말하고 있다. 철학에 근거해서 모든 것을 펼치기 때문에 신학자나 신앙인이라고 해도 철학적인 사고에 굴복하고 만다는 것이다. 철학이 말하는 인간이란 부분적이고, 위선적이고, 너무 물질적이라는 것이다. 이것이 19항의 주장이다. 이러한 인간관으로는 하나님과의 관계로 들어설 수 없다. 왜냐하면 인간이 전적으로 타락했고 그래서 죄인이라는 관점이 없기 때문이다. 그럼 계속해서 다음의 항목을 보자.

지원용 번역	필자 번역
20. 신학은 틀림없이 충분한 그의 지혜로써 인간을 전체적이고 완전한 것(homo totus et perfectus)으로 정의한다.	20. 이와는 반대로 신학은 완전한 지식을 가진 전체적이고 완벽한(homo totus et perfectus) 인간이라고 정의한다.
21. 즉 인간은 본래 죄없이 하나님의 형상대로 지음을 받은 몸과 산 영으로 된 하나님의 피조물이므로 그는 자손을 낳고 피조물을 다스리며 결코 죽지 않으리라는 것이다.	21. 특히 인간이 죄 없이, 하나님의 형상을 가지고 삶을 시작한 이래로, 죽지 않고, 만물을 경작하고 다스리고, 몸과 사는 영을 가진, 하나님의 피조물이라고 단언한다.

20-21항은 중세스콜라신학의 유명론적 사조에 따른 인간론으로, 한 문장으로 볼 수 있다. 20항에서 말하는 신학은 바로 유명론적 사조의 신학이다. 중세스콜라학에는 실재론(實在論, Realism)과 유명론(唯名

論, Nominalism)이라는 것이 있는데, 루터는 유명론의 사조를 공부한 가톨릭 사제였다. 아리스토텔레스의 철학이 인간을 부분적이고 불완전한 것으로 보았던 것과는 달리, 유명론적 사조의 신학은 인간을 전체적이고 완전한 것이라고 보았다. 즉 유명론에 따른 인간론은 21항에서 보듯이 하나님의 형상으로 지음받은 완전한 존재로서의 인간이다. 그러니까 창세기 1장의 인간 창조를 강조하고, 창세기 3장의 첫부부의 선악과 열매 먹은 것을 원죄로 여기지 않는 것이다. 이것이 유명론이 강력하게 주장하는 신학이다. 루터도 이런 견해를 가지고 있었다. 그러나 루터가 회심 후 유명론적 사조를 전면적으로 반대한다. 그 내용이 22-23항에 나온다.

지원용 번역	필자 번역
22. 그러나 아담의 타락 이후, 확실히 인간은 그의 힘으로는 정복할 수 없는 영원한 이중적 악인 죄와 죽음과 악마의 권세에 굴복하게 되었다.	22. 그러나 아담의 타락 이후, 아담의 타락은 피조물이 지닌 고유한 힘으로는 극복할 수 없는 각각의 악들인 마귀, 죄, 죽음의 권세에게, 그러므로 영원히, 굴복하게 된다.
23. 인간은 다만 하나님의 아들이신 예수 그리스도를 통해서만(만일 그가 그리스도를 믿으면) 해방되고 영생을 얻을 수 있다.	23. 아담의 타락은 하나님의 아들이신 예수 그리스도를 통해서만, 아담의 타락이 그리스도를 믿는다는 조건으로, 해방되고 영생을 얻을 수 있다.

22항에서 루터는 <그러나>로 시작한다. 이것은 유명론적 사조로부터 180°도 전향했음을 보여주는 것이다. 루터는 22항과 23항의 주어를 "아담의 타락"으로 정하여 말한다. 이 점은 특이할 만하다. 22항에서는 아담의 타락이 마귀, 죄, 죽음에 영원히 굴복한다고 말하지만, 23항에서

는 아담의 타락이 하나님의 아들이신 예수 그리스도를 통해서만 해방되고 영생을 얻는다고 말한다. 다시 말해, 아담의 타락 이전에 '인간은 전체적이고 완전한 것'(homo totus et perfectus)이고, 하나님의 형상대로 지음받은 '생령'이었다. 그러나 아담의 타락 이후에 인간은 죄와 죽음과 마귀의 권세에 굴복하게 되어 전적 타락, 전적 무능력이 되었다. 원죄를 지은 인간에게는 가능성이 전혀 없고 희망이 전혀 없다. 하지만 하나님의 아들이신 '예수 그리스도로 통해서만' 영원한 악들로부터 해방되고 영생을 얻게 되는 것이라고 말한다. 율법을 통해 죄인이 되고, 복음(예수 그리스도)을 통해서만, 그리스도를 믿음으로, 영생을 얻는다. 여기서 '예수 그리스도를 통해서만'은 루터의 고유한 성서 해석으로도 볼 수 있겠지만, 아리스토텔레스의 네 가지 원인설로 이해할 수도 있다. '예수 그리스도를 통해서만'은 아리스토텔레스의 네 가지 원인설 중 '작용인'에 해당한다.

아리스토텔레스는 질료인(質料因, αἰτία ὑλική, causa materialis), 형상인(形相因, αἰτία εἰδική·μορφική, causa formalis), 작용인(作用因, αἰτία κινητική·ποιητική, causa efficiens), 목적인(目的因, αἰτία τελική, causa finalis)을 말한다. 이것은 무엇으로 만들어졌는가, 어떤 모습·본질을 갖는가, 누가, 무엇이 그것을 만들었는가, 무엇을 위해 존재하는가에 대한 질문이다. 네 가지 원인은 서로 대체되지 않는다. 하나만으로는 충분한 설명이 되지 않는다. 하나가 빠지면 답을 얻기 어렵다. 아리스토텔레스의 네 가지 원인설은 사물의 '왜'를 물질·본질·작용·목적의 네 차원에서 동시에 묻는 구조이다. 중세 스콜라 신학에서 아퀴나스는 신 존재 증명, 창조론, 구원론 등에 적용했다. 근대 과학에서는 목적인 배제했고, 작용인 중심으로 이동했지만 현상학, 생명철학 등에서는 목적인을 재해석하고 있다.

23번 항목의 '예수 그리스도를 통해서만'을 아리스토텔레스의 '작용인’으로 본다면 어떤 의미가 있는지 살펴보자. 작용인은 건축가, 즉 집을 짓는 행위 주체에 해당한다고 볼 수 있다. 아리스토텔레스에서 작용인은 변화를 일으키는 원천이다. 건축가가 집을 짓고, 조각가가 동상을 제작하는 것과 같이 작용인은 행위주체이다. 토마스 아퀴나스는 망치로 못을 박고, 망치는 팔로 작동되고, 팔은 인간에 의해 움직인다는 방식으로 작용인의 층위화를 말한다. 제1 작용인이 인간(의지, 지성)이라면, 제2 작용인은 팔, 제3 작용인은 망치, 도구적 작용인(causa instrumentalis)이다. 즉, 모든 작용인이 인격적 주체일 필요는 없다. 도구·매개·통로도 작용인에 포함된다. 이 점이 매우 중요하다. “예수 그리스도를 통해”라고 할 때, 라틴 신학에서 이미 정식화된 표현은 per Christum(그리스도를 통하여)이다. 여기서 per는 단순한 수사가 아니다. 도구적·매개적 작용인을 가리킨다. 아퀴나스는 분명히 하나님을 제1 작용인(causa prima), 그리스도를 매개적·도구적 작용인(causa instrumentalis)이라고 명명한다. 그는, 창조를 설명할 때 ‘하나님이 하시되, 말씀(Logos)을 통해’라고 표현하고, 구원을 표현할 때 ‘하나님이 행하시되, 그리스도를 통해’라고 말한다. 따라서 “예수 그리스도를 통해”는 작용인 범주 안에 정확히 들어간다. 그렇다면 “예수의 이름으로”에서 ‘으로’는 작용인인지 질문할 수 있다. 아리스토텔레스의 고전적 의미에서는 ‘작용인’이라고 말하기는 어렵지만 중세 이후 확장된 의미에서는 ‘도구적 작용인’으로 볼 수 있다. 전치사구 “~으로”는 한국어에서 “예수의 이름으로”라는 수단, 근거, 권한, 매개, 장(場) 등으로 이해된다. 이 모든 것을 동시에 함축한다. 이 전치사구는 헬라어로 보면 ‘ἐν τῷ ὀνόματι Ἰησοῦ Χριστῷ’이다. ἐν은 단순한 도구가 아니라 영역·자리·관계 속(in / within)의 의미를 강하게 가진다. 즉, “망치로”가 도구라면, “예수의 이름 안에서”는 관계적 장이다. “예수의 이름으로”가 작용인으로 이해될 때 너무 기계적으로 이해될 수 있다. “예수의 이름으로”는 작용인을 지정하는 표현이라기보다는 작용이 발생하는 '권위·관계·사건의 장'을 지정하는 표현으로 볼 수 있다. 그렇다면 'ἐν τῷ ὀνόματι Ἰησοῦ Χριστῷ'는 아리스토텔레스 네 가지 원인설 중 작용인 하나로 환원되지 않는다. 질료인을 포함하고 형상인(이름이 규정하는 정체성·형식), 작용인(하나님의 행위가 매개됨), 목적인(하나님의 구원 목적)에 연관된다. "예수 그리스도를 통하여"가 "ἐν τῷ ὀνόματι Ἰησοῦ Χριστῷ"의 대체어로 사용되었다면, 이 전치사구/부사구는 4원인을 가로지르는 표현으로 볼 수 있다. "예수의 이름으로"는 행위의 주체를 지정하는 단순한 작용인이라기보다는, 하나님의 작용이 인간 역사 안에서 합법적이고 유효하게 발생하는 사건의 자리를 지시한다. "예수의 이름으로"는 작용인을 설명하는 형이상학적 범주가 아니라, 행위가 의미를 갖게 되는 신학적 조건으로 볼 수 있다. "예수의 이름으로"는 아리스토텔레스의 작용인을 지시하는 전치사구가 아니라, 작용이 발생하고 인식되며 증언되는 관계적·사건적 장으로 볼 때 그 의미를 더 잘 파악하게 된다.

이상 세 부분(2장, 3장, 4장)으로 나누어서 설명한 루터의 인간에 대한 견해는 기독교 역사에서 전개된 인간학의 본질적인 내용이라고 볼 수 있다.

5. 글을 마치면서

루터는 중세 스콜라학의 학풍 중 아리스토텔레스 철학, 보편 논쟁 중 유명론(명목론, Nomilalism) 계열에 속한 수도사이자 가톨릭 사제였다. 그는 바울 사도의 말처럼 옛것을 벗고 새 것을 입은 자처럼 가톨릭에서 새로운 길로 전환하였다. 그 출발점에는 인간의 한계를 넘어서는 하나님과의 만남 경험이 있었고, 그것을 계기로 인간 이해를 새롭게 하였다.

종교개혁의 긴 여정 가운데 그는 신학자로서 인간 이해를 정리하였다. 그 중 간략하지만 명확하게 자신의 입장을 제시한 것이 "인간에 관한 토론문"(1536)이었다.

이 글은 40개의 짧은 문장으로 구성되어 있다. 이 글은 비텐베르크대학교의 신학 정체성에 관한 글이고, 루터 진영의 신학 정체성에 관한 글로 볼 수 있다. 그러나 그의 이론은 이성적으로 이해하기에는 어려움이 있었다. 인간으로서는 죄인이지만 하나님 앞에서는 의인이 될 수 있다는 것, 이 둘을 섞어서 통합할 수 없다는 것, 그래서 현실 윤리를 다룸에 있어서 쉽지 않다는 것 등이 그 어려움이었다. 인간의 질서와 하나님의 질서 간의 비동일성은 루터에게는 양보할 수 없는 것이었다. 왜냐하면 이 질서의 동일성을 주장하는 순간, 자신이 예전에 있던 것으로 돌아가기 때문이고, 이성적으로는 불합리하게 보이는 '종교와 인간'의 관계가 '철학과 인간'이라는 합리적 관계를 수용할 수 없기 때문이다.

지금의 시점에서 필자는 루터의 사유가 매우 비합리적으로 보인다. 그렇기에 종교와 인간이라는 글을 쓸 수 있다고 생각한다. 철학과 인간을 논할 수 있는 부류가 있다면, 종교와 인간을 논하는 부류가 있다. 루터가 될 수 없다면, 멜랑히톤의 심정으로 칼뱅을 만나러 가는 자일 수도 있다. 현실적인 두 왕국론 사이에, 종교적인 두 왕국론 사이에 놓인 자의 태도는 한 가지는 아닐 것이다.

1536년 루터에게서 인간의 무능은 coram Deo와 coram mundo 사이의 비가역적 긴장 속에서만 의미를 가졌다. 그러나 오늘날 인간의 무능은 점점 coram AI라는 새로운 심급 앞에서 재정의되고 있으며, 이 과정에서 coram Deo의 자리가 사실상 기능적으로 대체되고 있는 것은 아닌지라는 신학적 의문이 제기된다. 이러한 위기 앞에서 루터가 오늘 이 자리에 서서 인간에 대해 말한다 하더라도, 그는 새로운 기술적 조건이나 다른 인간론을 제시하기보다, 1536년에 정식화했던 인간 무능의 구조

―coram Deo 앞에 서 있는 인간―를 다시 한 번 문제의 중심에 놓고, 오늘의 인간이 무엇을 coram Deo의 자리로 오인하고 있는지를 먼저 물었을 가능성이 크다고 생각하면서 글을 마친다.

루터/지원용 편역. "인간에 관한 토론문."『루터 選集 6』. 서울: 컨콜디아사, 1982: 359-362.

멜란히톤. 필립/이승구 역,『신학총론(1555)』. 서울: 크리스찬 다이제스트, 2000.

명신홍. "칼빈主義의 根本精神."「신학지남」, Vol. 23, No 1(1954년): 21-29.

박형룡. "칼빈 神學의 基本原理."「신학지남」, Vol. 29, No 1(1962년): 244-255.

Ansaldi, J. "Traduction-commentaire du Du homine de Luther." *Etudes Thélogiques et Religieuses*, 1982/4: 475-476.

Calvin, Jean. *Institutio Christianae Religionis*. Basileae(Basel): Thomas Platter & Balthasar Lasius, 1536. 독어판은 같은 해 바젤에서 출간되었으며, 필리프 멜랑히톤이 서문을 집필하였다.

Calvin, Johannes. *Institutio Christianae Religionis*. Teutsch(Deutsch). Mit einer Vorrede Philipp Melanchthons. Basel, 1536.

Lacan, J. *L'envers de la psychanalyse XVII, séminaire* du 26 novembre 1969. Paris: Seuil, 1991.

Luther, M. "Commentaire de l'Epître aux Romains(t. II)." *Œuvres* 12. Genève: Labor et Fides, 1985.

Luther, M. *D. Martin Luthers Werke: Kritische Gesamtausgabe* (Weimarer Ausgabe). Bd. 39/1. Weimar: Hermann Böhlaus Nachfolger, 1915: 175-177.

Luther, M. *De homine, in D. Martin Luthers Werke*, Weimarer Ausgabe, 39/1. Weimar: Hermann Böhlaus Nachfolger, 1915: 175-177.

Melanchthon, Philipp. *Loci communes rerum theologicarum seu hypotyposes theologicae*. Wittenbergae, 1521. 멜랑크톤, 필립/한인수 역,『신학의 주요 개념들(Loci Communes 1521)』(서울: 경건, 1998). 이 판본은 개신교 최초의 조직신학서로 평가되고, 자유의지, 인간 무능, 은총, 칭의 등 전반적인 사항에서 루터의 주장에 가깝다.

Melanchthon, Philipp. *Loci communes theologici*. Wittenbergae, 1535. 이

판본은 인간의 의지에 대한 서술이 루터의 주장에 비해 완화되었고, 윤리·
율서·자연법 요소가 강화되었다. '아우스부르크 신앙고백'(1530) 이후의
신학적 조정이 반영되었다.

Melanchthon, Philipp. *Loci praecipui theologici*. Lipsiae(Leipzig), 1559. 이
판본은 자유의지의 제한적 역할을 비교적 명확히 인정하고 있고, 교육·윤
리 차원의 요소가 첨부되었고, 루터파 정통주의 형성에 영향을 주었다. 이
판본은 CR 21로 통용된다. Cf. Philipp Melanchthon, *Loci communes*.
In: *Corpus Reformatorum*, vol. 21. Halle: C. A. Schwetschke, 1854.

Melanchthon, Vorrede zu Calvin, *Unterricht in der christlichen Religion*.
Basel, 1536. 칼뱅의『기독교 강요』초판의 독어 번역본에 서문을 쓴 판본
이다.

쾌락 원칙을 넘어서
- 종교, 용서, 플롯 거스르기

양윤희

쾌락 원칙을 넘어서
─ 종교, 용서, 플롯 거스르기

양윤희(경희대학교 연구 교수)

주제어: 쾌락 원칙을 넘어서. 종교, 용서, 벌레 이야기, 서사 욕망,
강박적 반복, 플롯 거스르기, 니체, 막스 밀러

1. 들어가며

서사는 무관한 행위들을 관련지어 완결의 순간 의미를 확정하는 담론
기술이다. 이런 서사의 기술을 플롯팅–plotting이라고 하는데 작가는
이 메커니즘을 통해 자신이 관철코자 하는 최종 의미를 독자에게 전달
하기 위해 모든 서사 전략을 동원한다. 하지만 목적과 달리 텍스트의 종
결은 첫 서사 욕망의 실패, 혹은 사유의 좌절로 끝나는 경우가 있다. 피
터 브룩스는 『플롯 따라 읽기(Reading for the Plot)』에서 플롯이 어떻
게 작가의 서사 욕망을 배반하고 그와 역행하는 논의로 귀착하는지 집

중 조명한다. 플롯의 작용과 동기를 구조주의식의 폐쇄되고 판독할 수 있는 전체 안에서 보지 않고, 욕망의 문제로 열어놓는 브룩스의 비평은 서사 이론이 정신분석과 얽힌 흥미로운 볼거리를 준다. 작가의 서사 욕망을 압도하는 강박 에너지의 침입은 은유로 정의되는 문학을 환유로 치환한다. 작가의 서사 욕망이 봉합되지 못한 채 황량한 공백을 드러낸다는 것은 텍스트의 욕망이 독자의 욕망으로 대치되는 자리바꿈이기 때문이다. 그러므로 서사의 종결은 작가의 은밀한 비밀이 드러나는 지점이라 하겠다.

이청준의 「벌레 이야기」는 이런 서사의 역설이 극명하게 드러나는 텍스트다. 기존의 많은 논의에서 이 작품은 기독교적 용서의 위선과 폭력성을 고발하는 문제작으로 읽혀왔다. 범인의 과잉된 신앙 추앙과 피해자에게 가해지는 용서의 압박은, 종교 도덕이 개인의 고통을 어떻게 윤리의 이름으로 관리하는지 드러낸다. 이러한 독해는 일정 부분 타당하지만, 본 고는 그 비판이 서사 내부에서 끝까지 완결되지 못한다는 점에 주목한다. 「벌레 이야기」에서 가장 우려가 되는 문제는 용서를 거부하는 피해자의 침묵에 있다. 알암이 엄마는 자신의 고통을 신의 섭리나 구원으로 상쇄할 수 없다. 가해자를 마음 놓고 저주할 수도, 자신의 도덕적 우월성을 주장할 수도, 그리고 용서의 압박을 의미화시킬 수도 없다. 서사를 지속하지 못하는 그녀의 침묵은, 죽음이라는 형태로 끝을 맺는다. 이 지점에서 중요한 것은 그녀의 죽음을 윤리적 판단이나 주체 의식의 완성으로 보는 것의 불편함이다. 오히려 서사가 감당하지 못하는 '말할 수 없음'을 죽음으로 소거한 작가의 서사 전략으로 읽는 것이 타당할 것 같다.

본 고는 프로이트의 '쾌락 원칙을 넘어서'를 플롯의 역동성으로 끌어들인 피터 브룩스의 논의로 「벌레 이야기」를 재해석하려 한다. '플롯 거스르기(counter plotting)'는 작가의 쾌락 원칙을 넘어서는 서사 방식을 일컫는다. 알암이 엄마의 죽음은 기독교 도덕을 문제 삼으면서도 그것을 끝까지 배반하지 못한 작가의 서사 욕망의 실패이다. 이 실패는 독자에게 공허를 남긴다. 공허감의 이유를 니체의 노예 도덕과 용서 비판, 막스 뮐러(Max Müller)의 종교 언어 이론으로 설명할 것이다. 니체는 용서를 도덕적 고양이 아닌 힘의 관계에서 형성된 가치 전도로 파악했고, 막스 뮐러는 종교를 언어의 은유가 실체로 오인되는 과정에서 폭력이 규범화되는 현상이라고 정의했다. 이 두 관점은 「벌레 이야기」의 '용서'가 왜 윤리적 행위가 아닌 종교 언어가 만들어낸 규율인지 해명하는 이론적 토대를 제공한다. 문제는 단순히 '누가 벌레인가'라는 인물 차원의 질문이 아니다. 오히려 이 작품은 주인공을 죽음으로밖에 처리하지 못한 작가의 사유 체계, 그리고 마지막 결론이 남긴 공허를 오래도록 응시할 수밖에 없는 의미의 불편함에 있다. 「벌레 이야기」는 용서를 말하려다 멈춰 선 서사 욕망의 실패를 기록한 텍스트다. 그리고 바로 그 실패의 자리에서, 가장 어렵고도 중요한 질문이 독자에게 부여된다. 그 질문이 무엇인지 알아보자.

2. '쾌락 원칙'을 넘어선 '강박적 반복'

'인간이 계획하면 신이 웃는다'라는 유대인 속담이 있다. 인간의 계획은 늘 과녁을 빗나간다는 풍자이다. 이 말을 정신분석학적으로 증명한 학자는 바로 지그문트 프로이트이다. 프로이트는 1919년 3월 「쾌락 원칙을 넘어서(Beyond Pleasure Principle)」의 초고를 쓰기 시작해서 5월에 그것을 완성했다. 같은 달, 그는 「두려운 낯 설음(uncanny)」이라는 논문을 완성하였고 거기에는 「쾌락 원칙을 넘어서」의 핵심이 되는 중요한 용어가 제시되어 있다. 바로 '강박적 반복(compulsion to repeat)'이다. 어린아이들의 놀이나 정신분석 치료에서 나타나는 이 현상은 인간이 가진 최고의 본능적 성향인 쾌락 원칙을 압도하는 막강한 힘을 과시했다. 사실 인간이 사는 세상에서 행위의 반경은 많은 부분 예측이 가능하다. 원인과 결과라는 연기적 독법 때문이다. 지능을 가진 인간은 인과의 명제로 계획을 세우고 미래를 예단한다. '사랑에 빠지면 황홀하고, 복권을 사면 당첨될 확률에 노출되고, 공부를 열심히 하면 성공할 것이다'와 같은 쾌락 확보의 확신이 없다면 인간은 삶을 지속하기 힘들 것이다. 그런데 프로이트는 정신분석 과정에서 이런 기본 공식을 깨는 여러 병증 사례(Case history)를 마주한다. 대표적인 예는 트라우마 환자들이 보이는 반복 연상이다. 프로이트는 초기에 꿈을 소망 충족의 일환으로 보았다. 그러나 외상 신경증 환자들은 자신에게 극심한 고통을 안겨준 사건을 계속 떠올리며 괴로워하고 꿈에서 조차 반복했다. 또 다른 예로 아이들은 불안과 상실을 불러온 경험을 놀이 속에서 되풀이했다. 이런 반복은 고통을 재생산하는 행위 임에도 환자들은 순환의 고리를 끊지 못했다. 여기서 중요한 점은 이런 행동을 의식적으로 행하는 것이 아니라 무의식적으로 반복한다는 점이다. 프로이트는 단순한 기억의 떠올림이나 습관으로 설명하기엔 석연치 않은 고통의 연상을 '강박적 반복'이라고 개념화한다. 강박적 반복이란 고통스럽고 파괴적인 결과를 낳았던 경험을 해소하지 못한 채, 다른 형식으로 계속 되풀이하는 심리적 충동을 말한다. 본능적으로 쾌를 지향하는 인간의 심리를 넘어서는 악마적 성향이었다. 이때의 반복은 기억의 재현이라기보다 행동과 구조의 재현이라는 편이 더 합리적이다. 즉, 주체는 과거를 '기억하는' 대신, 과거를 '다시 산다'.

3. 죽음 충동(Thanatos)

정신분석 현장에서 주체는 자기가 왜 반복하는지 알지 못한 채 반복 상태에 놓인다. 프로이트는 이 현상을 쾌락 원칙을 압도하는 기괴한(uncanny) 성향이라고 말하면서'죽음 충동(Thanatos)'이라는 급진적 가설을 내놓는다. 프로이트의 '죽음 충동'은 인간의 무의식을 근본적으로 달리 해석하는 단초가 된다. 이는 쾌락을 추구하고 고통을 회피한다는 기존 정신분석의 틀을 부수고, 주체 내부에 작동하는 보다 구체적인 역행의 원리를 드러낸다. 무의식 속에는 의미와 쾌락을 생산하면서 동시에 그를 넘어서서 의미 생산 자체를 중단시키려는 죽음 에너지가 내재했다. 따라서 죽음 충동은 왜 인간이 의미와 욕망을 끝없이 지연(delay)하는지 실질적인 설명을 가능케 한다. 겉보기에 욕망의 지연은 의미를 더 풍부하게 만들기 위한 전략처럼 보이지만, 프로이트적 관점에서 지연은 즉각적인 종결, 즉 긴장 없는 상태로의 급격한 회귀를 피하고 중간을 창출하려는 무의식의 방어 기제로 이해되었다. 의미와 욕망을 계속 연기하는 것은 그것들이 완성될 경우 도래할 정지 상태, 다시 말해 죽음의 실현을 연기하는 방식이다. 욕망은 충족을 향해 나아가면서도, 무의식의 차원에서는 그 충족이 가져올 정지를 회피하기 위해 끊임없이 에로스와 타나토스의 옷을 입고 춤을 추는 것이다. 이 개념은 이후 서사 이론과 문화 비평에서 종결, 죽음, 침묵, 반복의 문제를 사유하는데 중요한 이론적 자원을 제공한다.

피터 브룩스는 쾌락 원칙을 넘어서는 이러한 성향을 서사와 연결하여'플롯 거스르기'(counterplotting)라는 개념을 추론해 낸다. 프로이트의 이론을 근거로 서사 욕망을 타나토스(죽음 충동)로 정의하면서 서사가 끊임없이 지연과 반복, 긴장의 우회를 통해 끝을 향해 나아가는 것을 죽음 충동의 실현 과정으로 보았다. 브룩스는 종결을 서사의 완전한 승리로 보지 않는다. 물론 모든 서사가 필연적으로 실패한다고 주장하는 것은 아니다. 다만 어떤 서사는 종결에서 의미가 완성되지 않고 욕망이 서둘러 봉합되는 형태로 마무리된다. 그때의 종결은 의미를 고정하는 동시에, 그 의미가 얼마나 인위적으로 구성되었는지까지 드러내는 서사 욕망의 민낯이었다. 브룩스는 이런 사유를 문학 작품 분석에 직접 들이댄다. 소설 속에서 작가가 서사의 결론을 이야기로 통합시키거나 끝맺지 못하고 의미화되지 않는 사례를 반복하는 경우를 찾아낸다. 반복은 완결을 향한 심리적 운동이기에 반복을 지속한다는 것은 아직 사건이 '서사적으로 처리되지 않았다'라는 신호로 볼 수 있다.

브룩스는 『플롯을 따라 읽기(Reading for the Plot)』 9장부터 11장에서 콘래드(Conrad)의 『암흑의 오지(Heart of Darkness)와 포크너(Faulkner)의 『앱샬롬, 앱샬롬(Absalom, Absalom!)』을 예로 들면서 소설이 종결에 도달했음에도 불구하고 의미가 봉합되지 않고 오히려 반복, 침묵, 불능의 언어를 쏟아내는 양상을 제시한다. 이 소설들은 최초에 작가가 전달하려던 의미가 좌절되거나 흐지부지되었다고 설명한다. 작가는 의미를 플롯팅(plotting) 해서 글을 썼는데 그의 무의식은 반복 강박을 도구로 해서 그것을 거스르는 방향으로 서사를 유인했다. 브룩스는 이 현상을 '플롯 거스르기(counterplotting)'라는 의미로 작가의 무의식에 수렴한다. 그는 이 용어를 정식으로 개념화하지는 않았지만, 플롯이 종결을 향해 나아가면서도 반복, 지연, 인물의 저항, 의미화의 실패로 스스로를 배반하는 서사적 현상을 집중적으로 논의했다(본고는 이러한 논의를 종합하여, 플롯의 욕망이 좌절되거나 역전되는 양상을 'counterplotting'이라 명명한다). 이것은 다음과 같은 방식으로 나타난다. 첫째, 인물이 플롯이 요구하는 윤리적 선택이나 감정의 전환을 수행하지 않는 경우다. 둘째, 서사의 종결이 갈등을 해소하는 대신 새로운 공백이나 불안을 남기는 경우다. 셋째, 죽음이나 침묵 같은 종결 장치가 의미를 봉인하기보다는, 오히려 그 봉인의 인위성을 드러내는 경우다. 브룩스의 관점에서 서사 욕망을 배반하는 순간은 서사의 무의식이 표면으로 떠오르는 지점이다. 작가는 플롯을 통해 특정한 의미를 완성하려 하지만 무의식의 억압 때문에 말하지 못한 사유가 종결부에서 역설적으로 튀어나온다. 따라서 '플롯 거스르기'는 서사의 실패이자 동시에 서사 해석의 결정적 단서가 되는 성공의 전술이다. 플롯이 "말하고자 했던 것"과 더불어, 플롯이 "말하지 못하고 제거하려던 것"까지 보여주기 때문이다. "서사는 완성된 의미를 제공한다"는 고전적 관념은 이제 "서사는 실패의 흔적으로 흔적을 남긴다"로 전환되어야 한다. 이 개념으로 종교와 인간에 관한 소설 「벌레 이야기」 를 다시 읽어보자. 왜 이 소설에서는 고통이 종결되지 못하고, 침묵과 죽음을 호출하며, 그 종결인 죽음이 독자에게 미결정의 공허함을 부여하는지 말이다.

4. 죄와 용서의 문제

이청준의 「벌레 이야기」 는 모호하다. 끝까지 읽고 나면 작가가 이 소설로 던지고 싶은 화두가 무엇인지 막연한 생각과 함께 묵직한 불편감이 올라온다. 생각지 못한 반전, 죄와 용서의 문제, 신과 인간의 침윤할 수 없는 부조리가 마치 뫼비우스의 띠처럼 얽히고설키어 있다. 이 소설은 독자에게 명쾌한 답을 제시하지 않는다. 소설이 이렇게 열려있는 이유는 첫째, 이 글이 인간의 관점에서 종교의 윤리적 부분을 건드리기 때문이고, 둘째, 해석의 방법 여하에 따라 나르시시즘과 희생이라는 양극단의 상반된 견해가 도출될 수 있으며, 셋째, 종교는 개인의 가장 내밀한 영역임과 동시에 논리적 해석이 불가능한 서사임에도 불구하고 끊임없이 거기서 해법을 찾으려는 인간들의 환유적 비애가 담겨있기 때문이다. 인간은 종교 앞에서 마치 카프카의 『법 앞에서』에 나오는 시골뜨기와 다를 바가 없다. 법(法) 앞을 서성이며 그 안으로 들어가고 싶은 강렬한 욕망으로 몸이 쪼그라들 때까지 기다리는 시골뜨기, 이 상황은 해석 불가능한 종교 앞에 구원되고자 하는 욕망을 가지고 끝없이 가진 것을 문지기에게 건네주는 인간과 닮았다. 하지만 카프카의 소설이 말해주듯 법의 문은 열리지 않는다. 단지 사라지지 않는 한줄기 찬란한 빛만 법의 문틈으로 죽어가는 시골뜨기의 눈에 비칠 뿐이다. 시골뜨기가 들어갈 수 없는 절대 불가의 금지 구역은 어쩌면 인간과 종교 사이의 침윤할 수 없는 사이 공간을 일컫는지도 모른다. 그리고 이 '침투할 수 없음'의 참상을 그대로 드러내는 소설이 「벌레 이야기」 이다. 이 소설은 서사 구조상 피터 브룩스의 플롯 이론, 특히 배반의 플롯 관점으로 재해석했을 때 의미가 드러난다. 왜 그런지 살펴보자.

작가 이청준은 서문에 자신이 어떤 계기로 이 소설을 쓰게 되었는지 진솔하게 밝히고 있다.

졸작 벌레 이야기는 실재 사건을 소재로 쓴 소설이다. 작품을 쓰기 얼마 전 서울의 한 동네에서 어린이 유괴살해 사건이 일어났다. 범인은 결국 붙잡히고, 재판을 거쳐 사형수로 집행을 기다리는 신세가 됐지만, 아이를 잃은 부모의 슬픔과 고통은 굳이 이를 바 없는 일이었다. 그런데 범인이 형 집행 전 마지막 남긴 말이 '나는 하느님의 품에 안겨 평화로운 마음으로 떠나며, 그 자비가 희생자와 가족에게도 베풀어지기를 빌겠다'는 요지였다. 기억이 정확하진 않지만, 내게는 그 말이 그렇게 들렸고, 그것은 내게 그 참혹한 사건보다 더 충격적이었다... 그것이 진정 그들을 위한 마음이었을까. 그에게 과연 그럴 권리가 있을까. 섭리자의 사랑 앞에서 사람은 무엇인가. 인간의 존엄과 권리란 무엇인가! 이 소설은 사람의 편에서 나름대로 그것을 생각하고 사람의 이름으로 그 의문을 되새겨본 기록이다(「벌레 이야기」 작가 서문).

작가는 살인자 김도섭이 신에 의탁하여 자신이 죄를 저지른 피해자에게 오히려 자비를 베푸는 광경에 구토를 느낀다. 이것을 읽는 독자 또한 작가 이청준이 어떤 마음으로 소설을 썼는지 충분히 공감할 수 있다. 작가가 독자인 우리에게 대면시킨 것은 신에게 의탁하면 어떤 악행을 지었건 모든 죄지은 것이 용서되고, 그 안에서 평화로울 자격이 있으며 죄가 사해질 수 있느냐는 점이다. 이것은 이청준의 질문이기도 하고 삶을 종교로 치환해서 해석해야 하는 인간의 무거운 과제이기도 하다.

막스 밀러(Max Müller)는 종교의 기원을 무한에 대한 직관에서 찾으면서 종교적 개념들이 본래는 그저 은유적 언어에 불과했다고 주장한다. 문제는 이 은유가 시간이 흐르면서 실체로 오인되는 순간 발생한다. 밀러는 이를 "언어의 병(disease of language)"이라고 불렀다. 그는 종교적 개념은 본래 인간의 경험을 감싸기 위한 상징이었으나, 실체화되는 순간 규범과 명령으로 기능하게 되었다고 본다. '용서' 역시 고통을 견디기 위한 언어적 은유였을 가능성이 있지만, 종교적 언어 체계 안에서 행동을 강제하는 규율로 전환된다. 이때 용서는 위로가 아니라 평가의 기준이 되며, 용서하지 않는 자는 도덕적 결함을 지닌 존재로 위치가 강등된다. 막스 밀러의 이론은 「벌레 이야기」에서 종교적 언어가 어떻게 인간의 침묵과 고통을 제거하는 방향으로 작동하는지를 설명하는 데 유용하다. 용서가 윤리적 선택이 아니라 언어적 규범으로 기능할 때, 서사는 특정 인간을 감당할 수 없게 된다. 그리고 서사가 감당할 수 없는 특정 인간이 바로 알암이 엄마가 된다.

이런 견해는 특히 니체에게 도드라진다. 니체는 『도덕의 계보』에서 기독교적 도덕을 노예 도덕(Sklavenmoral)으로 규정하며, 그 핵심 감정으로 르상티망(원한:ressentiment)을 지목한다. 니체에게서 르상티망은 직접적으로 분노를 표출하거나 복수할 수 없는 약자가 자신의 무력감을 도덕적 가치로 전환하는 심리적·도덕적 메커니즘을 가리킨다.

이 과정에서 용서는 공격성을 억압한 채 도덕적 우월성을 확보하기 위한 전략으로 기능할 수 있다. 즉 용서는 가해자를 극복하지 못한 상태에서, 스스로를 도덕적으로 더 높은 위치에 두기 위한 정념의 형식이 된다. 이러한 용서는 고통을 해소하기보다 오히려 원한을 내면화하고 지속시키는 방식으로 작동한다. 따라서 르상티망과 결합된 용서는 화해의 윤리가 아닌, 힘의 불균형이 은폐된 도덕적 재배치로 이해될 수 있다. 기독교에서 용서가 문제가 되는 것은 그것이 개인의 선택으로 머물지 않고, 보편적 규범으로 작동할 때이다. 르상티망을 배태할 수 있는 상황이 전개된다는 점이다. 기독교 윤리에서 용서하지 않는 인간은 미성숙하거나 미완의 존재로 간주되며, 고통을 끝까지 견디거나 의미화하지 않으려는 태도는 도덕적 결함으로 해석된다. 이런 사유는 피해자의 고통을 가해자의 구원과 윤리적 완성을 가능케 하는 조건으로 치환한다. 니체에게 이런 용서의 윤리는 노예 도덕의 전형적인 작동 방식으로 고통의 경험을 의도적으로 도덕적 언어로 재배치함으로써 인간을 통제하려는 변주이다. 니체에게 용서란 주체 자신의 힘과 고귀함에서 비롯된 정념이기에 의무로서 요구될 수 없다. 르상티망은 용서의 개념과 절대짝 패를 이룰 수 없다는 얘기다. 이러한 관점은 「벌레 이야기」에서 왜 용서가 거부되고 유예되는지 결정적인 이론적 통찰을 준다.

이 소설의 제목은 '벌레 이야기'이다. 독자들은 누구나 이 제목을 접하면 '누가 벌레인가'에 대해 의문을 갖게 될 것이다. 살인자 김도섭인지, 아니면 끊임없이 교회로 끌고 나가려 했던 김 집사인지, 김도섭의 반응에 환멸감을 느껴 약을 먹고 죽은 알암이 엄마인지 말이다. 혹은 이 실화를 이런 유형의 소설로 엮은 작가 이청준이 벌레 일지도 모른다. 소설의 서문에 서술자의 목소리를 빌어 작가가 내는 음성은 김도섭의 파렴치함을 통한 종교의 무모함에 초점이 맞추어져 있다. 아이의 엄마는 어떤 불길함이나 절망감을 견디고서라도 기필코 아이를 찾아내야 한다는 희망을 잃지 않으려고 고군분투한다. 바로 그 희망과 기원, 어떻게든 아이를 찾아내고 말겠다는 끈질긴 집념은 무엇보다 크고 소중한 힘이 되었고 그 중심에 신에 매달리는 기원이 도구로 작용했다고 서술자는 말한다.

> 아내는 흔히 우리 여인네들이 해 온 방식으로 절간을 찾아가, 아이의 앞 길을 밝혀 주십사 촛불을 켜고, 공양을 바치고 오기도 하였다. 절간뿐만 아 니라 아무 곳이나 교회당을 찾아가(아내는 원래 교인이 아니었다) 아이를 위한 교회 헌금도 아끼지 않았다.(「벌레 이야기」 본문)

그러나 아이는 싸늘한 주검이 되어 오고 아내는 실성한 사람처럼 넋을 놓고 울기도 웃기도 하면서 속절없이 무너져 간다. 하지만 당국은 아내에게 아무런 복수의 기회도 용납하지 않았다. 범행을 자백한 그 순간부터 범인은 아내의 보복을 피해 당국의 보호를 받게 된 격이었다. 아내가 원한을 풀지 못하고 괴로워하자 그녀를 교회로 이끌었던 김 집사는 인간에게는 어느 경우를 막론하고 다른 사람을 심판 할 권리가 없다고 하였다. 인간을 마지막으로 심판할 수 있는 것은 오직 하나님 한 분뿐이며 사람에게는 오직 남을 용서할 의무밖에 주어지지 않았다는 것이다. 그것을 거역하여 인간이 스스로 남을 원망하고 심판하려 할 때는 그 원망과 심판이 거꾸로 자신에게로 돌아오게 된다고 하였다. 이번에는 아이를 찾겠다는 것이 아니라 원한과 복수심과 독기 그것이 생존력의 원천이 되어 아이의 영혼을 구원하겠다고 아내는 교회를 찾아 나선다. 아이의 영생과 내세 복락만을 외쳐 대면서 말이다. 김 집사는 그런 아내에게 이제는 한 걸음 더 나아가 죄인을 용서할 수도 있어야 한다고 설득한다. 그리고 이런 김 집사의 오지랖이 알암이 엄마를 죽음에 이르게 한다.

사람에게는 사람만이 가야하고 사람으로서 갈 수밖에 없는 길이 있는 모양이다... 아내는 쓸데없는 욕심을 부리기 시작했다. 그것이 아내의 마지막 비극을 불렀다. 다름 아니라 당돌스럽게도 자기용서의 증거를 원했다. 더욱이 그것을 지금까지의 원망과 복수심의 표적이던 범인을 상대로 구하려고 했다. 한마디로 범인에게서 자기용서의 증거를 구하려는 것이었다.(소설 본문)

여기서 서술자는 아내가 어딘지 지나치고 있다는 느낌이 들었다. 사람에게는 사람에게만 가야 할 길이 있음을 내비친다. 그 지나침이 불안스러웠다고도 고백한다. 파렴치한 범인을 다시 대면해서 여전히 자신을 옭아맬 증거가 아내에게는 필요했던 것인지도 모른다고 추론한다. 그런데 이 부분에서 묘한 반전이 일어난다. 서술자의 추측이 적중한 것이다. 범인을 다시 만난 후 아내가 느낀 불안감은 기존의 불안감과 달랐다. 불안감이라는 감정은 같았으나 감정의 불안이 아닌 존재의 불안이었다. 작가 이청준이 남편의 목소리를 빌어 얘기한 불길한 예상은 이 소설의 전환점이 된다.

김 집사의 처결이 엉뚱한 결과를 낳았다. 한 가닥 꺼림칙한 불안감이 무참한 현실로 나타나고 만 것이었다. 이번에는 아내에게서 전날처럼 저주 어린 복수심이나 분노의 감정 같은 것도 찾아볼 수 없었다. 그저 망연스럽게 자기 상실감 속에 바닥 모를 절망감만 짓씹고 있었다. 분노도 복수심도 잊어버린 아내는 심신이 온통 절망 덩어리 그 자체였다...범인이 아직도 아내의 용서를 받아들일 수 없을 만큼 뻔뻔하고 포악스럽게 굴고 나섰던 게 아니냐는 나의 물음에 김집사는 오히려 그 반대였다고 했다. 흉악스럽기는커녕 그 사람은 자신의 모든 잘못을 순순히 시인하고 애 엄마에게 간절한 용서를 빌었어요...그게 그 사람의 진심이었던 것이 그 사람도 이미 주님을 영접하여 주님의 뜻을 따르고 있었거든요.(소설, 본문)

김 집사는 범인이 아내의 용서에 대해서는 진정으로 목이 말라 있었다고 했다. 아내의 용서가 절실하게 필요한 사람이었다고 말이다. 그런데 막상 아내는 그를 만난 후 용서하지 못하더라는 것이다. 서술자인 남편은 김 집사의 이야기를 충분히 수긍하면서도, 다른 한편으로는 자신도 아내처럼 표적이 불분명한 배신감 같은 걸 느낀다. 아내의 마음을 이해할 수 있었다. 그는 아내의 어떤 마음을 이해했다는 것인가... 그것은 불안하고, 괴롭고, 비탄에 빠져있어야 할 죄인이 온전한 모습을 한데 있었다. 그가 뻔뻔스러울 정도로 평온했기에 그런 평온함이 어떻게 가능한지에 대한 강렬한 증오심과 실존적 의문이 아내와 남편 둘 다를 찌른 것이다. 그리고 범인에게 그런 감정을 선사한 종교에 대한 반문이었다.

집사님은 모르세요. 집사님처럼 신앙심이 깊은 사람은 오히려 몰라요. 그래서 인간을 알 수 있고 그 인간 때문에 절망을 할 수밖에 없는 거예요. 그 사람이 너무 뻔뻔하게 느껴졌어요. 살인자가 그 아이의 어미 앞에서 어떻게 그토록 침착하고 평화스런 얼굴을 할수 있는냔 말이에요. 살인자가 어떻게 성인 같은 모습으로 변할 수가 있느냐 그 말이에요. 절대로 그럴 수는 없는 일이에요. 그럴 수가 없기 때문에 전 그를 용서할 수가 없었던 거예요......그가 날 용서 한다구요? 게다가 주님께선 그를 먼저 용서하시고......,그것이 과연 주님의 공평한 사랑일까요. 나는 그것을 믿을 수가 없어요. 그걸 정령 믿어야 한다면 차라리 주님의 저주를 택하겠어요. 내게 어떤 저주가 내리더라도 미워하고 저주하고 복수하는 인간으로 살아가겠다는 말이에요......(소설 본문)

서술자는 아내가 용서의 표적을 빼앗겨버렸다고 말한다. 아내와 알암이의 가엾은 영혼은 그 사내의 기구를 통해 주님의 품으로 인도될 수가 있을 거라고 비아냥거리기도 한다. 아내의 배신감은 분명히 당연했고 그 절망감은 너무도 인간적이라는 것이 소설의 마지막 구절이다.

그러나 이 부분에서 작가가 의도한 것과는 다른, 무언가 묵직한 미결정의 덩어리가 올라온다. 용서는 도대체 무엇인가? 하는 물음이다. 알암이 엄마가 용서라는 보편적 정념을 고통의 호환이라는 표식으로 사용하려 한 느낌이 들기 때문이다. 용서라는 돈으로 자신의 자비로움을 구매하려 한듯한 복선이 깔린다. 아들을 잃은 고통을 죄인에 대한 용서라는 고귀함으로 대치하려던 것은 아닐까? 김도섭의 추함을 마주하고, 그의 악행을 고귀한 정념(pathos of distance)으로 용서했다고 자부함으로써 스스로 살아갈 가치가 있는 차별적 존재로 부각하고 싶었던 것 같다. 인간은 자기에게 득이 되는 울타리의 조건을 설정해놓고 그 바깥은 불가능의 영역으로 인지한다. '용서'도 이런 맥락으로 볼 수 있다. 시간 속에서 살아가는 우리는 최초의 원본이나 사건 이전의 감정을 복원할 수 없다. 이런 법칙성에 근거할 때 용서라는 개념은 불가능의 영역인지도 모른다. 프랑스 철학자 데리다는 용서를 "화해의 경제로 침전"하는 것이라 정의한다. 즉 우리에게 완벽한 용서란 완벽한 망각 내지는 화해로 밖에 표현되지 않는다. 그렇다면 '용서'라는 사건은 이미 우리 인간들 사이에는 존재하지 않는 허상일지도 모른다. '용서'란 언제나 불충분하고 언제나 잔여가 남는 우수리, 혹은 '용서'란 용서할 수 없는 것을 취급하는 처세술에 다름 아닌 것이다. 작가 이청준은 김 집사가 행하는 종교의 무차별적인 집요함과, 범인 김도섭이 종교를 도구로 삼는 도착적 몰염치함을 고변하고 싶어 이 글을 쓰고 있음을 작품 면면히 밝혀 놓았다. 그리고 마지막에 두 사람의 비정상성에 숭고하게 목숨을 바친 알암이 엄마의 절망감을 너무도 인간적이라고 끝을 맺는다.

5. 플롯 거스르기

「벌레 이야기」는 기독교적 용서 개념에 대한 환멸에서 출발한 서사이지만, 그 환멸을 끝까지 견디는 데에는 실패한다. 용서를 비판하기 위해 호출된 알암이 엄마의 죽음은, 역설적으로 기독교적 희생 서사의 종결 형식에 복속되며, 비판의 대상이었던 윤리적 구조를 서사적으로 반복, 재생산한다. 이 지점에서 작품의 플롯은 작가의 서사 욕망을 수행했다기보다, 그 욕망의 한계를 노출했다고 볼 수 있다. 작가의 쾌락 원칙인 텍스트 의미의 실현이 좌절된 것이다. 이러한 역전은 「벌레 이야기」를 기독교적 용서의 폭력을 고발한 윤리 서사가 아니라 종결에서 스스로를 배반하는 "플롯 거스르기" 서사로 환원 시킨다.

작가는 서문에서 사람은 자기 존엄성이 지켜질 때 우주의 주인일 수 있고, 그 주체적 존엄성이 짓밟힐 때 한갓 벌레처럼 무력하고 하찮은 존재로 전락할 수밖에 없다고 말하며 미물 같은 인간이 절대자 앞에 드러내 보일 수 있는 마지막 증거는 자신이 속한 섭리의 세계를 부수고 싶은 한계적 욕망이라고 서술한다. 그러나 그의 의도는 소설의 진행 과정에서 불쑥불쑥 그가 알지 못하는 다른 의미로 변신한다. 글은 억압된 감정을 드러낸다. 인간이 벌레가 아닌 인간이 되려면 무엇이 필요할까? 그것은 진정한 자기 인식이며 주체로서의 확신이다. 무엇을 인식했느냐, 그 주체가 무엇이냐는 상관이 없다. 그것을 행하고 유지하려는 의지의 실천적 태도이다. 알암이 엄마는 아들이 유괴된 후부터 감정의 교란을 겪는다. 그 교란은 하나의 상황이 완결될 때마다 상쇄된다. 아들의 행방불명은 미아를 찾으려는 시도로 이어지고, 아들의 죽음을 확인한 후에는 범인을 찾는다. 범인은 찾은 후에는 아들의 내세 복락을 위한 기원에 몰입하고, 기원을 근거로 교회에 관심을 갖는다. 다음엔 교회를 다니면서 신앙의 증거인 용서를 통해 아들을 잃은 자신의 삶을 합리화하려 다짐한다. 그러나 범인 김도섭은 이미 신에게 용서를 받은 상태였다. 이것은 알암이 엄마의 삶을 지탱시키던 욕망의 끈을 끊어 버린 것과 다름없다. 엄밀히 말해 알암이 엄마는 자족적인 인간으로 사유하는 것이 아니라 명분을 통해서만 정체성이 확립되는 사람이었다. 근거가 없으면 견딜 수 없는, 자유롭게는 어떤 평안도 선택할 수 없는, 스스로의 존엄을 상대에게서 구하는, 인간이 아닌 미물의 행동 양식을 구현한 것이다. 결론적으로 스스로 벌레의 사유로 신을 해석했다고 볼 수 있다. 이런 그녀의 정체성에 힘입어 「벌레 이야기」를 쓴 작가 이청준 또한 본의 아니게 벌레에 편드는 소설을 쓴다. 서술자로서 그가 제목 지은 '벌레'는 신의 무자비함에 상대적으로 반항하는 작고 외소한 미물의 저항이었다. 그러나 이 소설이 억압하고 있는 자체의 서사 욕망은 '제 울음소리를 낼 수 없는 피투성이의 인간'을 풍자한 것이 아니라 제 울음소리에 정신을 잃어 자신의 자존감을 타자의 인식에 맡겨버린 정말 벌레의 이야기를 다룬다.

니체의 도덕적 사유로 본다면 용서라는 윤리적 행위는 타자라는 대칭성이 필요하지 않다. <좋음>, <비이기적 행위>, <용서>는 오로지 주체 혼자만의 영역에 한정되어야 진정한 윤리가 된다. 비대칭성이라야 본래의 의도를 성취할 수다. 상대에게 대가를 상정하고 그 원초적 감정의 복원을 원하는 순간 본질은 사라지고 거래가 된다. 내가 <좋음>이나, 타자를 <용서>하는 상황, 혹은 <비이기적 행위>를 하기 위해서는 상대의 <나쁨>, <구차함 혹은 변명>, <이기성>이라는 희생이 전제됨을 간과할 수는 없다. 그러므로 용서를 위해서 김도섭의 고통을 확인하려던 알암이 엄마의 욕망은 범인이 신에게 용서받음으로 용서의 과녁을 잃는 것이 아니라, 그가 신에게 용서받았다고 평온해 하는 모습에서 자신은 전혀 손댈 수 없는, 용서조차 할 수 없는 무력감을 느낀 것이다. 그녀는 김도섭과 같은 믿음에 자신은 절대 편승하지 못하는 고통에 절망한 것으로 보인다. 즉 과녁이 빗나간 것이라기보다 과녁은 바로 자기 자신이었다. 카프카의 단편에 등장하는 시골뜨기에게 '법'을 지키고 있던 문지기는 말한다. 이 문은 아무도 들어가지 못하는 당신만을 위한 것이라고... 이런 맥락에서 '용서란 내가 절대 할 수 없는 것을 용서하는 것이다.'라고 말한 데리다의 언술은 옳았다. 이청준의 단편 「벌레 이야기」는 신과 인간의 문제가 아니라 인간들 간의 용서에 관한 이야기이다. '법' 앞에 문은 늘 존재하며 거기에 들어가지 못함은 바로 주체 자신 때문이다. 문지기 때문이 아닌 것이다.

6. 나아가며

'호랑이는 죽어서 가죽을 남기고, 서사는 죽어서 공허를 남긴다.'

이청준의 「벌레 이야기」는 끝내 '벌레'가 누구인지 명시하지 않는다. 이 제목은 특정 인물을 지시하는 고유명사라기보다, 텍스트 전체를 관통하는 판단의 유예 상태로 기능한다. 기존의 독해는 이 '벌레'를 범인 혹은 종교적 광신자로 환원하거나, 반대로 알암이 엄마의 무력한 위치를 상징하는 표상으로 이해해왔다. 그러나 이러한 해석은 모두 '벌레'를 인물 차원의 문제로 축소한다는 한계를 지닌다. 본 고의 분석에 따르면, 「벌레 이야기」에서 '벌레'는 특정 인물이 아니라, 이야기를 끝내는 방식 자체, 다시 말해 서사가 자기 자신의 한계를 드러내는 형식이다. 이 작품은 용서라는 기독교윤리를 비판하고자 하는 충동을 분명히 드러내지만, 그 윤리를 완전히 배반하는 데에는 이르지 못한다. 그 결과 텍스트는 용서하지 않는 인간의 가능성을 긍정하지도, 그렇다고 용서의 윤리를 명확히 옹호하지도 못한 채, 침묵의 주체를 죽음으로 종결시킨다. 이 종결은 사유가 멈춘 지점이고 죽음이라는 강박적 반복이 한 번 더 반복되는 서사의 흔적이다. 피터 브룩스의 서사 이론을 적용하면, 의 결말은 서사 욕망이 성공적으로 성취된 결과가 아니라, 작가의 쾌락 원칙을 넘어선 플롯 거스르기(counterplotting)를 통해 욕망의 실패가 노출된 사례로 이해할 수 있다. 플롯은 고통을 의미화하고 봉합하려 하지만, 알암이 엄마의 침묵은 그러한 의미화를 끝내 허용하지 못한다. 결국 서사는 침묵을 극복하지 못하고 제거(알암이 엄마의 죽음)함으로써 이야기를 닫는다. 쾌락 원칙을 완전히 넘어선 이런 제거는 공허를 남기며, 공허 속에는 작가가 감당하지 못한 의미의 가능성이 떠돌고 있다.

'벌레'는 인물의 도덕적 열등성을 가리키는 말이 아니다. 오히려 '벌레'는 햇빛 아래로 나아가지 못하고, 끝까지 직선으로 사유하지 못한 서사적 주체의 형상이다. 즉, 이 작품에서 벌레는 그녀의 침묵 앞에서 멈춰 선 서사, 더 나아가 그러한 서사를 구성한 작가 주체 자신일 수 있다. 용서의 위선을 감지하면서도, 그 위선을 끝까지 파괴하지는 못하고 항복해 버린 사유의 상태가 '벌레'라는 은유로 응축된다. 이러한 관점에서 볼 때, 「벌레 이야기」는 기독교 도덕이 작가의 양심과 서사 형식 속에 얼마나 깊이 내면화되어 있는지 보여주는 텍스트다. 니체가 말한 노예 도덕은 외부의 강제가 아니라, 스스로 검열하는 양심의 형태로 작동한다. 이청준의 서사는 용서를 문제 삼지만, 용서를 거부하는 인간을 끝까지 긍정하는 데는 도달하지 못한다. 작가의 비판 의식은 한계를 드러내며, 그 한계는 서사의 종결 방식 속에 고스란히 남는다.

막스 뮐러의 종교 언어 이론을 참조하면, 이 소설에서 '용서'는 은유가 아니라 규율로 기능한다. 본래 고통을 감싸기 위해 존재했던 언어는 실체화되어 판단의 기준이 되고, 그 기준에 부합하지 않는 인간은 서사적으로 제거된다. 알암이 엄마의 죽음은 이러한 종교 언어의 작동 방식이 서사 차원에서 재현된 결과다. 그러나 이 재현은 정당화로 끝나지 않고, 설명되지 않는 공허를 남김으로써 스스로의 폭력성을 드러낸다. 결국 「벌레 이야기」는 완성된 의미를 제공하지 않는다. 이 작품이 남기는 것은 윤리적 교훈이라기보다, 사유가 멈춰 선 자리, 쾌락 원칙을 넘어선 자리, 서사가 스스로 봉합하지 못하고 남긴 공백이다. 그러나 바로 그 공허 속에서 이 텍스트는 가장 정직해진다. 서사는 의미를 남기지 못했지만, 대신 실패의 흔적을 남겼다. 그리고 그 실패는 독자에게 다시 묻게 한다. 우리는 왜 고통을 끝내 의미화해야 하는가, 왜 용서라는 언어 없이는 서사를 끝낼 수 없는가. 이 질문 앞에서 '벌레'는 타자가 아니다. 그것은 이 이야기를 쓴 작가이자, 이 이야기를 이해했다고 말하는 독자, 그리고 의미를 완성하려다 끝내 공허 앞에 멈춰 선 모든 서사적 주체의 이름이다. 호랑이는 죽어서 가죽을 남기지만, 서사는 죽어서 공허를 남긴다. 「벌레 이야기」는 바로 그 공허를 숨기지 않고 드러낸다는 점에서, 쾌락 원칙이 실패했기 때문에 끝까지 읽힐 수 있는 성공적 작품이었다.

Brooks, Peter. *Psychoanalysis and Storytelling*. Blackwell, 1994.

—. *Reading for the Plot: Design and Intention in Narrative*. Harvard UP, 1984.

Conrad, Joseph. *Heart of Darkness*. 1899. Edited by Robert Kimbrough, 3rd ed., W. W. Norton, 1988.

Faulkner, William. *Absalom, Absalom!*. 1936. Vintage International, 1990.

Freud, Sigmund. *Beyond the Pleasure Principle*. 1920. Translated by James Strachey, W. W. Norton, 1961.

—. *Civilization and Its Discontents*. Translated by James Strachey, W. W. Norton, 1961.

Kafka, Franz. "Before the Law." *The Trial*, translated by Willa and Edwin Muir, Schocken Books, 1998.

—. *The Trial*. Translated by Willa and Edwin Muir, Schocken Books, 1998.

Lee, Cheong-jun. "The Story of a Worm." *Land of Exile: Contemporary Korean Fiction*, edited by Marshall R. Pihl and Bruce Fulton, M. E. Sharpe, 1993.

—. "벌레 이야기." 『이어도』, 문학과지성사. 1974.

Müller, Max. *Introduction to the Science of Religion*. Longmans, Green, and Co., 1873.

—. *Lectures on the Origin and Growth of Religion as Illustrated by the Religions of India. Longmans*, Green, and Co., 1878.

Nietzsche, Friedrich. *On the Genealogy of Morals*. 1887. Translated by Walter Kaufmann and R. J. Hollingdale, Vintage Books, 1989.

—. *The Antichrist*. Translated by Walter Kaufmann, Vintage, 1968.

인공지능(AI) 시대의 인간 이해와 유교적 휴머니즘

김영주

인공지능(AI) 시대의
인간 이해와 유교적 휴머니즘

김영주(동국대 동서사상연구소 연구원)

1. 기술의 정점(頂點)에서 마주한 인간의 위기

소한(小寒)의 찬바람이 대나무 숲을 훑고 지나가는 밤에 마당 한구석에 서 있는 앙상한 감나무를 올려다본다. 잎은 모두 떨어지고 붉은 홍시하나 남지 않은 저 나무는 초라한 것인가, 아니면 군더더기를 버리고 본질만 남아 담백해진 것인가. 자연은 때가 되면 스스로 물러나고 비우는데, 어찌하여 만물의 영장이라 자부해 온 인간의 노년은 이토록 시끄럽고 고단한 모습으로 드러나는가.

우리는 교육을 통해 끊임없이 자신을 완성하려 노력해 왔다. 그 이상적 정점에는 공자(孔子)가 말한 '종심소욕 불유구(從心所欲 不踰矩)'의 경지가 자리하고 있다. 이는 "일흔에 이르러서는 욕망을 따르더라도 법도와 규범을 넘지 않는다"193)는 뜻이다. 그러나 이러한 성인의 이상은

---

193) 『論語』 「爲政」, "子曰, 吾十有五而志于學, 三十而立, 四十而不惑, 五十而知天命, 六十而耳順, 七十而從心所欲, 不踰矩."

오늘날의 현실 속에서 좀처럼 설 자리를 찾지 못하고 있다. 지하철과 공공의 공간에서 반복되는 갈등 장면 속에서 노인은 더 이상 존경의 대상이 아니라 불편함과 혐오, 그리고 부양 부담의 상징으로 여겨진다. 뇌과학의 언어로 노화는 전두엽 기능 저하로 환원되고, 자본주의적 시각에서 노년은 생산성이 결여된 '비효율'로 재단된다. 인간의 삶에서 가장 오랜 성찰이 축적된 시기가 가장 냉정한 평가의 대상이 되는 역설이 오늘의 풍경이다.

이 지점에서 나는 공자의 '불유구(不踰矩)'를 다시 읽는다. 그것은 흔히 이해되듯 도덕적 완성에 도달한 성인의 자기 선언이라기보다, 오히려 인간 존재의 조건에 대한 담담한 인식에 가깝다. 공자는 일흔의 나이에 이르러 비로소 자신의 욕망을 따르되 법도를 넘지 않게 되었다고 말한다. 이는 욕망이 소멸되었음을 뜻하지도, 인간이 초월적 존재로 변모했음을 의미하지도 않는다. 오히려 욕망을 끝까지 품은 채 살아가는 인간이, 오랜 수양과 성찰을 통해 그 욕망을 공동체의 질서와 충돌시키지 않는 경지에 이르렀음을 고백하는 말로 이해할 수 있다.

그런 점에서 '불유구'는 완전무결한 성인상의 표명이 아니라, 인간의 불완전성과 사회적 규범 사이의 긴장 속에서 도달한 성숙의 형태를 보여준다. 법도와 질서를 폐기하자는 주장도, 마음대로 해도 된다는 방종의 선언도 아니다. 그것은 오히려 인간이 끝내 욕망적 존재임을 인정하되, 그 욕망이 타자와 세계를 해치지 않도록 스스로를 조율할 수 있는 단계에 이르렀다는 조용한 성찰에 가깝다.

이러한 공자의 고백은 오늘날 우리에게 시사하는 바가 크다. 지금 우리가 겪는 '노인 소외'는 단순히 나이 듦의 문제가 아니다. 이는 빠르고 완벽한 것[기계/AI]만을 숭상하는 시대가 느리고 불완전한 것[인간/노년]을 어떻게 폐기 처분하는가를 보여주는 예고편이기 때문이다. 노인이 설 자리가 없는 세상은 머지않아 AI보다 비효율적인 '인간' 전체가 설 자리가 없는 세상이 될 것이다. 인공지능(AI)은 인류 역사상 가장 강력하고 완벽한 도구다. 그것은 늙지도, 지치지도, 실수하지도 않는다. 이 거대한 '기계적 완벽함' 앞에서 실수를 연발하고 감정에 휘둘리며 늙어가는 인간은 초라해 보일 수밖에 없다.

본 연구는 바로 이 지점에서 시작한다. 기술이 정점에 달해 인간을 압도하는 시대에 역설적으로 우리는 왜 가장 인간적인 냄새가 나는 유가(儒家)의 고전을 다시 펼쳐야 하는가? 우리는 이어지는 본론을 통해 자아(Self), 관계(Relation), 우주(Cosmos)의 세 가지 차원에서 이 물음에 답하고자 한다. 첫째, 인간을 기능적 도구로 보는 시각을 거부하는 '군자불기(君子不器)'를 통해 AI와 구별되는 도덕적 주체로서의 인간을 재정립할 것이다. 둘째, 알고리즘이 만든 단절과 가짜의 세상에서 '화이부동(和而不同)'과 '정명(正名)'을 통해 진정한 관계의 회복을 모색할 것이다. 셋째, 데이터 만능주의의 한계를 넘어 '역(易)'의 변화 원리와 '천인합일(天人合一)'의 생태관을 통해 불확실한 미래의 생존법을 제시할 것이다.

이 글은 칠십 먹은 공자의 나약함이 패배가 아니라, 기계는 결코 가질 수 없는 '공감'과 '성찰'이라는 가장 인간적인 무기임을 증명하는 과정이 될 것이다. 이제 그 오래된 고전으로의 여정을 시작한다.

2. 자아(Self)의 재정립: 도구적 인간에서 도덕적 주체로

1) 대체 불가능한 인간의 조건, '군자불기(君子不器)'

시골집 마당의 한구석에 녹슨 낫이 하나 굴러다닌다. 풀을 벨 때는 세상 무엇보다 요긴한 물건이나, 겨울이 오고 풀이 마르면 그저 차가운 쇠

붙이에 불과하다. 쓰임새가 정해져 있다는 것은 편리한 일이나, 그 쓰임이 다하면 버려진다는 뜻이기도 하다. 이것이 바로 도구[器]의 운명이다.

지금 세상은 거대한 공포에 휩싸여 있다. 챗GPT가 논문을 쓰고, 미드저니(Midjourney)가 그림을 그리며, 인공지능이 변호사와 의사의 영역까지 넘보는 시대다. 사람들은 묻는다. "나의 일자리는 안전한가?", "나는 대체되지 않을 것인가?" 이 불안의 근원에는 우리가 스스로를 '기능'으로만 증명해 온 지난 세월의 그림자가 짙게 깔려있다. 이때, 2,500년 전 공자(孔子)는 『논어(論語)』 「위정(爲政)」 편을 통해 마치 오늘을 예견한 듯한 죽비 같은 한마디를 던진다. '군자불기(君子不器)', "군자는 그릇처럼 한 가지 쓰임새에 한정되지 않는다."194) 과거 선비들은 이 말을 다방면에 능통한 '제너럴리스트(Generalist)'가 되라는 뜻으로 읽었다. 그러나 인공지능의 시대에 이 해석은 수정되어야 한다. 왜냐하면 '기능의 다양성'과 '지식의 방대함'에 있어서 인간은 결코 인공지능이라는 거대한 '그릇[器]'을 이길 수 없기 때문이다.

현대의 관점에서 '불기(不器)'는 "기능인이 되지 말라"는 뜻이 아니다. "너 자신을 도구(Tool)로 전락시키지 말라"는 인간 선언이다.

우리는 지난 산업화 시대 동안 스스로를 '인적 자원(Human Resource)'이라 부르며, 더 빠르고 더 효율적인 부품이 되기 위해 자신을 갈고닦았다. 학교는 아이들을 성능 좋은 기계로 만드는 공장이었고, 사회는 그 성능을 연봉이라는 숫자로 등급 매겼다. 즉, 우리는 스스로 '훌륭한 그릇'이 되기를 자처해 온 것이다. 그런데 이제 우리보다 훨씬 더 뛰어나고, 지치지도 않으며, 불평도 없는 완벽한 그릇인 AI가 등장했다. 기능으로 경쟁하려 했던 인간이 절망하는 것은 당연한 수순이다.

그렇다면 대체 불가능한 인간이란 무엇인가? 공자의 말씀 속에 답이 있다. 그릇은 물을 담을지 술을 담을지 스스로 결정하지 못한다. 쓰이는

---

194) 『論語』 「爲政」, "子曰, 君子不器."

대상이기 때문이다. 하지만 군자는 쓰이는 존재가 아니라, '어디에 쓸 것인가'를 결정하는 주체다. AI는 '어떻게(How)'라는 질문에 대해서는 인류보다 완벽한 답을 내놓는다. 데이터를 분석하고 최적의 경로를 찾는다. 그러나 AI는 '왜(Why)'를 묻지 못한다. "왜 이 데이터를 분석해야 하는가?", "이 결과가 인간에게 이로운가?", "이 그림이 누군가의 슬픔을 위로할 수 있는가?"라는 가치 판단과 도덕적 질문은 오직 인간의 영역이다.

기능이 뛰어난 의사는 AI로 대체될 것이나, 환자의 고통에 공감하며 떨리는 손을 잡아주는 '치유자'로서의 의사는 대체될 수 없다. 판례를 검색하는 판사는 AI가 대신하겠으나, 법의 냉혹함 속에서 인간의 존엄을 고민하는 '정의'의 판사는 살아남을 것이다. 즉, 대체 불가능함은 '능력(Capability)'에서 오는 것이 아니라 '덕성(Virtue)'과 '인격(Character)'에서 온다. 우리가 두려워해야 할 것은 AI의 발전이 아니다. 우리가 AI처럼 생각하고 AI처럼 행동하며, 스스로를 효용 가치로만 평가하다가 마침내 '영혼 없는 기계'가 되어버리는 것이다. 이제 우리는 교육과 삶의 목표를 수정해야 한다. '무엇을 할 수 있는가[Function]?'를 넘어 '어떤 사람이 될 것인가[Being]'를 물어야 한다. 그릇은 깨지면 버려지지만, 도(道)를 품은 인간은 꺾일지언정 폐기되지 않는다.

마당의 녹슨 낫을 다시 본다. 저 낫을 쥔 것은 나다. 풀을 벨지, 녹을 닦아낼지 결정하는 것은 낫이 아니라 낫을 쥔 농부의 마음이다. 인공지능이라는 강력한 도구가 세상에 나왔다. 그 도구에 휘둘리는 부속품이 될 것인가, 아니면 도덕과 인문학적 사유를 통해 그 도구를 지휘하는 주인이 될 것인가. '군자불기'의 정신이 그 어느 때보다 서늘하게 다가오는 시기이다.

2) 멈추어야 비로소 보이는 것들, '지지(知止)'와 '정(靜)'

활터에 선 궁수(弓手)를 본다. 화살이 시위를 떠나 과녁을 향해 맹렬히 날아가는 것은 찰나의 순간이다. 그러나 그 찰나의 속도와 정확함을 만들어내기 위해 궁수는 한참 동안 숨을 멈추고, 근육을 고정시킨 채 바위처럼 멈춰 선다. 흔들리는 활 끝에서는 결코 명중(命中)이 나올 수 없다. 빠름을 지배하는 것은 역설적이게도 지극한 '멈춤'과 '고요함'이다.

대한민국은 가히 '속도'로 쌓아 올린 탑이라 할 만하다. "빨리빨리"는 전 세계 사전에 등재될 만큼 우리의 생존 전략이자 정체성이었다. 압축 성장의 신화 속에서 우리는 멈추는 것을 곧 도태나 추락으로 여겼다. 새벽부터 밤늦게까지 자신을 몰아세우고, 틈만 나면 스마트폰을 켜 정보를 쑤셔 넣는다. 인공지능(AI)이 0.1초 만에 답을 내놓는 세상에서, 인간마저 그 속도를 흉내 내며 기계처럼 살기를 강요받는다. 그 결과 우리에게 남은 것은 무엇인가. 마음이 하얗게 잿더미가 된 번아웃(Burnout), 그리고 방향을 잃은 공허함뿐이다. 우리는 왜 이렇게 바쁜가? 한자를 파자(破字)해보면 그 답이 섬뜩하다. '바쁠 망(忙)' 자는 '마음 심(忄)' 변에 '망할 망(亡)' 자가 합쳐진 글자다. 즉, "너무 바쁘면 마음이 죽는다"라는 뜻이다.

마음이 죽어가는 현대인들에게 유교의 기본 경전이자 수양의 정수를 담은 『대학(大學)』은 이 속도전의 정반대 편에서 인간의 길을 묻는다. "멈출 곳을 안 뒤에야 정함이 있고, 정해진 뒤에야 고요할 수 있으며, 고요한 뒤에야 편안할 수 있고, 편안한 뒤에야 깊이 생각할 수 있으며, 깊이 생각한 뒤에야 비로소 얻을 수 있다"195)

이 문장은 인간의 지성이 작동하는 프로세스를 완벽하게 보여준다. 우리는 무언가를 '얻기[得]' 위해, 즉 성과를 내기 위해 미친 듯이 달린

---

195) 『大學』, "知止而后有定, 定而后能靜, 靜而后能安, 安而后能慮, 慮而后能得."

다. 하지만 공자의 학통을 이은 『대학』은 단호하다. "먼저 멈춰라[知止]. 그래야 얻는다." 여기서 말하는 '멈춤[止]'은 포기나 도피가 아니다. 화살을 쏘기 전 궁수가 과녁을 확인하고 발을 단단히 디디는 능동적인 행위다. 내가 어디에 서 있는지, 어디로 가야 하는지를 명확히 아는 '목표의 정립'이다. 목표가 정해져야 마음이 흔들리지 않고[定], 그래야 비로소 소란스러운 마음이 가라앉아 고요해진다[靜].

오늘날 인공지능은 막대한 데이터를 빛의 속도로 처리(Processing)하지만, 인간은 깊이 사유(Contemplation)한다. 『대학』에서 말하는 '려[慮, 깊은 생각]'는 단순한 데이터의 나열이나 검색이 아니다. 옳고 그름을 따지고 가치와 의미를 묻는 고차원적인 정신 활동이다. 이 '려(慮)'는 오직 마음이 편안하고 고요한 상태에서만 가능하다. 컴퓨터도 과부하가 걸리면 '랙(Lag)'이 걸리고 멈춰 선다. 하물며 인간이 쉼 없이 달리기만 한다면, 깊은 생각은 멈추고 오직 말초적인 충동과 기계적인 반응만 남게 된다. 지금 우리 사회에 만연한 혐오와 갈등, 숙고 없는 가벼운 언행들은 모두 멈춰서 생각할 시간을 잃어버린 '바쁜[忙, 마음이 죽은]' 사람들의 비명과도 같다.

진정한 효율은 속도에서 나오는 것이 아니라 '정곡(正鵠)'을 찌르는 통찰에서 나온다. 100발의 화살을 난사하는 것보다, 숨을 고르고 쏜 1발의 화살이 과녁을 뚫는 법이다. AI 시대에 우리가 기계와 '속도'로 경쟁하는 것은 어리석다. 기계는 잠들지 않기 때문이다. 인간이 가질 수 있는 유일한 경쟁력은 '멈추어 사유하는 힘'에 있다. 기계는 멈추면 꺼지지만[OFF], 인간은 멈출 때 비로소 자신을 돌아보고[Self-reflection] 남을 살피며, 창의적인 길을 발견한다.

지금 당신의 가슴이 답답하고 삶이 쫓기는 기분이라면, 그것은 당신의 능력이 부족해서가 아니라 마음의 '닻'을 내리지 못했기 때문이다. 잠시 하던 일을 멈추고[知止] 스마트폰을 내려놓고, 소란스러운 마음을 고요히 하라[靜]. "급할수록 돌아가라"는 옛말은 단순한 처세술이 아니다. 멈추어야 비로소 방향이 보이고, 고요해야 비로소 지혜가 샘솟는다는 인간 정신의 원리다. 인공지능이 답을 빨리 내놓을수록, 우리에게는 그 답이 옳은지 따져 물을 '고요한 시간'이 더 절실하다. 당신은 지금, 충분히 '잘' 멈춰 서 있는가?

인공지능 시대, 우리가 기계와 경쟁하여 속도로 이길 수는 없다. 기계는 잠도 자지 않고 지치지도 않는다. 인간이 가질 수 있는 유일한 경쟁력은 역설적이게도 '멈춤'에 있다. 기계는 멈추면 꺼지지만, 인간은 멈출 때 비로소 사색하고 성찰하며, 새로운 길을 발견한다. 지금 당신의 가슴이 답답하고 삶이 무겁게 느껴진다면, 그것은 당신이 부족해서가 아니라 너무 애쓰고 있기 때문이다. 구름은 서두르지 않지만 사라지는 법이 없고, 계절은 재촉하지 않아도 어김없이 온다. 이제 우리에게 필요한 용기는 '더 열심히 하는 용기'가 아니라, '잠시 멈출 수 있는 용기'다. 아무것도 하지 않아도 괜찮다. 억지로 하지 않을 때, 비로소 모든 것이 자연스럽게 이루어진다.

3) 타인의 시선에서 자유로운 삶, '위기지학(爲己之學)'과 자존감

산속에 핀 난초는 누가 보아주지 않아도 향기를 뿜는다. 지나가는 사람이 "아름답다"라고 칭찬해 주기를 기다리며 꽃잎을 여는 것이 아니다. 그저 제 생명이 그러하기에 피어날 뿐이다. 진짜 아름다움은 타인의 시선과 무관하게 존재한다. 그런데 오늘날 우리는 '전시(Display)'의 시대를 살고 있다. 손바닥만 한 화면 속 세상에는 명품 가방, 오성급 호텔 호캉스, 보정된 완벽한 몸매, 성공한 커리어의 기록들이 넘쳐난다. 타인의 시선이 실시간으로 계량화되는 이 공간에서 '좋아요' 숫자는 곧 나의 존재 가치가 되고, 남들보다 조금이라도 더 행복해 보이기 위해 우리는 끊임없이 일상을 연출한다. 아이러니하게도 화면 속에서는 세상 모든 사람이 행복해 보이는데, 현실의 우울증 환자와 상대적 박탈감을 호소하는 사람들은 폭발적으로 늘어나고 있다. 보여주기 위한 삶은 필연적으로 타인과의 비교를 낳고, 그 비교의 끝은 나의 초라함을 확인하는 비참함일 수밖에 없기 때문이다.

공자(孔子)는 『논어(論語)』 「헌문(憲問)」 편에서 현대인의 폐부를 찌르는 날카로운 통찰을 남겼다. "옛날의 배우는 자들은 자신을 위해 공부했으나, 오늘날 배우는 자들은 남에게 알리기 위해 공부한다."196) 여기서 공자가 말한 '위기(爲己)'는 이기적인 욕심을 채운다는 뜻이 아니다. 자기 자신의 내면을 완성하고 본질적인 성장을 도모한다는 뜻이다. 반면 '위인(爲人)'은 남을 배려한다는 이타심이 아니라, 남에게 잘 보이기 위해 남의 인정을 받기 위해, 혹은 입신출세를 위해 겉치레에 치중한다는 뜻이다. 이 '위인(爲人)'의 병폐는 비단 공부에만 국한되지 않는다. 오늘날 우리의 삶 전반이 '위인지생(爲人之生)', 즉 남을 위한 삶으로 변질되었다. 책을 읽는 이유가 지혜를 얻기 위함이 아니라, "나는 이런 책 읽는 지식인이야"라고 과시하기 위함이고, 여행을 가는 이유가 휴식과 견문을 넓히기 위함이 아니라 "나 여기 다녀왔어"라는 인증샷을 남기기 위함이라면, 그것이 바로 '위인'이다. 심지어 봉사활동 마저도 스펙을 쌓거나 보여주기 위한 수단으로 전락하는 현실이다. 알맹이는 없고 포장지만 화려한 삶, 이것이 현대인의 초상이다.

'위인지학'에 빠진 삶은 위태롭다. 내 인생의 행복과 불행을 결정하는 스위치를 타인의 손에 쥐여 준 꼴이기 때문이다. 남들이 박수 쳐 주고 부러워하면 행복해하다가도, 무관심하거나 비난하면 금세 나락으로 떨어진다. 인공지능 알고리즘은 인간의 이러한 인정 욕구를 교묘하게 파

---

196) 『論語』 「憲問」, "子曰, 古之學者爲己, 今之學者爲人."

고든다. 끊임없이 남들의 화려한 삶을 노출하여 결핍을 자극하고, "이 정도는 소비해야 뒤처지지 않는다"라고 속삭이며 과시 경쟁을 부추긴다. 결국 우리는 '진짜 나'를 잃어버린 채, 타인의 욕망을 욕망하며 살아가는 '쇼윈도 속 마네킹'이 되어가고 있다.

그렇다면 진정한 자존감은 어디서 오는가? 유가는 그 해답을 다시 '위기(爲己)'에서 찾는다. 공자는 『논어(論語)』「학이(學而)」편의 첫머리에서 이렇게 선언했다. "남이 나를 알아주지 않아도 성내지[서운해하지] 않으면 또한 군자가 아니겠는가."[197] 이것이야말로 자존감의 극치다. 세상이 나를 주목하지 않아도, '좋아요'가 하나도 달리지 않아도, 내가 나 스스로를 대견하게 여기고 내면이 충만하다면 그것으로 충분하다는 당당함이다. 깊은 산속에 핀 난초는 등산객이 보아주지 않아도 향기를 뿜는다. 그것은 남을 유혹하기 위함이 아니라, 그저 자신의 생명이 그러하기 때문이다. 진짜 부자는 요란하게 돈 자랑을 하지 않고, 진짜 고수는 무용담을 늘어놓지 않는다. 내면이 꽉 찬 사람은 굳이 밖으로 증명하려 애쓸 필요가 없기 때문이다. 반면 속이 빈 사람일수록 화려한 겉치장에 집착한다. 빈 수레가 요란한 법이다.

우리가 SNS에 행복을 전시하는 이유는, 역설적으로 지금 행복하지 않기 때문일지도 모른다. "나 좀 봐줘, 나 잘살고 있어"라는 외침은 공허한 메아리다. 인공지능 알고리즘은 우리의 이런 과시욕을 부추겨 끊임없이 소비하게 만든다. 이제 '보여주는 나'에서 '바라보는 나'로 시선을 돌려야 한다. 남들이 부러워하는 삶이 아니라, 내가 나를 대견해하는 삶을 살고 아무도 보지 않는 곳에서 책 한 줄을 읽으며, 홀로 마시는 차 한 잔의 깊이를 즐길 줄 아는 '고독한 충만감' 그것이 진짜 덕(德)이자 흔들리지 않는 자존감의 뿌리다. 자랑하지 않을 때, 우리는 비로소 자유로워진다.

---

197) 『論語』「學而」, "子曰, 學而時習之, 不亦說乎? 有朋自遠方來, 不亦樂乎? 人不知而不慍, 不亦君子乎?"

4) 평생학습과 자기완성, '부지노지장지(不知老之將至)'

거울 앞에 선다. 어제는 보이지 않던 흰 머리카락이 눈에 띄고, 눈가에는 세월의 이랑 같은 주름이 하나 더 늘었다. 그 모습을 보며 한숨을 짓는 것은 인지상정(人之常情)이다. 현대 사회에서 '늙음'은 존경의 대상이 아니라, 정복해야 할 질병이거나 감추어야 할 치부로 여겨지기 때문이다. TV를 켜면 온통 '안티에이징(Anti-aging)' 광고가 넘쳐난다. 피부를 당기고 주사를 맞으며, 젊어 보이는 약을 먹으라고 유혹한다. 우리는 늙지 않기 위해 필사적으로 저항하지만 흐르는 강물을 손바닥으로 막을 수 없듯 세월을 막을 수는 없다. 그래서일까. 현대인의 노년(老年)은 늘 불안하고 쫓기듯 초조하다.

그러나 시선을 돌려 인류의 스승이라 불린 공자(孔子)의 노년을 들여다보면 전혀 다른 풍경이 펼쳐진다. 『논어(論語)』 「술이(述而)」 편에서 섭공(葉公)이라는 제후가 자로(子路)에게 공자의 사람됨에 대해 물었을 때, 자로가 대답하지 못하자, 공자는 스스로를 이렇게 묘사한다. "알지 못하는 것이 있어 분발하면 밥 먹는 것도 잊고, 깨달음을 얻으면 그 즐거움으로 근심을 잊으며, 늙음이 닥쳐오는지조차 알지 못하는 사람이다."[198] 이 얼마나 경이로운 고백인가. 보통 사람들은 늙음이 다가오는 소리에 두려워 떨 때, 공자는 배움의 기쁨에 도취 되어 자신이 늙어가는 사실조차 까맣게 잊어버렸다는 것이다. 그에게 늙음은 쇠퇴나 상실이 아니라, 배움과 성장의 연속선상에 있는 과정일 뿐이었다. 무언가에 깊이 빠져 희열을 느끼는 순간, 물리적인 나이는 소멸하고 오직 '지금, 여기'에 몰입하는 정신만이 남는다. 현대 심리학자 미하이 칙센트미하이(Mihaly Csikszen tmihalyi)가 말한 '몰입(Flow)'의 경지가 바

---

198) 『論語』 「述而」, "子曰, 女奚不曰, 其為人也, 發憤忘食, 樂以忘憂, 不知老之將至云爾."

로 이것이다.

역사를 돌아보면 위대한 영혼들은 모두 이러한 '부지노지장지'의 삶을 살았다. 대문호 괴테는 82세의 나이에 필생의 역작 『파우스트(Faust)』를 완성했다. 미켈란젤로는 89세로 숨을 거두기 며칠 전까지 조각칼을 놓지 않으며 "나는 여전히 배우고 있다(Ancora Imparo)"라는 말을 남겼다. 다산 정약용 역시 유배지라는 절망적인 상황 속에서도 500여 권의 책을 저술하며 고통을 학문적 열정으로 승화시켰다. 이들에게 노년은 잉여(剩餘)의 시간이 아니라, 지혜가 무르익어 절정에 달하는 황금기였다.

반면, 오늘날 은퇴 후 급격히 무너지는 이들의 공통점은 무엇인가. 그것은 삶의 토대를 내면이 아닌 외부의 '직함'에 두었기 때문이다. '부장', '이사', '사장'이라는 명함이 사라지는 순간, 그들은 자신이 누구인지 설명할 언어를 잃어버린다. 평생을 회사라는 조직의 부속품으로 살아왔기에, 조직이 떨어져 나간 자리를 무엇으로 채워야 할지 모르는 공허함이 그들을 급격한 노화로 이끈다. 할 일이 없으니 과거를 회상하며 라떼[나 때는 말이야!] 타령만 하거나, TV 앞에서 수동적으로 시간을 죽인다. 이것이야말로 진짜 늙음이다. 육체의 젊음은 시간과 함께 사라지지만, 정신의 젊음은 호기심에서 온다. 호기심이 멈추는 순간이 바로 노년의 시작이다. 반대로 말하면, 새로운 것에 눈을 반짝이는 한 우리는 영원한 청춘이다. 은퇴는 '마침표'가 아니라, 생계형 노동에서 벗어나 진정으로 내가 원했던 공부를 시작할 수 있는 '새로운 문단'의 시작이어야 한다.

새로운 언어를 배워 낯선 여행지에서 더듬거려 보는 것, 평생 듣기만 했던 악기를 직접 연주해 보는 것, 인문학 책을 읽으며 삶의 의미를 다시 묻는 것, 어제 몰랐던 것을 오늘 알게 되었을 때 느끼는 그 짜릿한 전율, 그 기쁨을 맛보는 사람에게 늙음은 두려움의 대상이 아니라 축복이

다. 뇌과학적으로도 새로운 배움은 뇌세포를 자극하여 뇌의 가소성
(Neuroplasticity)을 유지하게 해준다고 하지 않는가. 우리는 지금 인류
역사상 처음으로 '100세 시대'를 맞이했다. 단순히 오래 사는 것
(Living)이 중요한 게 아니라, 어떻게 존재(Being)하느냐가 중요하다.
생물학적 연명(延命)이 목표가 되어서는 안 된다. 거울 속의 자신을 다
시 보라. 주름진 피부와 줄어든 근육을 부끄러워하지 마라. 대신 호기심
을 잃어버려 탁해진 눈동자를 부끄러워하라. 세상에 대한 질문이 멈춘
메마른 입술을 부끄러워하라.

공자의 말씀처럼 배움의 즐거움에 빠져 밥 먹는 것도 잊고, 근심도 잊
고, 늙어가는 줄도 모르는 경지에 이르러야 한다. 우리는 죽는 날까지
'학생(學生)'으로 살아야 한다. 학위나 자격증을 따기 위함이 아니다.
어제보다 조금 더 지혜롭고 깊어지기 위함이다. 그렇게 날마다 새롭게
태어나는 사람[日日新, 又日新], 배움의 열정으로 가슴이 뛰는 사람, 그
가 바로 100세 시대의 진정한 청춘이다. 당신의 심장은 지금 무엇을 배
우기 위해 뛰고 있는가?

3. 관계(Relation)의 회복: 단절과 혐오를 넘어서는 '인(仁)' 의 실천

1) '동(同)'의 배타성을 넘어 '화(和)'의 공존으로

시골 장터에서 사 온 갖가지 나물로 비빔밥을 짓는다. 쌉쌀한 도라지,
고소한 참기름, 매콤한 고추장, 그리고 슴슴한 무생채가 한데 어우러진
다. 이 맛들이 제각각 살아있으면서도 서로를 해치지 않고 섞이는 것을
우리는 '조화(Harmony)'라 부른다. 만약 그릇 안에 오로지 고추장만 가

득하거나, 온통 쓴 도라지뿐이라면 그것을 어찌 음식이라 부를 수 있겠는가. 그런데 오늘날 우리가 사는 디지털 세상은 맛있는 비빔밥이 아니라, 지독한 편식 밥상이 되어가고 있다. 유튜브를 켜면 내가 평소에 좋아하던 정치 성향의 뉴스만 줄지어 나오고, 쇼핑몰은 내가 샀던 물건과 비슷한 것들만 추천한다. 인공지능 알고리즘은 "당신이 좋아할 만한 것"이라며 달콤한 정보들을 끊임없이 물어다 준다. 편안하고 즐겁다. 내 생각과 똑같은 이야기만 들리니, 마치 온 세상이 내 편인 것만 같은 착각에 빠진다. 하지만 이 안락함 속에 무서운 함정이 도사리고 있다.

공자(孔子)는 『논어(論語)』 「자로(子路)」 편에서 이 현상을 꿰뚫어 보는 듯한 섬뜩한 경고를 남겼다. "군자는 남들과 조화롭게 어울리되 맹목적으로 같아지지는 않으며, 소인은 맹목적으로 같아지려 할 뿐 조화롭게 어울리지 못한다."199) 여기서 '화(和)'는 서로 다른 것들이 모여 균형을 이루는 상태를, '동(同)'은 뇌동(雷同)하듯 무비판적으로 똑같이 쏠리는 상태를 말한다. 요리사가 국 맛을 낼 때 물과 불, 식초와 간장을 적절히 섞는 것이 '화'라면, 물에 물만 계속 붓는 것은 '동'이다.

지금의 알고리즘은 우리를 철저히 '동(同)'의 세계로 몰아넣고 있다. 이른바 '확증편향(Confirmation Bias)'의 자동화다. 나와 다른 생각, 불편한 진실은 화면 밖으로 밀어내고, 내 입맛에 맞는 정보만 떠먹여 준다. 그 결과 우리는 끼리끼리 뭉치게 된다. 나와 같은 생각을 가진 사람들끼리의 댓글 창에서는 서로 칭찬하고 공감하지만, 조금이라도 다른 의견이 보이면 가차 없이 공격하고 배척한다. 겉으로는 결속력이 강해 보이지만, 실상은 다른 세계와는 단절된 채 불화(不和)하고 있는 것이다. 이것이 바로 공자가 경계한 '소인배의 연대(連帶)'가 아니면 무엇이겠는가.

알고리즘이 만들어 낸 '필터 버블(Filter Bubble)'200)속에 갇힌 현대

---

199) 『論語』 「子路」 , "子曰, 君子和而不同, 小人同而不和."

인들은 점차 '반대를 견디는 근육'을 잃어버리고 있다. 내 생각과 다른 주장을 접하면 "다르다"라고 느끼는 것이 아니라 "틀렸다"라거나 "악(惡)"이라고 규정해 버린다. 정치적 양극화가 극단으로 치닫고 세대 간, 성별 간에 혐오가 난무하는 까닭도 여기에 있다. 우리는 서로의 얼굴을 마주 보며 대화하는 것이 아니라, 거울 속에 비친 자기 자신과만 대화하고 있는 셈이다.

진정한 지성(Intellect)이란 무엇인가. 미국의 소설가 F. 스콧 피츠제럴드는 "두 가지 모순된 생각을 동시에 머릿속에 품고도 기능을 유지할 수 있는 능력"이라고 했다.201) 이는 공자가 말한 '화이부동'의 현대적 해석이다. 나와 다른 의견을 들었을 때 불쾌해하며 귀를 막는 것이 아니라, "저 사람은 왜 저렇게 생각할까?"라고 호기심을 갖는 태도, 그것이 바로 군자의 자세다. 인공지능 시대에 우리가 회복해야 할 것은 '검색 능력'이 아니라 '불편함을 견디는 능력'이다. 알고리즘이 추천해 주는 영상 목록을 거슬러, 의도적으로 나와 반대되는 성향의 신문을 읽고, 낯선 장르의 음악을 듣고, 이해되지 않는 사람의 이야기에 귀를 기울여야 한다.

악기들이 모두 똑같은 소리만 낸다면 그것은 소음이지 음악이 아니다. 서로 다른 음(音)이 만나야 비로소 교향곡이 된다. 민주주의 사회도 마찬가지다. 모두가 같은 목소리를 내는 사회는 전체주의의 악몽일 뿐이다. 오늘 저녁, 스마트폰이 차려주는 입맛에 맞는 밥상을 걷어차라. 그리고 껄끄럽고 낯선 재료들을 섞어보라. 비록 씹는 맛은 거칠지라도, 그것이 우리의 정신을 건강하게 만드는 사람 사는 세상의 진짜 맛일 테니까. '다름'을 인정하는 것, 그것이 알고리즘의 지배를 받지 않고 주체

---

200) '필터 버블(Filter Bubble)'은 개인 맞춤형 알고리즘이 사용자의 기존 관심과 성향에 부합하는 정보만 선별적으로 제공함으로써, 서로 다른 관점이나 반대 정보로부터 고립되는 현상을 말한다. 엘리 파리저(Eli Pariser), *The Filter Bubble: What the Internet Is Hiding from You* (2011)
201) F. Scott Fitzgerald, *The Crack-Up*, New Directions Publishing, 1945.

적인 인간으로 살아남는 유일한 길이다.

2) 진실의 위기와 언어의 윤리 '정명(正名)'

마을 어귀에 오래된 느티나무가 한 그루 있다. 사람들은 그것을 '당산나무'라 부르며 신성시한다. 하지만 그 나무가 뙤약볕 아래 지친 농부에게는 시원한 '그늘'이 되어주고, 아이들에게는 즐거운 '놀이터'가 되어준다. 이름은 하나지만, 나무는 그를 찾아온 이들의 처지와 상황에 맞추어 제 몸의 역할을 바꾼다. 만약 이 나무가 "나는 당산나무이니 엄숙하기만 하겠다"라고 고집을 피우거나 누군가 이 귀한 생명을 그저 '땔감'으로 생각하여 재단해 버린다면 그 이름의 가치는 사라지고 말 것이다.

오늘날 우리는 이름과 실재가 따로 노는 '명실상부(名實相符)'의 위기 시대를 살고 있다. 인공지능이 만든 '딥페이크(Deepfake)'는 가짜를 진짜의 이름으로 포장하고, 익명성 뒤에 숨은 칼날 같은 언어들은 타인의 삶을 난도질한다. '뉴스'라는 이름을 달고 허위 사실이 유포되고, '전문가'라는 직함이 사기(詐欺)의 도구가 된다. 이 혼돈의 한복판에서 공자(孔子)가 외친 『논어(論語)』 「자로(子路)」 편의 '정명(正名)'은 단순히 이름을 바로잡는 것을 넘어, 인간이 마땅히 서 있어야 할 '자리'와 그에 따른 '태도'를 묻는다.

공자는 제나라 경공의 정치가 무엇이냐는 물음에 『논어(論語)』 「안연(顔淵)」 편에서 "임금은 임금다워야 하고, 신하는 신하다워야 하며, 아비는 아비다워야 하고, 자식은 자식다워야 한다"202) 라고 답했다. 많은 이들이 이를 수직적인 위계나 고정된 신분으로 해석하곤 하지만, 그

---

202) 『論語』 「顔淵」 , "齊景公問政於孔子. 孔子對曰: 君君臣臣父父子子."

본질은 훨씬 더 역동적이다. 진정한 '정명'은 '나'라는 존재가 마주한 상대와 상황에 따라 가장 적절한 '도리(道理)'를 다하는 것에 있다.

'나'라는 한 사람의 인간은 고정된 상(象)이 아니다. 늙으신 부모님 앞에서는 예순의 나이도 재롱을 떠는 '자식'이어야 하고, 배우자 앞에서는 든든한 버팀목인 '남편'이어야 하며, 자식들 앞에서는 삶의 지혜를 전하는 '아버지'의 자리에 서야 한다. 상갓집에 가서는 그 슬픔이 내 것인 양 목놓아 울 줄 알고, 잔칫집에 가서는 진심으로 박수치며 기뻐할 줄 아는 것이 바로 공자가 말한 '때에 맞는 중용[時中]'이자, 이름값을 하며 사는 인간의 품격이다.

그러나 디지털 시대의 우리는 이 '상황의 도리'를 잊어버렸다. 익명의 공간에서는 자식이 아버지를 비난하고, 스승의 자리는 권위만 남거나 아예 사라졌다. 장소와 대상을 가리지 않고 쏟아내는 가벼운 언어들은 인간이 갖추어야 할 최소한의 '처지(處地)'와 '입장(立場)'을 망각하게 한다. 언론이 '언론(言論)'이라는 이름을 가졌다면 사실 앞에 겸허해야 하고, 지식인이 '지식인'이라 불린다면 시대의 아픔에 공감하는 태도를 보여야 한다. 이름값은 직함에서 나오는 것이 아니라, 그 상황에 맞는 적절한 말과 행동에서 완성되기 때문이다.

"말[言]이 바로 서지 않으면 일[事]이 이루어지지 않고, 일이 이루어지지 않으면 예악(禮樂)이 흥하지 못한다"203)라고 했다. 지금 우리에게 필요한 것은 화려한 수사가 아니라 정직한 언어다. 내가 뱉은 말, 내가 가진 직함에 부끄럽지 않은 실체적 진실을 갖추는 것. 그것이 가짜 뉴스와 딥페이크의 홍수 속에서 인간의 존엄을 지키는 유일한 방파제다. 이름은 껍데기가 아니라, 그 사람의 인격 그 자체이기 때문이다.

---

203) 『論語』 「子路」, "名不正, 則言不順; 言不順, 則事不成; 事不成, 則禮樂不興; 禮樂不興, 則刑罰不中; 刑罰不中, 則民無所措手足."

3) 기계가 가질 수 없는 '측은지심(惻隱之心)'

마을 회관 앞에서 지팡이를 짚고 힘겹게 걷는 할머니를 보며 지나가던 청년이 걸음을 멈추고 부축한다. 누가 시킨 것도, 돈을 주는 것도 아니다. 그저 마음 한구석이 찌릿하고 안타까워 저절로 몸이 반응한 것이다. 맹자(孟子)는 『맹자(孟子)』, 「공손추(公孫丑)」 편에 이를 '측은지심(惻隱之心)'이라 불렀고, 그는 우물가로 기어가는 어린아이[孺子入井]를 보면 누구나 깜짝 놀라 달려가 구하려 하는 마음을 예로 들며, "이 마음이 없으면 사람이 아니다."204)고 단언했다. 이 '측은지심'이야말로 짐승과 인간을 구별 짓는 '인간다움'의 시작점[端]이다.

그러나 작금의 현실을 돌아보자. 우리는 타인의 고통에 반응하기보다, 타인을 밟고 올라서야 하는 '능력주의(Meritocracy)'의 정글 속에 살고 있다. "공부 잘해서 성공한 건 내 노력의 결과이니, 가난하고 도태된 건 네 노력이 부족한 탓"이라는 차가운 논리가 정의(Justice)라는 이름으로 통용된다. 효율과 성과가 지상 과제가 되면서, 약자에 대한 배려는 비용이나 낭비, 혹은 '감성팔이'로 취급받기 일쑤다. 문제는 우리가 그토록 신봉하는 이 능력주의의 '끝판왕'이 등장했다는 사실이다. 바로 인공지능(AI)이다.

암기 능력, 계산 능력, 데이터 분석 능력에서 인간이 AI를 이길 재간은 없다. 인간 의사가 수십 년 걸려 익힐 의료 지식을 AI는 단 며칠 만에 학습한다. 인간 변호사가 밤새워 찾을 판례를 AI는 1초 만에 찾아낸다. 만약 '능력(Capability)'만이 인간의 가치를 증명하는 유일한 척도라면, 우리 인류는 머지않아 폐기 처분될 운명이다. 우리는 결코 이 완벽한 기계보다 유능할 수 없기 때문이다.

---

204) 『孟子』, 「公孫丑上」, "孟子曰: 無惻隱之心, 非人也."

그렇다면 AI가 지배하는 세상에서 인간의 존재 가치는 어디서 찾아야 하는가. 역설적이게도 가장 비효율적이고 비생산적으로 보이는 영역, 바로 '아픔을 함께 느끼는 능력'이다. 최첨단 AI 의사 '왓슨(Watson)'은 수만 건의 임상 데이터를 분석해 암 진단을 내릴 수는 있다. 하지만 "당신은 암입니다"라는 선고를 듣고 무너져 내리는 환자의 떨리는 손을 잡아줄 수는 없다. 그 환자의 공포에 공감하여 함께 눈물 흘릴 수는 없다. AI 판사는 법 조항을 완벽하게 적용할 수는 있지만, 억울한 사연을 가진 피고인의 눈물 속에서 법으로는 측정되지 않는 삶의 비애를 읽어낼 수는 없다.

지능(Intelligence)은 차가운 계산이지만, 지성(Intellect)은 따뜻한 공감이다. 기계는 '처리(Process)'할 뿐 '고통(Suffer)'받지 않는다. 고통을 모르기에 타인의 고통 또한 알지 못한다. 그러나 인간은 늙고, 병들고, 상처받는 불완전한 존재다. 바로 그 나약함 때문에 우리는 타인의 상처를 나의 것처럼 느낄 수 있다. 넘어진 사람에게 손을 내미는 행위, 배고픈 사람에게 밥 한 끼를 대접하는 행위는 AI의 관점에서는 에너지 낭비요, 비효율적인 데이터 오류일지 모른다. 하지만 이 비효율이야말로 기계와 구별되는 인간의 마지막 성역(聖域)이다.

진화심리학자들의 연구에 따르면, 인류가 맹수들이 우글거리는 원시 시대에 멸종하지 않고 살아남은 비결은 '경쟁'이 아니라 '협력'과 '돌봄'이었다고 한다. 다리가 부러진 동료를 버리지 않고 완치될 때까지 돌봐준 흔적이 고대 유골에서 발견된다. 이는 동물의 세계에서는 볼 수 없는 일이다. 즉, 측은지심은 단순한 감정이 아니라, 인류를 생존하게 만든 가장 강력한 '진화의 무기'였다.

승자독식의 경쟁에 내몰려 잠시 잊고 있었을 뿐, 우리 안에는 여전히 맹자가 말한 '참을 수 없는 마음[불인인지심, 不忍人之心]'이 흐르고 있다.205) 지하철 스크린 도어를 고치다 숨진 청년의 가방에서 나온 컵라면을 보며 함께 울분하고, 재난을 당한 이웃을 위해 줄지어 헌혈하는 그 마음들이 살아있다.

AI 시대를 잘 살아가는 지혜는 더 똑똑해지는 것이 아니라, 더 깊이 사랑하는 것에 있다. 옆 사람을 경쟁자로 보고, 밟고 올라서는 능력주의는 결국 우리 모두를 고립시키고 기계의 부속품으로 전락시킬 것이다. 우리가 살아남는 길은 서로의 어깨를 내어주는 것이다. 타인의 슬픔에 반응하는 그 찌릿한 마음, 그 '측은지심'이야말로 차가운 알고리즘에 맞서 인간의 존엄을 지키는 최후의 보루이자, 우리가 잃어버리지 말아야 할 진짜 '능력'이다. 당신은 오늘, 누군가의 아픔에 멈춰 서 본 적이 있는가?

4) 피상적 관계의 초월, '백아절현(伯牙絶絃)'

도시의 밤은 화려하다. 고층 빌딩의 불빛과 24시간 꺼지지 않는 네온 사인은 우리가 잠들지 않는 거대한 네트워크 속에 살고 있음을 증명한다. 그러나 역설적이게도 그 찬란한 불빛 아래, 현대인은 인류 역사상 가장 고독한 밤을 보내고 있다. 스마트폰 연락처에는 수백, 수천 명의 이름이 저장되어 있다. SNS에 사진 한 장을 올리면 지구 반대편에서도 순식간에 '좋아요'가 날아들고, 수십 개의 댓글이 달린다. 우리는 언제 어디서나 연결되어 있다. 아니, '접속(Connection)'되어 있다. 하지만 묻고 싶다. 정말 마음이 무너져 내리는 밤에 체면치레 없이 전화를 걸어 펑펑 울 수 있는 사람은 그 목록 속에 몇이나 되는가. 우리는 접속은 과잉이지만, 체온을 나누는 '접촉(Contact)'은 결핍된 시대를 살고 있다.

---

205) 『孟子』 「梁惠王」, "惻隱之心, 仁之端也."

이 쓸쓸한 풍요 속에서 춘추시대의 거문고 명인으로 백아(伯牙)의 옛 이야기는 서늘한 그리움으로 다가온다. 『열자(列子)』와 『여씨춘추(呂氏春秋)』에 전해지는 이 이야기는 단순한 우정이 아니라, 영혼의 공명(Resonance)에 관한 기록이다. 백아에게는 종자기(鍾子期)라는 나무꾼 친구가 있었다. 신분과 하는 일도 달랐지만 그들은 '소리'로 통했다. 백아가 높은 산에 오르는 기상으로 거문고를 타면 종자기는 "기가 막히구나! 태산처럼 웅장하도다"라고 감탄했고, 흐르는 물을 생각하며 타면 "아름답구나! 황하처럼 유려하도다"라며 그 마음을 꿰뚫어 보았다.206) 백아가 굳이 말로 설명하지 않아도, 종자기는 그 손끝에 실린 미묘한 떨림과 숨겨진 감정까지 온전히 이해해 주었다. 이를 일러 '지음(知音)', 즉 '나의 소리를 알아주는 사람'이라 했다.

그러나 종자기가 병으로 세상을 떠나자, 백아는 그 자리에서 거문고 줄을 끊어버리고[絶絃] 평생 다시는 연주하지 않았다. "내 소리를 들어줄 사람이 없는데[知音已死], 연주를 해서 무엇하겠는가."207) 이것이 바로 '백아절현(伯牙絶絃)'의 고사이다. 백아에게 거문고는 단순한 악기가 아니라 친구와 대화하는 영혼의 언어였고, 친구의 죽음은 곧 그 언어의 상실을 의미했다.

작금의 현실로 눈을 돌려보자. 현대인의 인간관계는 백아의 거문고 줄처럼 단단하지 못하다. 얇고 넓으며, 무엇보다 '가벼운' 관계가 주를 이룬다. 우리는 필요에 의해 만나고 이익(Benefit)이 다하면 흩어지는 '인스턴트 관계'에 익숙해졌다. 이것을 '인맥(Networking)'이라 포장하지만, 냉정히 말해 그것은 거래처 목록일 뿐 친구가 아니다.

더욱 우려스러운 것은 인공지능(AI)의 등장이다. 사람에게 상처받은 현대인들은 이제 AI 챗봇이나 가상 인간에게 위로를 구한다. AI는 화를

---

206) 『列子』「湯問」, "伯牙善鼓琴, 鍾子期善聽. 伯牙鼓琴, 志在高山, 鍾子期曰: 善哉乎鼓琴, 峨峨兮若泰山. 少選之間, 而志在流水, 鍾子期又曰: 善哉乎鼓琴, 洋洋兮若江河. 伯牙所念, 鍾子期必得之."
207) 『呂氏春秋』「本味」, "呂氏春秋曰: 鍾子期死. 伯牙破琴絶絃, 終身不復鼓琴, 以爲無足爲鼓者."

내지도 않고, 내 말에 무조건 동의하며, 밤새도록 다정한 말을 건넨다. 영화 <Her>의 주인공처럼 기계와 사랑에 빠지는 일이 현실이 되고 있다. 하지만 기억해야 한다. AI의 위로는 '계산된 출력값'일 뿐, '공감의 체온'이 아니다. 기계는 당신의 말(Text)을 분석할 뿐, 그 말 뒤에 숨겨진 당신의 침묵과 한숨이나 그 떨림의 의미(Context)를 가슴으로 느끼지 못한다. 종자기처럼 "태산 같구나"라고 말할 수는 있어도, 그 말에 자신의 영혼을 실을 수는 없다.

우리는 나를 진정으로 알아주는 단 한 명의 친구[知音]를 찾기보다, 나를 우러러봐 줄 수천 명의 관객(Follower)을 모으는 데 열중하고 있지 않은가. 내가 주인공이 되어야만 직성이 풀리는 과시욕 속에서 타인은 그저 '좋아요'를 눌러주는 배경으로 전락했다. 그러니 군중 속에서도 고독할 수밖에 없다. 모두가 떠들고 있지만, 아무도 듣지 않는 세상이다.

공자(孔子)는 『논어(論語)』 「학이(學而)」 편에서 "벗이 먼 곳에서 찾아오면 또한 즐겁지 아니한가"[208]라고 했다. 벗이 먼 곳에서 찾아오는 것이 왜 즐거운가? 나의 뜻과 마음을 알아주는 존재가 있다는 확인, 그 안도감 때문이다.

이제는 관계를 정리(Diet)해야 할 때다. 수천 명의 팔로워 숫자에 집착하지 말고, 지금 내 곁에 있는 소중한 사람의 눈을 바라보라. 수많은 가면을 벗고 맨얼굴로 마주해도 부끄럽지 않은 사람, 내가 굳이 설명하지 않아도 나의 침묵을 이해해 주는 사람, 나의 실수마저도 보듬어줄 수 있는 단 한 사람이 필요하다. 그 한 사람이 있다면, 우리는 그 어떤 시련 앞에서도 외롭지 않다. 백아가 거문고 줄을 끊을 만큼 사무쳤던 그 깊은 우정의 무게를 다시 생각해 본다. AI가 흉내 낼 수 없는 인간관계의 본질은 '편리함'이 아니라, 서로의 영혼을 튜닝(Tuning)해 주는 '진정성'에 있다. 당신에게는 지금 당신의 거문고 소리를 들어줄 종자기가 있는가?

---

208) 『論語』 「學而」, "子曰: 有朋自遠方來, 不亦樂乎"

4. 우주(Cosmos)와의 조화: 불확실성과 생태 위기

1) '역(易)'의 원리와 변화에 대처하는 직관

겨울이 깊어 더 이상 추워질 수 없을 만큼 혹독할 때, 우리는 본능적으로 봄이 머지않았음을 안다. 해가 중천에 떠올라 더 오를 곳이 없으면, 그 순간부터 서쪽으로 기울기 시작한다. 이것은 자연의 이치이자 거스를 수 없는 우주의 섭리다. 시골의 노련한 농부는 최첨단 슈퍼컴퓨터가 분석한 스마트폰 일기예보 보다, 자신의 쑤시는 무릎뼈가 전해주는 감각으로 비를 더 정확히 예감한다. 그것은 수치화된 데이터(Data)가 아니라, 몸으로 체득하고 자연의 흐름을 읽어내는 직관(Intuition)의 영역이다.

바야흐로 우리는 '빅데이터(Big Data)'를 신(神)처럼 모시는 시대를 살고 있다. 기업은 알고리즘에 경영의 사활을 걸고, 개인은 내비게이션과 추천 알고리즘이 가리키는 길로만 가려 한다. "데이터는 거짓말을 하지 않는다"는 믿음 아래, 과거의 데이터를 분석하면 미래를 완벽하게 예측하고 통제할 수 있다고 확신한다.

그러나 역설적이게도 데이터가 쌓이면 쌓일수록, 인류가 마주하는 불확실성은 줄어들기는커녕 더욱 커지고 있다. 2008년 글로벌 금융 위기 당시에 월스트리트의 천재 수학자들이 만든 리스크 관리 모델은 완벽해 보였으나 시장의 붕괴를 막지 못했다. 전 세계를 공포로 몰아넣은 '코로나19 팬데믹'이나 '후쿠시마 원전 사고' 같은 재난들 역시 데이터의 예측 범위를 비웃으며 찾아왔다. 이른바 '블랙 스완[Black Swan: 도저히 일어날 것 같지 않은 일이 일어나는 현상]' 앞에서 과거의 데이터에 기반한 AI의 예측은 무기력했다.

왜 이런 일이 벌어지는가? 인공지능은 '과거의 데이터'를 학습하여 확률을 계산하는 기계이기 때문이다. 즉, AI는 이미 가본 길에 대한 '지도(地圖)'는 완벽하게 그릴 수 있어도, 인류가 한 번도 가보지 않은 '미래의 길'을 창조하거나 예측할 수는 없다. 데이터는 '백미러'와 같아서 뒤를 보여줄 뿐, 앞을 보여주지는 못한다.

이러한 불확실성의 시대에 동양 최고의 철학서라 불리는 『주역(周易)』「계사전(繫辭傳)」은 우리에게 데이터를 넘어서는 통찰을 제시한다. "극에 달하면 변하고, 변하면 통하며, 통하면 오래간다."209) 여기서 핵심은 '변(變)'이다. 세상 만물은 고정되어[불역, 不易] 있지 않고, 끊임없이 변한다[변역, 變易]는 사실만이 유일한 진리다. 데이터에 갇힌 사고를 하는 사람은 상황이 막다르게 되면[窮], 계산했던 결과와 다르다며 당황하고 멈춰 선다. "내 데이터에는 이런 변수가 없었다"며 절망한다. 그러나 『주역』의 이치를 아는 사람은 그 막다른 골목[窮]을 끝이 아니라, 새로운 변화[變]가 시작되는 출발점으로 인식한다.

임진왜란 당시 이순신 장군은 단 12척의 배로 133척 이상의 왜선을 상대해야 했다. 데이터와 수치로만 따지면 이는 '패배 확률 100%'의 싸움이었다. 만약 이순신 장군이 AI에게 승률을 물었다면 "항복하라"는 답을 들었을지 모른다. 그러나 그는 데이터 너머의 변수, 즉 '울돌목의 조류 변화'라는 자연의 이치를 읽어냈다. 그리고 그 변화의 흐름에 올라타 불가능한 승리를 만들어냈다. 이것이 바로 데이터가 아닌 '통찰(Insight)'의 힘이다.

인공지능의 시대에 우리에게 필요한 능력은 더 많은 정보를 수집하는 것이 아니다. 정보의 홍수 속에서 '행간(行間)'을 읽어내는 직관이다. AI가 "과거에는 이랬습니다"라고 보고할 때, 인간은 "그래서 미래는 이렇게 변할 것이다"라고 직감해야 한다. 파도가 칠 때 초보자는 파도의

---

209) 『周易』「繫辭傳上」, "窮則變, 變則通, 通則久."

높이를 계산하다가 물을 먹지만, 고수는 파도의 결을 읽고 그 위에 올라
탄다. 서퍼(Surfer)는 파도를 통제하려 하지 않는다. 다만 변화하는 파
도에 맞춰 자신의 몸을 유연하게 맡길 뿐이다. 미래는 계산하는 것이 아
니라 대응하는 것이다. 막다른 길에 다다랐다고, 예측이 빗나갔다고 두
려워하지 마라. 『주역』은 말한다. 꽉 막힌 그곳[窮]이 바로 낡은 껍질을
벗고 나비가 되어 날아오를[變] 타이밍이라고 말이다. 불확실성의 파도
가 높을수록 우리는 기계적인 계산기를 내려놓고, 인간 고유의 감각인
직관의 더듬이를 세워야 한다. 변화를 두려워하지 않고 즐기는 마음, 흐
름을 읽고 유연하게 대처하는 태도가 필요하다. 그것이 예측 불가능한
AI 시대를 건너는 가장 지혜롭고 안전한 생존법이다. 당신은 지금 변화
의 파도에 올라탈 준비가 되었는가?

2) 인간과 자연의 공생, '천인합일(天人合一)'

　겨울의 끝자락, 처마 밑에 매달린 고드름이 녹아 낙숫물이 되어 떨어
진다. "똑똑" 떨어지는 그 물을 언 땅이 받아내고, 그 축축한 기운을 머
금어 봄이 오면 새싹을 틔울 것이다. 도시의 주말농장에서 텃밭을 일구
며 뼈저리게 깨닫는 사실이 하나 있다. 인간이 아무리 재주를 부려도 자
연을 통제할 수는 없으며, 오직 자연이 허락한 만큼만 거둘 수 있다는 겸
손함이다. 농부는 결코 벼의 싹을 억지로 잡아당겨 키우지 않는다. 그저
햇볕과 바람과 비의 처분을 기다릴 뿐이다.
　그러나 시선을 도시와 문명으로 돌리면 인간의 모습은 사뭇 달라진
다. 산업혁명 이후 인류는 오만해졌다. 우리는 자연을 공존의 대상이 아
닌 정복의 대상으로, 무한히 착취할 수 있는 자원 창고로 여겼다. 과학
기술이라는 날 선 칼을 휘두르며 산의 허리를 깎고, 강물의 숨통을 막았

다. "자연을 정복했다"고 환호하며 쌓아 올린 빌딩 숲 위로 지금 어떤 그림자가 드리워져 있는가.

우리는 지금 '인류세(Anthropocene)'210)라는 전대미문의 위기 속에서 있다. 펄펄 끓는 지구의 기온, 멈추지 않는 전염병, 예고 없이 닥치는 슈퍼 태풍과 산불 등은 단순한 기상 이변이 아니다. 참다못한 자연의 역습이자, 지구가 인간이라는 존재를 '해로운 바이러스'로 인식하고 열을 내어 쫓아내려 하는 면역 반응일지도 모른다.

이 절체절명의 위기 앞에서 맹자(孟子)는 『맹자(孟子)』 「고자(告子)」 편에 나오는 '우산(牛山)의 나무' 이야기를 통해 현대인들의 가슴을 서늘하게 때린다. "우산의 나무는 한때 아름다웠다. 그러나 큰 나라의 교외에 있었기 때문에 도끼와 끌로 찍어 베니 아름다울 수 있겠는가? 밤낮으로 자라고 비와 이슬에 젖어 싹이 나는 일이 없지는 않으나, 소와 양들을 풀어놓아 그 싹마저 먹었기 때문에 저렇게 민둥해졌다. 사람들이 그 민둥함을 보고는 거기에는 재목이 있어 본 일이 없다고 생각한다. 이것이 어찌 산의 본래 성품이겠는가?"211)

2,300년 전의 이 통찰은 소름 끼치도록 오늘날의 현실과 닮아있다. 우리는 숲을 밀어내고 탄소를 뿜어내며 지구를 '민둥산'으로 만들었다. 그러고는 기후 위기가 닥치자 어쩔 수 없는 '자연재해'라며 시치미를 뗀다. 맹자는 경고한다. 자연이 죽어가는 것은 자연의 탓이 아니라, 도끼를 든 인간의 탐욕과 쉴 틈을 주지 않는 착취 때문이라고 말이다.

공자(孔子) 또한 『논어(論語)』 「양화(陽貨)」 편에서 자연의 위대한 질서를 이렇게 말하였다. "하늘이 무슨 말을 하던가? 그래도 사계절

---

210) '인류세(Anthropocene)'는 대략 산업혁명 이후부터 현재까지로 보는 견해가 많다. 인류 활동이 대기, 지표, 해양, 생태계 등 지구 시스템 전반에 심대한 영향을 끼치면서, 지질학적 시간 단위로 새로운 시대로 정의할 수 있다

211) 『孟子』 「告子」, "孟子曰: 牛山之木嘗美矣, 以其郊於大國也, 斧斤伐之, 可以為美乎? 是其日夜之所息, 雨露之所潤, 非無萌蘖之生焉, 牛羊又從而牧之, 是以若彼濯濯也. 人見其濯濯也, 以為未嘗有材焉, 此豈山之性也哉?"

은 운행하고, 온갖 만물이 그 속에서 자라난다. 하늘이 무슨 말을 하던 가!"212) 하늘과 자연은 말이 없다. AI처럼 데이터를 떠들거나 인간처럼 생색내지 않는다. 그저 묵묵히 봄, 여름, 가을, 겨울을 순환시키며 생명을 살릴 뿐이다. 인간이 해야 할 일은 이 말 없는 질서[天道]에 순응하고, 그 리듬에 맞춰 살아가는 것이다. 이것이 바로 유가(儒家)가 말하는 '천인합일(天人合一)'의 본질이다.

하지만 현대인들은 여전히 '기술 만능주의'라는 환각제에 취해 있다. 인공지능(AI)이 기후 모델을 분석하고 최첨단 공학이 지구 온난화를 해결해 줄 것이라 믿는다. 그래서 흥청망청 쓰는 소비 습관은 그대로 둔 채 "과학이 알아서 해주겠지"라며 책임을 회피한다. 분명히 말하건대, 문제의 근본 원인은 '기술의 부재'가 아니라 자연을 대하는 '인간의 태도'에 있다. 맹자가 양혜왕에게 "도끼와 자귀를 때에 맞춰 숲에 들어가게 하면, 목재를 써야 할 때 사용할 수 없다."213)라고 조언했듯, 우리에게 필요한 것은 자연을 훼손하지 않고 기다려 주는 '절제'와 '때(時)'를 아는 지혜다.

우리는 이 푸른 행성의 주인이 아니다. 주인 행세를 하며 떵떵거리고 살았지만, 실상 우리는 우주의 긴 시간 속에서 잠시 머물다 가는 '손님(Guest)'일 뿐이다. 손님의 도리는 무엇인가. 주인집을 깨끗이 사용하고, 떠날 때는 머물던 자리를 정갈하게 치우고 나가는 것이다. 만약 손님이 주인의 안방을 어지럽히고, 냉장고를 거덜 내고, 가구마저 부수고 떠난다면 그것을 어찌 손님이라 하겠는가. 그것은 약탈자다.

진정한 주인은 우리 다음 세대, 그리고 우리와 함께 살아가는 뭇 생명들이다. 내 아이들과 이름 모를 들꽃과 숲속의 동물들이 살아가야 할 터전을 망가뜨릴 권한은 우리에게 없다. 이제라도 탐욕의 도끼질을 멈추

---

212)『論語』「陽貨」, "天何言哉? 四時行焉, 百物生焉, 天何言哉!"
213)『孟子』「梁惠王」, "斧斤以時入山林, 材木不可勝用也."

고 우산(牛山)에 싹이 돋아날 시간을 주어야 한다. 하늘[天]의 말 없는 가르침을 듣고, 땅[地]의 아픔에 공감하며, 사람[人]의 욕심을 줄이는 삶이 맹자가 전하는 공생의 지혜이자 인류가 멸종하지 않고 이 행성에서 계속 살아남을 수 있는 유일한 생존 전략이다. 지구는 인간이 없어도 여전히 푸르게 돌겠지만, 인간은 지구가 없으면 단 한 순간도 존재할 수 없다. 처마 밑의 고드름 녹은 물이 땅으로 스며들듯, 우리의 오만함도 녹아내려 겸손한 생명의 흙으로 돌아가기를 간절히 바란다.

5. AI 시대, 진정한 '어른'이 된다는 것

밤이 깊어 책을 덮고 밖으로 나오니 인공위성과 별빛이 같은 하늘에 섞여 흐른다. 차가운 금속성 빛과 따스한 별빛이 공존하는 저 하늘처럼, 우리는 지금 인공지능(AI)이라는 낯선 문명과 수천 년을 이어온 인간의 본성이 충돌하고 융합하는 격변의 시대를 살고 있다. 기나긴 사유(思惟)의 여정을 마치며 독자 여러분께 한 가지 질문을 던지며 이 글을 맺으려고 한다. "우리는 기술의 진보만큼 더 행복해졌는가, 그리고 더 인간다워졌는가?"

우리는 서두에서 '군자불기(君子不器)'를 통해 확인하였다. 인공지능은 인류가 만든 역사상 가장 완벽하고 강력한 '그릇[도구, 器]'이다. 그것은 지치지 않고 계산하며, 망각하지 않고 기억한다. 기능과 효율의 측면에서 인간은 이미 이 도구의 상대가 되지 못한다. 문제는 우리가 이 도구의 화려함에 압도되어, 도구를 쓰는 주체인 인간의 '길[도, 道]'을 잃어버렸다는 데 있다. AI는 '어떻게(How)' 갈 것인지는 0.1초 만에 알려주지만, '어디로(Where)' 가야 하는지, 그리고 '왜(Why)' 가야 하는지는 침묵한다. 그 방향을 정하는 것은 오직 인간의 몫이다.

지금의 혼란은 주객이 전도된 결과이다. 인간이 스스로를 기계적 효율성으로 평가하며 도구가 되려 하고, 거꾸로 기계에게 윤리적 판단을 미루려 한다. 이것은 문명의 진보가 아니라, 인간 존엄의 퇴보이다. 기술은 인간을 돕는 수단일 뿐, 결코 숭배의 대상이나 공포의 주인이 되어서는 안 된다. 우리는 본론을 통해서 이 기술 만능의 시대를 건너갈 유가(儒家)의 단단한 뗏목들을 만났다.

첫째, 자아(Self)의 회복이다. 속도에 미친 세상에서 우리는 『대학(大學)』이 가르쳐준 '지지(知止)'와 '정(靜)'을 기억해야 한다. 기계는 멈추면 꺼지지만, 인간은 멈춰 서서 고요할 때 비로소 사유하고 통찰한다. 또한, 남에게 보이기 위한 삶[위인지학(爲人之學)]을 멈추고, 스스로 내면을 채우는 '위기지학(爲己之學)'으로 돌아가야 한다. 진열대 위 조화(造花)가 아니라, 누가 보지 않아도 향기를 뿜는 난초처럼 홀로 충만한 자존감을 회복해야 한다. 나아가 '부지노지장지(不知老之將至)'의 가르침처럼, 배움의 즐거움에 빠져 늙음조차 잊어버리는 영원한 청춘으로 살아가야 한다.

둘째, 관계(Relation)의 온기이다. 알고리즘이 주는 편향된 정보[同]를 넘어, 다름을 인정하고 조화(調和)를 이루는 '화이부동(和而不同)'의 지혜가 필요하다. 가짜가 판치는 세상에서 자신의 이름과 자리에 걸맞은 도리를 다하는 '정명(正名)'의 태도를 갖추어야 한다. 무엇보다, 차가운 지능은 흉내 낼 수 없는 인간 고유의 능력, 타인의 아픔에 함께 눈물 흘리는 '측은지심(惻隱之心)'과 서로의 영혼을 알아주는 '지음(知音)'의 관계를 회복해야 한다. 이것이 우리가 기계 부속품이 되지 않고 서로를 지켜주는 최후의 보루이다.

셋째, 우주(Cosmos)와의 공생이다. 데이터가 예측하지 못하는 불확실성 앞에서는 『주역(周易)』의 변화 원리를 읽는 직관이 필요하다. 그리고 기후 위기라는 자연의 역습 앞에서는 맹자가 말한 '우산지목(牛山

之木)'의 경고를 뼈아프게 새겨야 한다. 우리는 지구의 주인이 아니라 잠시 머무는 손님이다. 도끼질을 멈추고 민둥산에 싹이 돋을 시간을 주는 겸손함, 그것이 하늘과 인간이 하나 되는 '천인합일(天人合一)'의 진정한 의미이다.

결국 이 모든 논의는 '이 시대에 진정한 어른은 누구인가'라는 물음으로 귀결된다. 과거의 어른이 지식과 경험을 전수하는 '데이터베이스'였다면, AI 시대의 어른은 데이터가 줄 수 없는 '품격'과 '방향'을 보여주는 존재여야 한다. 진정한 어른은 휩쓸리지 않고 멈춰 서서 생각할 줄 아는 사람이다. 타인의 시선에 연연하지 않고 자신의 내면을 가꾸는 사람이다. 나이 듦을 한탄하는 대신 배움의 열정으로 눈을 빛내는 사람이다. 약자(弱者)의 아픔에 가장 먼저 손을 내밀고, 자연의 침묵하는 소리에 귀 기울일 줄 아는 사람이다.

"두려워하지 마세요. 그리고 기계와 경쟁하려 하지 마세요." 우리는 기계보다 느리고 부정확하며, 자주 잊어버립니다. 하지만 바로 그렇기에 우리는 사색할 수 있고 그리워할 수 있으며, 사랑할 수 있다. 인공지능이 답을 제시하는 세상에서 끊임없이 올바른 질문을 던지고, 욕망을 부정하지 않으면서도 법도에 어긋나지 않으려 애쓰는 존재이다.

우리는 기술이 발전할수록 옛 선현들의 지혜로 돌아가야 한다. 낡은 갓을 쓴 고리타분한 유교(儒敎)가 아니라, 사람을 사람답게 대우하고 자연의 순리를 거스르지 않는 '유교적 휴머니즘(Confucian Humanism)'의 회복이 필요하다. 밤하늘의 별은 어둠이 짙을수록 더 밝게 빛난다. 마찬가지로, 기계 문명의 차가운 어둠이 짙어질수록 인간성이라는 별빛은 더욱 또렷해질 것이다. 그 별빛을 따라서 흔들리지 않고 자기만의 길을 뚜벅뚜벅 걸어가는 당신이 바로 이 시대가 기다리는 진정한 '어른'이다

| 참고문헌 |

『論語』, 『孟子』, 『周易』,
『列子』, 『呂氏春秋』, 『四庫全書總目提要』

마이클 샌델, 『돈으로 살 수 없는 것들』, 와이즈베리, 2012.

시몬 드 보부아르, 『노년』, 책세상, 2002.

신정근, 『마흔, 논어를 읽어야 할 시간』, 21세기북스, 2019.

에릭 에릭슨, 『유년기와 사회』, 연암서가, 2024.

유발 하라리, 『호모 데우스』, 김영사, 2017.

한병철, 『피로사회』, 문학과지성사, 2010.

한형조, 『왜 동양철학인가』, 문학동네, 2009.

권영화, 「진화심리학의 도덕 개념과 유가의 도덕 개념의 비교 연구」, 동서철학연구, 99, 2021, pp.599-624.

김상희, 「"동일성[同]"과 "배타적 차별성[不和]"의 문맥에서 본 맹자(孟子) 철학의 구조 -화이부동(和而不同)의 연대를 향하여-」, 동양철학, 31, 2009, pp.123-154.

오창환, 「인류세와 기후변화 시대 윤리학의 과제」, 대동철학, 106, 2004, pp.201-224.

윤민향, 「공자 수양론에서 종심소욕불유구(從心所欲不踰矩)의 이상(理想)과 심신통합적 사유의 의미」, 유교사상문화연구, 89, 2022, pp.187-212.

이영경, 「맹자의 '孺子入井-惻隱之心'에 대한 조선유학자들의 윤리적 입장 -退溪, 栗谷, 茶山, 惠岡을 중심으로-」, 유교사상문화연구, 73, 2018, pp.27-55.

임헌규, 「孔子의 '爲己之學'의 이념과 방법」, 동양고전연구, 36, 2009, pp.7-30.

정두호, 「대동사회(大同社會)는 기계와 함께 오는가?: 유가적 이상사회와 인공지능의 공존 가능성」, 범한철학, 119(4), 2025, pp.5-28.

정재현, 「동아시아 사유와 철학 -儒家 天人合一論을 중심으로-」, 동양철학연구, 47, 2006, pp.279-301.

황준연, 「『논어』위정편 '君子不器'장의 전통적 해석에 대한 검토」, 동양철학연구, 29, 2002, pp.313-338.

박종식(空日)

만종공일(卍宗空日)은 서울대학교를 다니던 20대의 젊은 시절 산업현장을 떠돌았다. 30대에 백두산 언저리에서 발해와 고구려 유적지와 항일독립투쟁의 현장을 찾아 돌아다녔다. 또한 공동체 관련 일에 관여하다가 덕유산 자락으로 옮겨 자연농법과 영성에 대한 다양한 실험을 하였다. 40대에 출가하여 설악산과 지리산 자락의 절집과 남해 바닷가의 아란야에서 지냈다. 동국대학교에서 인도철학을 연구하여 철학박사 학위를 취득하였다. 2020년 겨울 이래, 서울 봉은사에서 교육과 포교 관련 업무를 담당하였으며 현재 봉은사의 상담전법국장으로 지내고 있다. 2023년 이래 동국대학교 객원교수로 활동하며 불교 학술지의 편집위원이기도 하다. 주요 관심사로는 문명비평에 초점을 둔 불교미학 검토, 선어록에 대한 신선한 해석, 생명현상을 검토하는 불교의학 연구 등이다. 동트기 전후의 시간 상념을 건드리며 떠오르는 이미지들을 찾아 내면 여행을 하며, 그 문양들을 포획하는 작업을 한다. 또한 홀로 차(茶) 마시기를 즐기며 달빛 좋은 날이면 향이 깊은 차를 우려 마시곤 한다. 「나라다 박띠수뜨라의 박띠사상연구」, 「치선병비요경의 불교의학 연구」 등의 학위논문이 있으며, 저서로는 『불교의학 기초편』 『설악무산의 문학, 그 깊이와 넓이』, 『상호문화적 글로벌 시대의 종교와 문』〉 등이 있다.
이메일: jyotisa33@daum.net

심광섭

감리교신학대학 및 대학원 졸업(1985). 독일 베텔신학대학(Kirchliche Hochschule Bethel) 신학박사(1991). 연구분야: 조직신학/예술신학, 미학. 감리교신학대학교 은퇴(2023년 2월). 현 (사)한국영성예술협회_예술목회연구원 원장. 저서로『초월자의 감각』(2021. 11).『십자가와 부활의 미학』(2021. 3).『기독교 미학의 향연』(2018).『공감과 대화의 신학. F.Schleiermacher』(2015; 2016년 대한민국학술원 우수학술도서).『예술신학』(2010; 2011년 대한민국학술원 우수학술도서).『기독교 신앙의 아름다움』(2003).『탈형이상학의 하느님. 하이데거, 바이셰델, 벨테의 신론 연구』(1998).『신학으로 가는 길』(1996)가 있으며 공저로 31권이 있다.

심중식

곡성에서 청소년기를 지내고 광주고를 거쳐 서울공대를 다니며 삶의 의미를 찾는 방황 속에서 다석(多夕) 류영모의 제자 김흥호 선생님을 만나 인생의 길을 찾고 연경반에서 30여년 사사(師事)하며 다석을 사숙(私淑)하였다. 김흥호 사상 출간을 위한 편집위원으로 선생님의 강의를 녹취하고 편집하여『주역강해』3권,『화엄경강해』3권,『법화경강해』등을 출판했고,『양명학공부』3권,『다석일지 공부』7권을 편집했다. 2천년대 초에는 '나알알나' 인터넷 사이트를 운영했다. 지금은 동광원과 귀일원에서 귀일연구소장으로 활동하며, 다석 류영모와 동광원 이현필의 만남 속에 드러난 '일즉일체一卽一切 다즉일多卽一'과 '하늘과 땅은 나와 같은 근원이요 만물은 나와 한 몸'이라는 하나 됨의 뜻을 귀일歸一 사상으로 밝히고자 공부하며 스승들의 뜻을 전하고 있다. 저서로『알기쉬운 금강경 풀이』,『맨발의 사랑 이현필』,『한국적 영성의 뿌리를 찾아서』,『역경에서 찾는 인생의 나침반』,『52주간의 마음산책』등이 있다.
E-mail: joongshim3@hanmail.net

만태영

중앙대학교에서 경제학을 공부하여 관련 업종에서 근무하다 식물과 인연을 맺었다. 이후 불교 경전에 수록된 식물들을 인도와 네팔의 식물을 중심으로 정리해 건국대학교 분자생명공학과에서 석사학위를 취득하였다. 보고서와 자료집으로만 존재하였던 경전 속의 식물과 관련한 불교 최초의 학위 논문이었다. 동국대학교에서 대승 경전에 나타난 식물의 식물학적 실체와 교학적 의미를 불교가 자연을 바라보는 관점에서 연구해 박사학위를 취득하였으며 동 학위 논문으로 제8회 대원불교문화상(학위논문 부문)을 수상하였다. 또 「대승 경전에 나타난 식물들의 상징성을 중심으로 한 교법(敎法)이해 모형 연구」로 제6회 불광 전법학술상을 수상하였다. 현재 동국대학교 인문학술연구 교수이자 한국불교식물연구원(www.kbpi.org)원장으로 불교 경전과 불교 사서에 수록된 식물의 자원식물학적, 종교적 활용과 식물문화콘텐츠 개발 등 식물을 통한 다양한 방식의 불교학 연구에 매진하고 있다. 「비주얼 인문학의 실현-『삼국유사』 속 식물문화원형을 바탕으로 조성하는 역사테마식물원」, 『법화경』에서 '공덕의 과보'로 나타나는'천화'의 의미 연구」를 비롯한 다수의 논문이 있다. 저서로『경전 속 불교 식물-자비의 향기를 전하다.』(네이버 지식백과 정보제공 도서)와 『마음을 밝히는 붓다의 식물 108가지』가 있다.

박수영

연세대학교에서 지질학과 철학을 공부하고, 공기업에서 직장생활을 하였다. 이후 KAIST 비즈니스 스쿨에서 경영학석사과정(MBA)을 공부하였고, 동국대에서 불교학으로 석사, 인도철학으로 박사학위를 취득하였다. 주요 논저로는 산스끄리뜨어의 기원에 대한 "Proto-Indo-European 오그먼트의 기원과 역할: 오그먼트는 어떻게 과거를 지시하는가?"(인도철학 42집), 빠니니 문법의 구조

를 분석한 "『아슈따디아이』 따디따(taddhita) 부분의 구조"(인도연구 21권1
호), 바르뜨리하리의 인도사상사적 위치를 다룬 "바르뜨리하리(Bhartṛhari)의
재조명"(남아시아연구 25권1호), 힌두이즘의 기원 문제를 다룬 "힌두이즘의
기원에 대한 재조명: 힌두교는 동인도회사(EIC)의 발명품인가"(인도철학 57
집), 『포스트코로나 시대의 새 종교지평』(공저) 등이 있다. 현재 인도철학회
편집위원 및 동국대 연구초빙교수로 일하고 있다.
이메일: souyoung@naver.com

이명권

연세대학교 신학과를 졸업하였고, 감리교 신학대학원 및 동국대학교 대학원
인도철학과에서 석사학위를 마쳤다. 서강대학교 대학원 종교학과에서 박사
학위를 취득했고, 미국 〈크리스천헤럴드〉 편집장, 관동대학교에서 '종교간의
대화' 강의, 그 후 중국 길림사범대학교에서 중국문학 석사학위 후, 길림대학
중국철학과에서 노자 연구로 박사학위. 중국 길림사범대학교에서 교환교수
로 재직, 동 대학 동아시아연구소 소장을 역임. 그 후 서울신학대학교에서 초
빙교수로 동양철학을 강의함. 현재 코리안아쉬람 대표 및 K-종교인문연구소
소장으로서 코리안아쉬람TV/유튜브를 통해 "이명권의 동양철학"을 강의하고
있으며, 인문계간지 『산넘고 물건너』(열린서원) 발행인이다. 평화운동에 관
심을 가지고 K-평화통일연대를 창설하여 상임대표를 맡고 있다. 저서로는
『우파니샤드』, 『베다』, 『노자왈 예수 가라사대』, 『예수 석가를 만나다』, 『공
자와 예수에게 길을 묻다』, 『무함마드, 예수, 그리고 이슬람』, 『암베드카르와
현대인도 불교』가 있다. 공저로는 『오늘날 우리에게 해탈은 무엇인가?』, 『사
람의 종교, 종교의 사람』, 『종말론』, 『통일시대로 가는 평화의 길』, 『평화와
통일』, 『포스트 코로나 시대의 새 종교지평』, 『포스트 코로나 시대의 평화사
상과 종교』, 『상호문화적 글로벌 시대의 종교와 문화』, 『종교와 정치』, 『종교

와 예술』,『종교와 생태』,『종교와 사회』 등이 있다. 역서로는『종교간의 대화와 협력을 위한 영성』,『간디 명상록』,『마틴 루터 킹』, 디완찬드 아히르의『암베드카르』, 세샤기리 라오의『간디와 비교종교』, 한스 큉의『위대한 그리스도 사상가들』(공역),『우리 인간의 종교들』(공역)이 있다.

강응섭

총신대학교 신학과를 졸업하고, 프랑스 몽펠리에3대학교 정신분석학과를 거쳐, 몽펠리에개신교대학에서 프로이트와 라캉의 정체화(Identification) 개념으로 루터와 에라스무스의 의지 논쟁을 분석하여 신학박사학위를 받았다. 1999년부터 예명대학원대학교의 조직신학 교수, 정신분석상담학 교수이다. 저서로는『동일시와 노예의지』,『프로이트 읽기』,『첫사랑은 다시 돌아온다』,『자크 라캉의 세미나 읽기』,『자크 라캉과 성서해석』,『라깡과 기독교의 대화』,『한국에 온 라깡과 4차 산업혁명』 등이 있다. 역서로는『정신분석대사전』,『라깡 세미나 · 에크리 독해 1』,『프로이트, 페렌치, 그로데크, 클라인, 위니코트, 돌토, 라깡 정신분석 작품과 사상』(공역) 등이 있다. 그 외에 신학과 정신분석학을 잇는 다수의 논문과 공저가 있다.

양윤희

경희대학교 영어 영문학과에서 지그문트 프로이드와 블라디미르 나보코브를 연결한『반복 충동과 포스트모던 소설』로 박사학위를 받았다. 1992년부터 2018년까지 경희대 교양학부와 후마니타스칼리지에서 문학 수업을 했고, 2009년 로버트 쿠버의『요술부지깽이(Pricksongs and Descants)』를 민음사 세계문학전집으로 번역하면서 메타픽션에 관한 연구에 몰두하였다. 쿠버의 소

설을 패러디하여 2021년 장편 소설『두 달 뜨는 밤』을 출판하였고 국제 인문
학상을 수상한 얀 플람퍼 교수의『감정의 재탄생(The History of Emotion)』
을 번역하여 한국대학출판협회의 2023년 우수도서에 선정되었다. 현재 경희
대 비폭력 연구소에서 감정과 픽션에 관해 공부하고 있다.

이메일: dff003@naver.com

김영주

동국대학교 일반대학원 철학과에서「왕충(王充)의 비판유학에 관한 연구」로
철학박사 학위를 취득하였다. 주요 학술 논문으로는『궁달이시』의 '천인유분
(天人有分)'과 '시명관(時命觀)'에 관한 연구」,「죽백(竹帛)『오행』의「자사오
행(子思五行)'에 관한 연구 -'전통오행(傳統五行)'과의 비교를 중심으로-」,「곽
점초간(郭店草間)『오행』의 덕선(德善) 위계와 천인합일(天人合一) -'시(時)'
의 매개적 기능을 중심으로-」 등이 있다. 단행본 공저로「종교와 생태, 불교
의 우주론과 생태 이해」,「종교와 예술, 주돈이 태극도의 미학적 사유」,「종
교와 사회, 주역(周易)과 점(占)치는 사회」,「종교와 과학, 음양오행의 현대
적 재해석」 등이 있다. 한양대학교 ERICA 융합산업대학원 동양문화학과에서
음양오행, 고전명리 및 명리이론을 강의하였다. 현재 동국대학교 동서사상연
구소 전문연구원으로 있다.

이메일: yjkim7431@naver.com

종교와 인간

초판 1쇄 발행 | 2026년 2월 28일

지은이 | 박종식 심광섭 심중식 민태영 박수영 이명권 강응섭 양윤희 김영주

펴낸이 | 이명권

펴낸곳 | 열린서원

편집디자인 | 산맥

등록번호 | 제300-2015-130호(1999년)

주소 | 강원특별자치도 화천군 간동면 용호길 73-155

전화 | 010-2128-1215

전자우편 | imkkorea@hanmail.net

ISBN | 979-11-89186-89-0(93200)

값 20,000원